독자의 1초를
아껴주는 정성을
만나보세요!

세상이 아무리 바쁘게 돌아가더라도 책까지 아무렇게나 빨리 만들 수는 없습니다.

인스턴트 식품 같은 책보다 오래 익힌 술이나 장맛이 밴 책을 만들고 싶습니다.

땀 흘리며 일하는 당신을 위해 한 권 한 권 마음을 다해 만들겠습니다.

마지막 페이지에서 만날 새로운 당신을 위해 더 나은 길을 준비하겠습니다.

 길벗 IT 도서 열람 서비스

도서 일부 또는 전체 콘텐츠를 확인하고 읽어볼 수 있습니다.
길벗만의 차별화된 독자 서비스를 만나보세요.

더북(TheBook) ▶ https://thebook.io

더북은 (주)도서출판 길벗에서 제공하는 IT 도서 열람 서비스입니다.

데이터 엔지니어를 위한 97가지 조언

97 Things Every Data Engineer Should Know

초판 발행 · 2023년 10월 30일

지은이 · 토비아스 메이시
옮긴이 · 임혜연
발행인 · 이종원
발행처 · (주)도서출판 길벗
출판사 등록일 · 1990년 12월 24일
주소 · 서울시 마포구 월드컵로 10길 56(서교동)
대표 전화 · 02)332-0931 | **팩스** · 02)323-0586
홈페이지 · www.gilbut.co.kr | **이메일** · gilbut@gilbut.co.kr

기획 및 책임편집 · 안윤경(yk78@gilbut.co.kr) | **디자인** · 박상희 | **제작** · 이준호, 손일순, 이진혁, 김우식
영업마케팅 · 임태호, 전선하, 차명환, 박민영, 지운집, 박성용 | **영업관리** · 김명자 | **독자지원** · 윤정아

교정교열 · 이다인 | **전산편집** · 박진희 | **출력 및 인쇄** · 예림인쇄 | **제본** · 신정제본

▶ 잘못 만든 책은 구입한 서점에서 바꿔 드립니다.
▶ 이 책은 저작권법에 따라 보호받는 저작물이므로 무단전재와 무단복제를 금합니다.
  이 책의 전부 또는 일부를 이용하려면 반드시 사전에 저작권자와 (주)도서출판 길벗의 서면 동의를 받아야 합니다.

ISBN 979-11-407-0681-5 93000 (길벗 도서번호 080309)
정가 25,000원

· ·

독자의 1초를 아껴주는 정성 길벗출판사

(주)도서출판 길벗 | IT교육서, IT단행본, 경제경영서, 어학&실용서, 인문교양서, 자녀교육서 www.gilbut.co.kr
길벗스쿨 | 국어학습, 수학학습, 어린이교양, 주니어 어학학습, 학습단행본 www.gilbutschool.co.kr

페이스북 · www.facebook.com/gbitbook

데이터 엔지니어를 위한

97 가지 조언

97 Things Every Data Engineer Should know

토비아스 메이시 지음 | 임혜연 옮김

길벗

데이터 엔지니어링을 별도의 역할로 보기 시작한 것은 오래되지 않았지만 역할 자체
는 수십 년 전부터 존재해왔습니다. 넓게 보면 데이터 엔지니어는 데이터를 분석하
고, 머신 러닝, 비즈니스 인텔리전스 등에 사용할 수 있도록 만들어주는 사람입니다.
빅데이터 기술과 데이터 과학, 분산 컴퓨팅, 클라우드가 도입된 덕에 데이터 엔지니
어링은 없어서는 안 될 일이 되었고, 더 복잡해졌지만 (역설적으로) 할 수 있는 일도
더 늘어났습니다. 유능한 데이터 엔지니어가 되기 위해 알아야 하는 모든 내용을 아
우르는 단 한 권의 책을 쓰는 것은 불가능하겠지만, 그 여정에 도움이 될 몇 가지 핵
심 원리는 제안하려 노력했습니다.

이 책에는 데이터를 다루면서 힘겹게 교훈을 얻었던 다양한 사람들의 조언이 담겨 있
습니다. 같은 실수를 막기 위한 이 조언들을 초석으로 삼아 성공적인 데이터 엔지니
어링 커리어를 완성할 수 있기를 바랍니다.

또한, 데이터 팀에서 일하기 위한 노하우, 도구를 선택할 때 필요한 팁, 분산 시스템
에 대한 기본 원리를 알 수 있습니다. 데이터 엔지니어링에는 여러 길이 있고, 꼭 똑
같은 도구를 사용하란 법은 없지만, 이로부터 어떤 문제를 해결하기 위한 영감을 얻
을 수 있습니다. 이 책이 첫걸음이든 이미 수 년간 길을 따라 걷고 있든, 여러분 모두
의 모험에 행운이 있기를 바랍니다.

옮긴이의 말

현대 소프트웨어 환경에 있어서 데이터는 그 어느 때보다도 중요하게 취급되고 있습니다. 또한, 의사결정에 데이터를 수집하고 활용하려는 경향성도 강해지고 있습니다. 그렇기 때문에 여러 조직과 엔지니어가 다루는 데이터의 크기도 지속적으로 증가하고 있으며, 데이터 엔지니어가 마주하고 해결해야 하는 문제도 다양해졌습니다.

이 책은 데이터 엔지니어링과 관련된 여러 전문가의 글로 이루어져 있습니다. 책을 읽는 동안 마치 글쓴이를 직접 만나 듣는 것처럼, 데이터를 다루는 경험과 그로부터 도출한 전문가의 문제 해결 방식을 배울 수 있을 것입니다. 어쩌면 글을 읽으면서 조금 혼란스러울 수도 있습니다. 글쓴이마다 다른 경험을 했던 만큼, 어떤 지점을 강조하는지는 서로 다를 수밖에 없기 때문입니다.

독자가 자신의 경험과 관점에 따라 책을 읽다 보면, 때로는 공감하고 때로는 의문을 제기하게 될 것입니다. 책을 읽으면서 전문가들이 낸 답만이 아니라 그들이 그런 결론을 내리도록 만든 사고방식과 처해 있던 상황을 같이 살필 필요가 있습니다. 그들의 답이 지금 현장에서 적용할 답이 될 수도 있겠지만, 아닐 수도 있기 때문입니다. 이렇게 따져보면서 더 나은 답을 찾다 보면, 데이터 엔지니어링을 개선된 형태로 실제 세상에 적용할 수 있게 될 것입니다.

작업을 하는 동안 꼼꼼하게 여러 문제를 짚어주시고 더 나은 결과를 내도록 도와주신 길벗출판사 여러분께 감사드립니다. 항상 일단 일부터 벌이고 보는 저를 꾸준히 응원해준 배우자에게도 감사와 사랑을 전합니다.

임혜연

가끔 강의를 하다 보면, 학생들로부터 인프라 스트럭처 구성과 프로젝트 아키텍처에 관한 질문들을 받곤 합니다. 워낙 다양한 프로젝트와 다양한 구조가 존재하기 때문에 이 영역은 정답이 없고, 경험 많은 개발자도 새로운 설계를 위해 많은 자료를 참조하기 마련입니다. 이 책은 데이터 엔지니어가 알아 두어야 할 아키텍처 구성의 총아와 같은 책입니다. 구체적인 베스트 프랙티스가 존재하는 도서는 아니지만, 다양한 분야의 데이터 엔지니어들이 자신의 경험을 토대로 자신들이 구축한 구조를 설명해 놓았기 때문에 많은 분이 참조하고 자신의 케이스에 적용하기에 좋은 책이라고 생각됩니다.

박두현_SW개발 프리랜서

"데이터는 새로운 석유다."라는 말은 데이터의 중요성과 가치를 강조하는 비유적인 말입니다. 데이터 수집, 분석 및 활용은 현대 사회에서 핵심적인 경쟁 요소 중 하나이며, 이에 대한 능력을 키우는 것은 중요합니다. 또한, 데이터는 새로운 가치와 기회를 창출할 수 있습니다. 이 책에서는 전문 데이터 엔지니어 및 데이터 과학자가 경험을 바탕으로 얻은 교훈과 문제를 해결하면서 얻은 통찰을 모두 담았습니다. 안전하고 안정적이며 효율적인 확장 가능한 데이터 파이프라인을 구축하고 유지 관리하는 데 이 책이 소중한 길라잡이가 되길 바랍니다.

박상길_소프트웨어 엔지니어

전문가가 직접 경험하면서 느낀 데이터 관련 업무에 필요한 지식과 노하우가 마치 리더스 다이제스트처럼 짧게 담겨 있습니다. 내용이 지루하지 않게끔 짧게 요약되어 있기 때문에, 업무가 잘 안 풀리고 막히는 시간에 머리를 식힐 겸 간단하게 읽을 수 있었습니다. 짧은 내용이지만, 전문가의 노하우에서 얻을 수 있는 통찰을 찾고자 하는 사람에게는 좋은 책이 될 것 같습니다.

강찬석_LG전자 소프트웨어 엔지니어

데이터 엔지니어링 기술을 배울 수 있는 책들은 많습니다. 엔지니어링은 때때로(하지만 자주) 기술이 아닌 노하우를 필요로 할 때가 있습니다. 이런 노하우는 책으로 만나기 어려운데, 이 책은 이런 내용들을 담고 있습니다. 초보를 뛰어넘기 위한 장벽의 사다리를 이 책에서 찾을 수 있으며, 데이터 엔지니어링을 거인의 어깨에서 바라볼 수 있습니다. 데이터 엔지니어들에게 많은 도움이 될 책이라 확신합니다. 좋은 책이라 생각되며, 출간이 무척 기대됩니다.

김동우_백앤드개발자/스타트업

01

서점 재고관리 시스템으로 알아보는 최종 일관성

데니즈 쾨슬러 고스넬(Denise Koessler Gosnell) 박사

여러분이 서점 주인이라고 생각해보세요.[1] 언젠가는 서점에 있는 모든 책의 재고 목록을 관리하는 시스템을 만들고 싶을 겁니다.

처음에는 한 곳에 약 천여 권의 책을 둘 수 있도록 설계된 시스템을 선택했습니다. 이 시스템은 고객이 계산하는 동안 재고 기록을 갱신합니다. 고객이 책을 사러 계산대로 오면 재고 관리 시스템은 다음 순서로 일합니다.

1. 원장ledger에서 재고 세부 사항을 확인합니다.
2. 새 구매를 기록합니다.
3. 모든 기록을 갱신합니다.
4. 고객에게 영수증을 돌려줍니다.

영수증을 통해 고객이 책을 구매했고 그에 맞춰 재고 관리 시스템이 최신 정보로 갱신되었음을 확정합니다. 이런 재고 관리 시스템에서는 모든 거래

---

1 이번 섹션의 내용에 기여해준 데이비드 베흐버거(David Bechberger)에게 감사를 표합니다.

가 **강한 일관성**strong consistency을 가져야 합니다. 여기서 강한 일관성이란 점포의 재고 장부 읽기 요청이 순차적으로 처리되며, 다음에도 재고 관리 시스템을 통해 읽는 상태가 동일하다는 의미입니다.

시간이 지나 서점이 아주 잘 되어서 늘어나는 고객층을 잡으려고 점포를 여러 곳 더 열게 되었습니다. 이제 여러 점포에 있는 재고를 어떻게 관리해야 할까요?

일단 현재 시스템 아키텍처를 재설계하기로 하고, 첫 점포에 원본 장부를 두기로 했습니다. 그러면 그 외의 모든 점포에는 원본에 연결될 새 장부가 존재하겠죠.

새 시스템은 아주 잘 돌아갑니다. 원본 장부의 전원이 꺼지기 전까지는요. 원본 장부에 문제가 생기면 모든 점포에서 어떤 손님도 구매를 할 수 없고 대기 줄만 길게 늘어질 겁니다.

대기 줄 처리가 너무 오래 걸려 고객이 불만스럽게 나가도록 둘 건가요? 이를 해결하기 위해서는 다른 방식으로 재고 관리 시스템을 검증하고 업데이트할 필요가 있습니다.

이번에는 원장을 일 단위로 갱신해보기로 합니다. 이 새로운 시스템은 영업이 종료된 야간에 점포에 있는 책을 모두 세고, 원하는 책이 예상대로 서가에 있는지 검증하는 방식으로 재고를 갱신합니다. 이렇게 밤마다 점포의 서가를 확인하고 나면 집에 가서 쉴 수 있습니다.

이 두 번째 유형의 재고 관리 시스템에서는 모든 트랜잭션이 **최종 일관성**eventual consistency을 갖도록 계획합니다. 점포 재고에 대한 각각의 접근은 병렬적으로 처리되어 책 재고 관리 시스템을 갱신합니다. 최종적으로 특정한 책에 접근하면 항상 가장 최근에 갱신된 값을 받게 됩니다.

그렇다면 고객이 서가에 없는 책을 찾으러 갈 때는 어떤 일이 생길까요? 그건 그때 처리하면 됩니다.

일관성이 깨진 상황을 발견했을 때 처리하는 것은 분산 시스템의 **읽기 복구**read repair와 비슷합니다. 불일치가 발견됐을 경우에만 원장 전체의 상태를 고쳐 쓰는 부담스러운 작업을 시작합니다. 이 프로세스가 진행되는 동안 판매 기록을 점검해서 기록이 최신인지 확인할 수 있습니다. 따라서 상태 점검을 여러 번 해서 기록이 최신이고 일관적인지 확인합니다.

이런 프로세스로 충분할까요? 대용량 처리 능력을 상태 일관성과 맞바꿔야 하는 시스템에서는 충분합니다.

시스템이 읽기 복구 방식으로 불일치 문제를 수정해서 최종 일관성을 유지한다면 계산대 앞에서 고객이 길게 줄을 서는 문제를 피할 수 있습니다. 그리고 아키텍트가 원본 장부의 데이터베이스 가용성을 지키느라 겪을 스트레스도 줄일 수 있습니다.

대략적으로 이 2가지 점포 재고 관리 방식은 서로 다른 2가지 아키텍처를 나타냅니다. 하나는 클라이언트-서버 스타일 아키텍처로 확장하는 강한 일관성을, 다른 하나는 대용량 트랜잭션을 처리하고 상태가 비일관적임을 발견했을 때 해결하는 최종 일관성을 갖습니다.

여러분이 직접 시스템을 설계한다면 어떤 관점으로 계획하고 싶나요?

02

A/B 테스트, 어떻게 해야 할까?

소니아 메타(Sonia Mehta)

본질적으로 **A/B 테스트**는 알아보려는 대상을 2가지로 만들고 비교하여 어떤 버전이 더 나은지 알아보는 방법입니다. 아주 간단하게는 전자상거래 사이트의 장바구니 위치를 우측 상단에서 우측 하단으로 옮기는 사례가 있습니다. 어떤 팀원은 장바구니 위치를 하단으로 옮기면 고객이 장바구니에 상품을 넣기만 하고 방치하는 일이 줄어들 것으로 예상합니다. 테스트의 규모와 특성에 따라 계측 및 추적부터 분석에 이르기까지 데이터 엔지니어링이 관여할 수 있습니다.

이와 관련해서 테스트의 백엔드 추적을 설정하는 서드파티 도구를 알아두는 것이 중요합니다. 서드파티 도구나 인하우스 솔루션 중 무엇을 사용하든 결과를 검증하고 테스트 로그를 쉽게 남길 수 있어야 합니다.

테스트 메트릭을 검증할 때는 항상 미묘한 차이를 더 깊이 파고들어야 합니다. 문제를 빠르게 감지할 수 있는 영역은 꽤 다양합니다.

샘플 크기

테스트 대상을 50 대 50으로 나누었다면 두 집단의 크기가 거의 비슷해야 합니다. 테스트 대상을 다른 비율로 나누었다면 예상되는 가중치로 샘플 크기를 검증해야 합니다.

시작과 중단 날짜(해당되는 경우 가중치 증가분도 포함)

테스트를 1%, 5%, 10%처럼 단계를 밟아 천천히 롤아웃하면 큰 규모로 발생할 수 있는 부정적 효과를 피할 수 있습니다. 설계나 무작위 추출 방식 등에 버그가 있을 수 있고, 연휴 동안 실행될 수도 있으므로, 그 기간에 수집한 데이터를 제외하거나 별도로 평가해야 합니다.

두 그룹 모두에 속하는 사용자

어떤 사용자가 오류로 인해 대조군과 테스트군 양측에 속했다면 그 사용자를 테스트에서 제외해야 합니다. 두 그룹 모두에 속하는 사용자가 많다면 테스트를 다시 해야 할지도 모릅니다.

상황에 따른 제약

테스트에 따라 테스트 대상에 대해 특정한 제약을 둘 수 있습니다. 이를테면 항공사는 동일한 예약 번호를 갖는 모든 사용자에게 동일한 경험을 제공해야 합니다. 이로 인해 테스트 샘플 크기의 균형이 맞지 않는 순간이 있을 수 있지만, 자체적으로 해결됩니다.

테스트 백엔드 과정을 변경하는 경우 **A/A 테스트** 수행을 고려해야 합니다. A/A 테스트는 모든 사용자에게 동일한 경험을 제공하며, 이를 통해 계측과

로그 수집을 제대로 하고 있는지 확인할 수 있습니다. 테스트를 수행하는 중에는 추적에 오류가 있는지 알기 어렵습니다. 결과 자체에 의해 가려질 수 있기 때문입니다. 반대로 오류를 감지하기 쉽더라도 테스트를 시작한 후에 발견했다면, 테스트를 멈추고 문제를 수정한 다음 재시작해야 하기 때문에 귀중한 시간을 낭비하게 됩니다.

대부분의 테스트가 실패한다고 생각하는 게 좋습니다. 넷플릭스는 테스트의 90%가 실패한다고 간주합니다.[1] 대부분의 테스트가 성공하지 못하기 때문에 그 이유를 알고 싶어하는 질문을 많이 받게 될 것입니다. 계측이나 로깅이 정확히 되었는지 확인해 달라고 할 수도 있습니다. 테스트 결과가 극적으로 개선되었다면 잘못된 점이 없는지 의심해야 합니다. 다시 결과를 해석하고 롤아웃 전체를 분석해야 할지도 모릅니다.

마지막으로 하고 싶은 말은 자신을 힘들게 하지 말라는 겁니다! 테스트는 원래 복잡합니다. 현업에서 계속 일하면서 배우다 보면 질문의 의도를 이해하고 분류하는 일에도 능숙해질 것입니다.

---

1 마이크 모란(Mike Moran)의 〈Do It Wrong Quickly: How the Web Changes the Old Marketing Rules〉(IBM Press)를 참고하세요.

03

스토리지 계층에 대하여

질리앵 르 뎀(Julien Le Dem)

소프트웨어 추상화의 주된 목적은 복잡성을 감추는 것입니다. 이미 증명된 이론으로 수학 이론을 증명하듯이, 세부적인 구현을 알지 못하더라도 추상화 계층 위에 소프트웨어를 만들 수 있습니다. 세부적인 구현을 보고 이해할 수도 있지만, 모르더라도 추상화 계층을 사용해서 달성하려는 목표에 집중할 수 있습니다.

즉, 세부적인 구현을 실제로 알면 유용하지만 그러지 않아도 된다는 것이죠. 어셈블리 언어나 컴파일러를 알아둔다면 이를 매일 사용하지 않더라도 더 뛰어난 프로그래머가 될 수 있습니다. 이와 같은 논리가 데이터베이스나 데이터 처리 프레임워크의 스토리지 계층에도 적용됩니다.

스토리지 계층storage layer은 선형적 영속성 계층 위에서 사용자에게 친숙한 추상적 2차원 테이블을 제공합니다. 예를 들어 사용자는 SQL을 작성힐 때 데이터 형식이나 레이아웃을 모르더라도 조인이나 필터 등 결과를 정의하는 제약 조건을 정의하는 데 집중하고, 옵티마이저optimizer가 올바른 결과를 만드는 효율적인 방법을 찾습니다.

단순한 쿼리 엔진은 데이터를 메모리에 로드한 다음, 필터 및 표현식을 적용합니다. 당연히 나중에 쿼리 프로세싱 과정에서 버려질 것은 로드하지 않으려 합니다. 로드하지 않으면 역직렬화도 하지 않으므로 I/O 비용뿐만 아니라 CPU 비용까지 절약됩니다. 또한, 데이터가 차지하는 공간을 줄여서 저장 비용을 줄이고 데이터를 찾아 가져오는 속도도 높여야 합니다. 인코딩과 압축을 조합하면 I/O 비용 감소와 CPU 비용 증가 사이에서 균형을 찾을 수 있습니다. 스토리지의 처리량이 CPU 사용량을 결정하기 때문에 저렴한 디코딩 기법이 매우 중요합니다.

이런 세부적인 구현은 일반적으로 푸시다운 뒤로 숨겨져 있습니다. **푸시다운**pushdown은 쿼리 연산을 스토리지 계층으로 밀어내려서 데이터 로드 비용을 최소화합니다. 푸시다운에는 몇 가지 변종이 있습니다.

먼저 **프로젝션 푸시다운**projection pushdown은 요청된 열만 읽습니다. 다음으로 **조건자 푸시다운**predicate pushdown은 필터가 제외시킬 행을 역직렬화하지 않습니다. 마지막으로 부분 집계 및 함수/표현식 평가를 푸시다운해서 중간 형태 데이터를 구체화materialize되지 않게 합니다. 추상화를 다음 질문처럼 정의할 수 있습니다. 어떤 열이 필요한가요? 어떻게 행을 필터링할 건가요? 어떤 표현식을 데이터에 적용하고 싶나요?

다양한 스토리지 특성이 푸시다운 성능에 영향을 미칩니다. 열 기반 레이아웃(예를 들어 아파치 파케이Apache Parquet)을 사용하면 프로젝션 푸시다운이 가능해지고 인코딩과 압축을 더 잘할 수 있습니다. 최솟값이나 최댓값 같은 다양한 세부 수준 통계가 있다면 조건자 푸시다운을 사용할 수 있습니다. 이를테면 행 그룹의 최댓값이 항상 필터 조건을 만족하는 값보다 작다면, 행 그룹을 읽거나 역직렬화할 필요가 전혀 없습니다. 데이터 정렬과 파티셔닝, 어쩌면 아파치 아이스버그Apache Iceberg[1]가 가능하게 만든, 서로 다른 열 기준의 정렬과 파티셔닝을 통해 압축과 조건자 푸시다운의 효율성이 올라갑니다. 통계를 적용하여 데이터에서 읽을 범위를 더 정확하게 좁힐 수 있기 때문입니다.

---

1 역주 아이스버그가 지원하는 기능에 대해서는 공식 문서 https://iceberg.apache.org/spec/를 참고하세요.

04

분석: 마이크로서비스 아키텍처의 숨겨진 접착제

엘리아스 네마(Elias Nema)

최근 주된 흐름이 마이크로서비스 아키텍처로 옮겨갔습니다. 업계에서 가장 성공한 회사들이 이 변화를 주도했으며, 마이크로서비스를 통해 팀의 의존성을 줄이면서 빠르게 변화하고 더 쉽게 확장할 수 있었습니다. 그렇지만 당연하게도 이런 변화 때문에 풀기 힘든 문제가 생겨났는데, 대부분의 문제가 아키텍처의 분산 특성과 그에 따라 증가된 통신 비용과 관련이 있습니다.

문제를 극복하려는 노력은 주로 시스템 관측 가능성observability과 운영 영역에서 진전을 보였습니다. 통신 경로 문제 자체는 기술적으로 풀어야 하는 문제로 취급되지만 분석은 시스템 설계와 직접적 관련이 없는 것으로 취급해 간과되는 경우가 많습니다. 그러나 마이크로서비스의 이런 이질적인 특성은 데이터 분석을 위한 완벽한 사례입니다.

결국 이렇게 **이질적인 출처에서 비롯된 데이터를 통합하는 중앙 저장소**로써 데이터 웨어하우스가 생겨났습니다. 분산 구조에서 전사적 분석 플랫폼은 엄청나게 중요한 역할을 수행합니다. 사례를 살펴봅시다.

팀에서 어떤 기능을 출시한다고 가정합시다. 테스트를 했더니 그 기능이 팀의 핵심 성과 지표를 높인다는 것을 알게 되었습니다. 아주 좋습니다. 그러면 사용자 전체에 롤아웃해야 할까요? 물론이죠, 배포하고 축하한 다음 집에 가세요. 잠깐만요, 그와 동시에 다른 팀의 KPI가 하락한다면 어떻게 해야 할까요? 다른 채널을 잠식하거나 플랫폼의 동작을 크게 변경하면 발생할 수 있는 일입니다. 지금 상태로 이 기능을 출시하겠습니까?

물론 여기에 정답은 없습니다. 템플릿도 없습니다. 의사결정을 하려면 테스트를 주의 깊게 계획하고, 여러 팀을 조율하고, 필요하다면 단일 구성 요소가 아니라 시스템 전체의 움직임을 최적화하기 위해 작은 손실을 감수하기도 해야 합니다. 데이터는 이런 의사결정을 내리는 공통 기반이 되며, 기업은 데이터를 통해 정보에 입각해서 추측하고 그에 따른 영향을 추정할 수 있습니다. 데이터가 없으면 팀들이 서로 다른 방향으로 끌려가는 악순환에 빠지고, 하는 일은 많지만 진척이 없게 됩니다.

그러면 새 프로젝트를 시작하거나 테스트를 계획할 때 어떤 메트릭을 고려해야 할까요?

기업의 상위 메트릭

가장 움직이기 어려우며, 단일 테스트나 기능에 따라 바뀌는 일이 거의 없습니다. 여러 번의 이터레이션iteration이 복합적으로 내는 효과에 따라 변경될 가능성이 더 높습니다.

팀의 메트릭

팀의 메트릭을 끌어올리고 싶겠지만 시스템의 일부분이라는 맥락 안에서 살펴보는 것이 중요합니다.

더 세분화된 테스트나 프로젝트 관련 메트릭

기능을 설계할 때 일반적으로 떠올리는 메트릭입니다. 직접적이고 격리된isolated 영향을 측정할 수 있도록 가능한 한 상세히 만들어야 합니다.

프로젝트에 따라 메트릭이 더 많을 수도 있습니다. 다양한 수준에서 세부 사항을 검토해야 데이터를 의식한 의사결정을 내리고 의사소통에 필요한 근거를 만들 수 있습니다.

그렇기 때문에 마이크로서비스로 나아가려면 전사 분석 및 테스트 문화를 나중에 해결하면 되는 문제라고 미루지 말고, 가장 먼저 달성해야 하는 조건으로 만들어야 합니다. 데이터를 풍부히 제공하는 분석 플랫폼은 시스템의 개별 요소를 연결하는 접착제가 될 수 있습니다. 또한, 느슨하게 결합된 구성 요소를 같은 방향으로 움직이도록 오케스트레이션할 수 있습니다.

05

인프라스트럭처를 자동화하라

크리스티아노 앤더슨(Christiano Anderson)

데이터 엔지니어라면 아마존 웹 서비스(AWS)나 구글 클라우드 플랫폼 (GCP), 마이크로소프트 애저 등 클라우드 서비스 제공자를 사용해서 데이 터 파이프라인을 적용할 줄 알아야 합니다. 웹 콘솔을 사용하면 구성 요소 를 간단히 연결해서 완전한 데이터 파이프라인을 제공할 수 있습니다.

AWS를 예로 들자면, API 게이트웨이를 REST 인터페이스로 사용해서 데이터 수집을 수행하고, 람다Lambda 함수 몇 개로 수집을 검증하고, 키네 시스 데이터 스트림Kinesis Data Streams으로 실시간 분석을 제공하고, 키네시 스 데이터 파이어호스Kinesis Data Firehose로 데이터를 전달하고, S3를 영속성 계층으로 사용할 수 있습니다. 그리고 아테나Athena를 시각화 계층으로 사 용할 수도 있습니다.

이 사례는 여섯 개의 구성 요소를 다루어야 합니다. 구성 요소마다 추가 적인 설정이 필요할지도 모릅니다. 마지막으로 권한과 접근 제어 목록을 다 루기 위해 여러 개의 ID 및 접근 관리Identity and Access Management, IAM 역할을 처리해야 합니다. 이제 콘솔을 클릭하고 모든 구성 요소를 연결하여 이 모든 일을 수행할 수 있습니다. 간단한 수집 파이프라인 하나만 필요하다면 이런 방법으로 가장 빠르게 인프라를 만들 수 있습니다.

그러나 이 모든 것을 수동으로 설정하고 반복한다면 긴 시간이 걸리며, 실수로 인한 보안 위협까지 걱정해야 할지도 모릅니다. 그래서 데이터 엔지니어들은 코드를 자동화하는 방법을 배워야 합니다. 다음 지침을 따르세요.

웹 콘솔을 절대 사용하지 마세요

테라폼Terraform이나 AWS 클라우드포메이션CloudFormation 등의 코드형 인프라 도구 중의 하나를 고르는 편을 추천합니다.

모듈을 만드세요

이를테면 API 게이트웨이 배포용 모듈, 키네시스 배포용 모듈, IAM 역할 관리를 위한 추가 모듈 등을 사용하는 식입니다. 대부분의 도구가 다양한 구성 요소에서 코드를 재사용할 수 있게 만들어줍니다. IAM 정책을 공유해서 한 번 작성하고, 모든 곳에서 사용하는 것이 그 예입니다.

버전 관리 시스템을 사용해서 코드를 관리하세요

팀 단위로 일할 경우 이 방식이 좋습니다. 풀 리퀘스트 옵션을 활성화해서 메인main 브랜치에 적용하기 전에 코드를 검사할 수 있습니다.

변경 적용 전에 코드를 테스트하세요

일례로 테라폼은 적용 전에 인프라 변경 사항을 모두 알려줍니다. 이를 검토해서 인프라 손상을 방지할 수 있습니다.

CI/CD 파이프라인을 사용하세요

CI/CD(지속적 통합/지속적 전달) 파이프라인을 사용하면 모든 것을 자동화하여 작업 난이도를 크게 낮출 수 있습니다.

이런 방식의 접근이 처음이라면 테라폼이나 클라우드포메이션을 공부하는 데 시간을 들이고 모든 인프라를 코드로 작성하는 걸 권장합니다. 이렇게 들인 시간과 노력에는 충분한 가치가 있을 것입니다. 인프라를 제어하고 인프라 코드를 실행하는 것만으로 완전히 새로운 데이터 파이프라인을 몇 분 안에 배포할 수 있습니다.

06

파이프라인 테스트를 자동화하라

톰 화이트(Tom White)

데이터 파이프라인을 구축할 때 이번 섹션의 지침을 따라서 데이터 엔지니어링을 소프트웨어 엔지니어링처럼 취급하면, 잘 짜여진 안정적이고 강력한 파이프라인을 작성할 수 있습니다.

파이프라인 종단 간 테스트를 구축하라

이 단계에서는 파이프라인이 수행하는 작업 자체에 공을 들이지 마세요. 알려진 입력을 제공하고, 간단한 변환을 수행하고, 출력이 예상과 같은지 테스트하는 등 인프라에 집중하는 게 좋습니다. Junit이나 pytest와 같은 표준적인 단위 테스트 프레임워크를 사용하세요.

적은 양의 대표 데이터를 사용하라

대표 데이터의 크기는 테스트를 몇 분만에 실행할 수 있을 만큼 적어야 합니다. 실제 (프로덕션) 시스템에서 가져온 데이터(단, 익명으로 처리된 것이어야 함)라면 가장 좋습니다.

이진 형식보다 텍스트 형식 데이터를 선호하라

데이터 파일을 비교할 수 있어야 테스트에 실패했을 때 일어나는 일을 빠르게 파악할 수 있습니다. 입력 및 예상 출력을 확인해서 버전 관리 시스템에 두면 시간이 지나면서 변경되는 내용을 추적할 수 있습니다. 파이프라인에서 이진binary 형식만 받아들이거나 생성한다면 파이프라인 자체에 텍스트 지원을 추가하거나 테스트에서 필요한 내용만 텍스트로 변환하는 것을 고려하는 게 좋습니다.

로컬에서 테스트를 실행할 수 있는지 확인하라

로컬에서 테스트를 실행하면 테스트 오류를 최대한 쉽게 디버깅할 수 있습니다. 독립적인 로컬 환경을 제공하기 위해 아파치 스파크Apache Spark의 로컬 모드 또는 아파치 HBase의 미니클러스터minicluster처럼 사용 중인 시스템의 인-프로세스 버전을 사용합니다.

테스트할 때는 가급적이면 클라우드 서비스를 사용하지 않습니다. 클라우드는 균일한 환경을 제공해주지만 프로비저닝 시간, 디버그 가능성 및 접근 등에서 오픈 소스 프로젝트에 대해 사용자가 자격 증명을 제공해야 하는 등 신경 쓸 부분이 많아집니다. 물론 CI에서도 테스트해야 합니다.

테스트를 결정론적으로 만들어라

때때로 애플리케이션에서 레코드 출력 순서는 중요하지 않습니다. 그러나 테스트 출력을 안정적으로 만들기 위해 필드 정렬 단계가 필요할 수 있습니다.

어떤 알고리즘은 무작위성을 이용합니다. 예를 들어 클러스터링 알고리즘은 후보 이웃을 무작위적으로 선정합니다. 워커의 연산 수행 순서가 비결정적인 분산 환경에서는 흔히 하듯 시드_seed를 설정해도 소용없습니다. 이런 경우에는 테스트 파이프라인에서 그 부분을 단일 워커로 실행하거나, 데이터 파티션마다 시드를 넘기는 방법을 고려해볼 수 있습니다.

출력에 가변 시간 필드를 넣지 마세요. 고정된 입력을 넣으면 가변 필드를 사용하지 않을 수 있습니다. 그게 아니라면 실제가 아닌 가짜 시간 값을 넘기거나, 출력을 후처리하는 과정에서 시간 필드를 제거하세요. 어떻게 해도 잘 되지 않는다면 엄격한 동등성 검사를 하기보다는 유사한 정도로만 출력 일치를 판단하세요.

테스트를 추가하기 쉽게 만들어라

여러 입력에 대해 동일한 테스트를 실행할 수 있도록 입력 파일을 매개변수로 만듭니다. 테스트에서 새로 주어진 경계 조건 입력에 대한 출력을 기록하도록 스위치를 추가하여 결과가 정확한지 확인해본 다음, 예상 출력으로 추가할 수 있습니다.

07

데이터 파이프라인의 배치 모델을 신중히 검토하라

라고담 머시(Raghotham Murthy)

데이터 레코드를 배치batch로 수집하고 배치 데이터 파이프라인을 구축하는 경우라면 일정 기간에 대한 배치를 생성하는 방법을 정해야 합니다. 배치는 레코드의 data_timestamp나 arrival_timestamp에 기반을 두는데, data_timestamp는 레코드가 자체적으로 갖는 최종 갱신 시점의 타임스탬프이고, arrival_timestamp는 처리 시스템이 레코드를 수신한 시점을 레코드에 붙인 것입니다.

데이터 시간 윈도우 배치 모델

데이터 시간 윈도우Data Time Window, DTW 배치 모델에서는 레코드의 data_timestamp가 윈도우 범위에 들어가는 모든 레코드를 수신하면 윈도우에 대한 배치가 생성됩니다. 다음과 같은 경우 이 배치 모델을 사용합니다.

- 데이터를 출처에서 가져오는 경우(출처에서 밀어 보내는 것이 아님)
- 추출 로직에서 data_timestamp가 시간 윈도우 밖에 있는 레코드를 필터링할 수 있음

일례로 데이터베이스에서 윈도우 내의 모든 트랜잭션을 추출할 때 DTW 배치를 사용합니다. DTW 배치는 주어진 시간 윈도우에 속하는 레코드가 모두 해당 배치에 존재한다고 보장되기 때문에 데이터 분석가가 분석 업무를 수행하기 쉽습니다. 따라서 데이터 분석가는 작업 대상 데이터를 정확히 알고 있습니다. 그러나 레코드 순서가 잘못되면 지연이 발생할 수 있으므로 DTW 배치의 결과를 예측하기 어렵습니다.

도착 시간 윈도우 배치 모델

도착 시간 윈도우Arrival Time Window, ATW 배치 모델에서는 배치 수행 장비의 정해진 시각에 그 이전 시간 윈도우에서 수신된 레코드로 배치를 생성합니다. 다음과 같은 경우 이 배치 모델을 사용합니다.

- 배치를 구성하는 레코드가 순서에 상관없이 수신됨. 즉, data_timestamp가 도착 시간 윈도우 밖에 있을 수 있음
- 레코드 볼륨이 매우 큼

ATW 배치는 주어진 시간 윈도우의 모든 레코드가 도착할 때까지 기다리지 않고도 장비의 시간에 따라 배치가 생성되므로 예측 가능성이 더 높습니다. 따라서 리소스를 좀 더 견고하게 할당할 수 있으며 오류 허용 범위가 커집니다.

이 경우 분석가가 data_timestamp가 지정된 기간 내에 있는 모든 레코드를 얻으려면 여러 배치를 쿼리해야 합니다. 만약 정확도가 반드시 100%가

아니어도 된다면 ATW 배치로 충분합니다. 예를 들어 사용 로그를 조회하여 소비자 인터넷 회사의 일일 활성 사용자를 분석한다면, 순서가 어긋난 레코드 때문에 생기는 오차 범위는 수용할 수 있을 것입니다.

동일한 파이프라인의 ATW 및 DTW 배치

DTW와 ATW 배치를 함께 활용할 수 있습니다. 예를 들어 다음 arrival_time_table처럼 서로 다른 시간에 도착하는 레코드 집합을 생각해보겠습니다. 먼저 견고한 ATW 배치를 시작합니다. data_timestamp가 동일 기간 내에 있는 레코드는 실제로 별도의 배치로 처리됩니다.

arrival_time_table

recordid	data_timestamp	arrival_timestamp	batch_timelabel
1	2023/07/23 23:51	2023/07/23 23:55	2023/07/23 23:00
2	2023/07/23 23:46	2023/07/23 23:59	
3	2023/07/23 23:46	2023/07/24 00:00	
4	2023/07/24 00:15	2023/07/24 00:33	2023/07/24 00:00
5	2023/07/24 00:20	2023/07/24 00:45	
6	2023/07/23 23:36	2023/07/24 00:51	
7	2023/07/24 00:36	2023/07/24 01:06	
8	2023/07/23 00:36	2023/07/24 01:07	2023/07/24 01:00
9	2023/07/24 01:05	2023/07/24 00:59	

레코드에 지연이 얼마나 발생할 수 있는지(이를테면 3시간 정도)에 따라 **작업 마감**close of books 파이프라인 단계를 수행할 수 있습니다. 이 단계에서는 23시부터 자정 사이에 해당하는 데이터 행을 그 시간 이후의 배치 몇 개에서 찾아 23시부터 자정까지에 대한 데이터 배치를 생성합니다.

그러면 후속 쿼리는 3시간 지연(이를테면 2023/07/24 03:00)되어 장비의 정해진 시각에 실행됩니다. 그때까지 레코드의 data_timestamp가 2023/07/23 23:00의 시간 윈도우 내에 있는 레코드를 수신했을 수 있기 때문입니다.

```
select *
from arrival_time_table
where data_timestamp > '2023/07/23 23:00'
and data_timestamp < '2023/07/24 00:00'
```

23시부터 자정까지에 대한 closed_books_table에는 그 시간 윈도우에 속하는 행이 모두 있습니다. 따라서 closed_books_table은 DTW 배치 테이블입니다. 분석가는 이 배치를 쿼리할 수 있으며 분석이 23시부터 자정 사이에 대해 완료되었다고 보장할 수 있습니다.

closed_books_table

recordid	data_timestamp	arrival_timestamp	batch_timelabel	closed_books_timelabel
1	2023/07/23 23:51	2023/07/23 23:55	2023/07/23 23:00	2023/07/24 02:00
2	2023/07/23 23:46	2023/07/23 23:59		
3	2023/07/23 23:46	2023/07/24 00:00		
6	2023/07/23 23:36	2023/07/24 00:51		
8	2023/07/23 23:36	2023/07/24 01:07		
12	2023/07/24 23:45	2023/07/24 02:30		

이 사례에서 볼 수 있듯이 동일한 데이터 파이프라인에 완전성과 대기 시간 요구 사항을 절충해서 통합할 수 있습니다. 그런 다음, 분석가는 정보에 입각해서 분석을 수집 마감 전과 후 중 언제 수행할지 결정할 수 있습니다. arrival_time_table을 쿼리하면 답을 얻기까지 기다리는 시간이 줄어들고, closed_books_table을 쿼리하면 완전한 답변을 얻을 수 있습니다.

08

은탄환 신드롬을 경계하라

토마스 닐드(Thomas Nield)

기술 구인 공고를 찾다 보면 자신의 아이디어를 강력하게 피력하며 열심히 일할 열정적인 사람을 구한다는 내용을 자주 볼 수 있습니다. 어쨌든 스티브 잡스가 열정적이었으니까 성공적인 사람은 열정적이겠죠!

그런데 데이터 엔지니어링 및 분석 분야에서 열정적인 사람은 강력하게 특정 플랫폼을 지지하곤 합니다. 모두들 아파치 스파크를 열광적으로 홍보하거나, 모든 데이터 랭글링data wrangling 작업은 알터릭스 디자이너Alteryx Designer를 사용해야 한다고 주장하는 부류의 사람을 마주한 적이 있을 것입니다. 그런 사람들은 도구만 강조하지, 문제와 솔루션이 맞는지는 언급하지 않습니다.

때로는 표준화가 필요하고 채용을 단순화하고 싶다는 이유로 이런 식으로 행동하기도 합니다. 물론 그렇게 하는 근거도 있습니다. 그러니 대부분은 단순히 도구에 대한 열정 때문에, 혹은 도구를 중심으로 직업적 정체성을 구축했기 때문에 해당 도구를 열렬히 지지하는 경우가 많았습니다.

직설적으로 말하자면, 직업적 정체성을 도구와 엮는 것은 정말 좋지 않습니다. 도구와 애플리케이션은 나왔다가도 금세 사라지며, 오늘 인기 있던 것이 내일은 사용되지 않을 수 있습니다. 이 사실만으로도 어떤 도구를 성급하게 지지하지 않아야 할 이유를 알 수 있습니다. **자바스크립트를 사용해본 사람들에게 물어보세요.**[1]

어떤 도구를 과하게 옹호하면 좋지 않은 이유를 '손에 망치가 있으면 모든 것이 못처럼 보인다'라는 말로도 설명할 수 있습니다. 이 일을 하는 동안 어떤 때는 관행에서 완전히 벗어난 해결책을 필요로 하는 문제에 직면하기도 했습니다. 고객을 크게 만족시켰음에도 불구하고 어떤 동료는 시장에서 선호하고 흔히 사용하는 도구를 선택하지 않은 이유를 궁금해하곤 했습니다. 그럴 때마다 평범하지 않은 문제에 평범한 해결법을 요구하는 역설을 지적해야 했습니다.

젯브레인JetBrains의 하디 하리리Hadi Hariri는 **은탄환 신드롬**silver-bullet syndrome이라는 강연[2]에서 이런 행동에 대해 이야기했습니다. 어떤 도구가 모든 문제를 해결해주기를 바란다면 금방 실망해서 다음 도구를 쫓게 될 뿐입니다. 은탄환 신드롬에 사로잡히지 않기 위해 특정 플랫폼이나 도구에 너무 열중하지 마세요.

그 대신 한 발 물러서서 한쪽에 치우치지 말고 객관적으로 살펴보세요. 다양한 문제에는 다양한 도구가 필요하다고 생각하세요. 물론 일터에서는 가능한 한 도구를 표준화하려고 애써야 하겠지만 효율성을 대가로 치러서는 안 됩니다.

---

1 https://hackernoon.com/how-it-feels-to-learn-javascript-in-2016-d3a717dd577f를 참고하세요.

2 https://www.youtube.com/watch?v=3wyd6J3yjcs를 참고하세요.

정말로 직업적 정체성이 그저 도구 더미가 되길 바랍니까? 이력서에 'SQL, MongoDB, Tableau 할 수 있음'이라고 적겠습니까 아니면 '모호한 상황에서 답을 찾고, 부서 간 장벽을 극복할 수 있으며, 조직의 데이터 가치를 최대화하기 위한 기술적 통찰을 드러낼 수 있는 융통성 있는 전문가'로 자신을 소개하겠습니까? 직업적 정체성을 잠깐의 기술과 도구가 아니라 스스로의 기량, 문제 해결, 적응력에 두세요.

09
데이터 엔지니어 경력 쌓기

비자이 키란(Vijay Kiran)

모든 분야의 조직이 데이터 및 강력한 데이터 운용의 중요성을 깨닫기 시작했습니다. 데이터가 강력한 비즈니스 지산으로 인식되면서 풀타임 데이터 과학자, 아키텍트, 분석가, 결정적으로 데이터 엔지니어로 구성된 데이터 전담 팀이 등장했습니다. 이번 섹션에서는 야심 있는 전문가가 어떻게 하면 데이터 엔지니어 경력에서 중요한 모든 단계를 밟을 수 있을지 살펴보겠습니다.

데이터 엔지니어링에는 많은 분야가 포함되며, 분야들끼리 겹치는 부분이 있습니다. 데이터 엔지니어가 되는 길을 하나로 계획하기는 어렵습니다. 정보통신 기술Information and Communications Technology, ICT과 소프트웨어 엔지니어링 같은 분야의 공부가 도움이 되지만, 물리학이나 수학 학위를 가진 뛰어난 데이터 엔지니어도 보았습니다. 진로도 다양합니다. 우리 팀의 뛰어난 데이터 엔지니어도 영업, 운영, 심지어는 마케팅 등 다양한 역할을 하다가 이 일을 하게 되었습니다. 작은 스크립트라도 작성해보았거나 데이터 클렌징data cleansing 프로젝트에 대한 기본적인 경험이 있기만 해도 데이터 엔지니어링 세계에 첫 발을 뗄 준비가 되어 있는 것입니다.

이처럼 배경이 중요하지 않다면 야심 있는 데이터 엔지니어가 성공하는 데 필요한 기술은 무엇일까요? 다음 3가지 기술에 탁월하다면 매우 유리합니다.

첫 번째로는 소프트웨어 개발 수명 주기 전반에 걸친 견고한 경험입니다. 제가 소프트웨어 엔지니어 배경을 가졌기 때문에 가진 편향일지도 모르지만, 전반적인 소프트웨어 수명 주기에 따라 일하는 것은 데이터 엔지니어링 세계에서 매우 중요합니다.

두 번째는 SQL을 적절하게 사용할 줄 아는 것과 적어도 하나의 정적 프로그래밍 언어와 동적 프로그래밍 언어를 아는 것입니다. SQL 지식은 기본적인 것으로 여겨지지만, 수많은 조직에서 데이터를 조작하는 데 SQL에 얼마나 많이 의존하는지는 아무리 강조해도 지나치지 않습니다. SQL 지식을 프로그래밍 언어, 이를테면 파이썬Python과 러스트Rust로 작업하는 방법에 대한 지식과 결합하면 훌륭한 소프트웨어가 어떻게 구축되는지, 궁극적으로 그 지식을 데이터 세상에 어떻게 적용할 수 있는지 이해할 수 있습니다.

세 번째는 데이터 엔지니어링 중 어떤 하위 분야에서 전문성을 쌓으려는지에 따라 달라집니다. 데이터 처리를 전문적으로 하려고 한다면 데이터 저장 기술을 배우면서 SQL 기술을 지속적으로 연마해야 합니다. 좀 더 전통적인 소프트웨어 엔지니어링의 길을 따르려 한다면 분석 기술을 갈고 닦아야 합니다. 프로젝트가 주로 빅데이터 중심이기 때문입니다. 핵심은 집중하려는 영역을 일찍 정하고 그 직무에 보탬이 되는 기술을 개발해야 한다는 것입니다.

마지막 조언은 데이터 엔지니어 지망생부터 다음 단계로 올라가고 싶은 이미 인정받는 소프트웨어 엔지니어까지 모두에게 적용됩니다. 오픈 소스를 시작하세요! 오픈 소스 데이터 엔지니어링을 구축하고 즐기는 방법을 습득하다 보면 기술 포트폴리오가 늘어납니다. 데이터 엔지니어링으로 성공하려면 오픈 소스 도구를 사용하는 것이 최선입니다.

10

데이터 파이프라인을 보여주는 비즈니스 대시보드

발리아파 (락) 락쉬마난(Valliappa (Lak) Lakshmanan)

이해관계자들에게 데이터를 보여주세요. 데이터에 문제가 있다면 그 사람들이 알려줄 것입니다.

데이터 파이프라인을 구축해서 데이터를 수집할 때 올바르게 처리하고 있는지 확신하지 못하는 경우는 얼마나 되나요? 잘라버린 이상 값anomalies 은 정말로 장비가 오작동했기 때문에 생겼을까요? 타임스탬프는 실제로 협정 세계시Coordinated Universal Time, UTC 값인가요? 고객이 주문을 수락한 경우에만 특정 필드 값이 채워지나요?

꼼꼼한 사람이라면 파이프라인을 구축하는 시점에 이해관계자에게 앞의 예시처럼 주의할 사항을 확인할 겁니다. 그러나 확인해야 하는지조차 몰랐던 사항이 있다면 어떨까요? 달마다 질문에 대한 답이 달라진다면 또 어떨까요?

여러 사람, 특히 도메인 전문가가 지속적으로 데이터 파이프라인을 주목하게 만들려면 파이프라인을 통해 흐르는 데이터를 시각적으로 표현하는 방법이 최선입니다.[1] 여기서 말하려는 것은 흐르는 데이터의 양이나 오류 횟수, 연결 개수와 같은 엔지니어링 요소가 아닙니다. 흐르는 비즈니스 데이터를 시각적으로 나타내야 한다는 점입니다. 다음은 시각화 사례입니다.

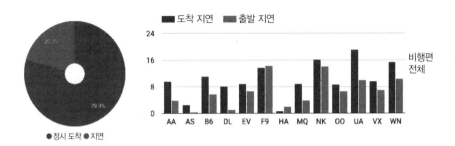

이해관계자가 관심을 가질 만한 부분이 도드라지도록 데이터를 대시보드로 구축하세요. 예를 들어 특정 장비가 과거에 오작동한 횟수와 현재 오작동 여부를 표시하면 데이터 파이프라인에서 잘라낸 이상 값 개수를 사용해서 해당 내용을 파악할 수 있습니다. 그리고 대시보드를 구축해서 널리 공유한 다음 기다리세요.

고양이가 캣닢에 끌리듯이 사람들은 실시간 대시보드에 빠져들 겁니다. 장비 오작동 외 다른 이유로 이상 값이 생기는 날에는 누군가 여러분을 불러서 알려줄 것입니다.

이런 일은 문제의 대시보드가 웹 기반이거나 의사 결정자가 매일 사용하는 시스템에 통합된 경우에만 가능합니다. 데이터 스튜디오 등의 무료 대시보드, 아니면 무료 등급이 있는 태블로Tableau와 루커Looker 같은 도구를 사용할 수 있습니다. 도구 사용법을 배워서 의미를 해석하는 부담을 나누세요.

---

1 제 저서 〈구글 클라우드 플랫폼상의 데이터 과학〉(에이콘, 2019)에서 데이터 과학 파이프라인 구축에 대한 조언을 찾아볼 수 있습니다.

11

주의: 데이터 과학 프로젝트가 벌거벗은 임금님 이야기가 되지 않으려면

쉐타 카트레(Shweta Katre)

4차 산업혁명, **분석의 시대**가 도래했습니다. 다들 극도로 경쟁적인 데이터 주도 세상에서 주도권을 잡기 위해 예측 모델 및 알고리즘 개발에 미친듯이 달려들고 있습니다. 예측 분석으로 출발해서 머신 러닝 및 인공지능 영역으로 넘어가는 기업 대다수가 데이터 과학 프로젝트를 만들기 위해 역량을 확장하고 있습니다.

다른 모든 프로젝트 팀처럼 데이터 과학 팀도 정해진 기간 안에 출시가 가능할 만한 비즈니스 가치를 만들라는 거센 압력을 받습니다. 데이터 과학 팀에 주어진 큰 과제는 작업 과정과 완료 상황을 가시적이고 측정 가능하게 보여주어 이해관계자의 관심과 안정적인 자금을 확보하는 것입니다.

그렇지만 프로젝트 시간 중 대략 80%는 데이터 수집/선택, 데이터 준비, 탐색적 분석을 하는 데 쓰입니다(다음 페이지의 그림 참조). 프로젝트에 느는 간접 비용은 막대하지만 보이는 결과물은 없습니다. 약속된 예측 모델이나 알고리즘은 프로젝트 초기, 심지어는 중반까지도 드러나지 않습니다. 때때로 평가나 검증 단계에서 분석 전체를 폐기하고 처음부터 그려야 할 수도 있고요. 자원과 시간이 소모되었지만 결과는 없는 상황입니다. 바로 벌거벗은 임금님의 새 옷 같은 것이죠!

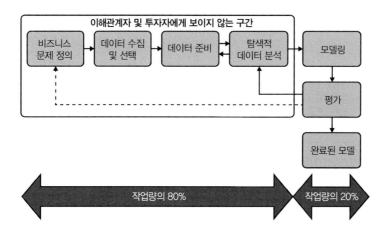

데이터 과학 팀이 벌거벗은 임금님처럼 당황하지 않으려면 어떻게 해야 할까요? 데이터 과학 프로젝트에는 전략적 계획 및 우선순위, 자원, 인프라 관리가 필요합니다.

1. **고객을 납득시키는 일을 우선시해야 합니다.** 이해관계자가 이 프로젝트에서 해결하기로 약속한 요구 사항이 무엇입니까? IT 산업은 더 이상 한 번에 모든 것을 뒤바꾸는 배포를 하지 않고, 지속적인 반복 과정을 거칩니다. 데이터 소스가 얼마나 많든, 어떤 첨단 기술을 사용하든 관계없이 반복을 한 번 거칠 때마다 기본적인 고객 요구를 어떤 식으로든 더 충족시킬 수 있는 방향으로 데이터 과학의 출시 로드맵을 설계해야 합니다.

2. **프로젝트에 얼굴을 부여하세요.** 이해관계자뿐만 아니라 프로젝트 관리자나 제품 소유자 관점에서도 어떤 일이 일어나는지 볼 수 있는 창이 있

어야 합니다. 내부 분석의 얼굴 역할을 하는 사용자 인터페이스(UI)는 분석 프로세스를 시각화하고 프로젝트 진행 상황에 대한 통찰을 제공합니다. 이러한 UI나 대시보드는 반드시 대화형이면서 사용 중인 특정 데이터셋과 특정 결과 셋을 얻는 데 사용되는 모델을 정확하게 식별할 수 있어야 합니다. 또한, 대시보드는 사용자 그룹 간 유효성 검사와 승인에도 사용될 수 있습니다.

3. **환경 준비 상태를 확인하세요.** 개발 환경은 탐색적 분석을 위해 빠르게 데이터베이스를 채우고 데이터셋을 변경할 수 있어야 합니다. 메모리 관리 문제는 데이터 과학 프로젝트의 주된 장애물입니다. 다양한 데이터 소스로부터 데이터가 엄청나게 다운로드되고, 데이터의 형태는 셰이프shape 파일, 스프레드시트, 텍스트 파일 등 다양합니다. 그러므로 개발 환경에 있는 모든 컴퓨팅 장치와 저장 장치에 대한 효과적인 메모리 관리 계획을 준비해야 합니다.

4. **스크립트의 카탈로그를 만드세요.** 데이터 다운로드를 위한 스크립트, 데이터 클렌징 및 준비를 위한 스크립트, 데이터 아카이빙용 스크립트의 재사용을 위해 태그를 붙여야 합니다.

데이터 과학 생태계는 다양한 데이터 과학 팀, 다양한 도구 셋, 풍부한 데이터로 구성될 수 있습니다. 프로젝트의 최종 목표는 모든 데이터 분석 활동을 하나로 묶는 것입니다. 그 결과로 인공지능 용도의 영리한 알고리즘을 만들어낼 수도 있고, 실패로 이어질 수도 있습니다. 어느 쪽이든 각 단계의 결과만으로도 이해관계자는 프로젝트 팀원들이 노력했다고 믿을 수 있으며, 프로젝트 담당자는 벌거벗은 임금님 이야기를 하이테크로 재현하지 않을 수 있습니다!

12

변경 데이터 캡처

라고담 머시(Raghotham Murthy)

변경 데이터 캡처 Change Data Capture, CDC는 어떤 특정한 문제를 해결하는 솔루션입니다. 프로덕션 데이터베이스에는 가장 중요한 데이터가 들어 있습니다. 그 데이터를 분석하고 싶지만 프로덕션 데이터베이스에 부하를 추가하고 싶지는 않을 때, 데이터 웨어하우스나 데이터 레이크data lake를 사용할 수 있습니다. 만약 다른 시스템에서 프로덕션 데이터베이스에 있는 데이터를 분석하기로 결정했다면 프로덕션 데이터베이스부터 데이터 웨어하우스까지 데이터를 복제할 안정적인 방법이 필요합니다.

하지만 대규모 상황에서는 그리 간단한 문제가 아닙니다. 일단 프로덕션 데이터베이스에서 웨어하우스로 데이터를 복사할 수 없습니다. 그렇게 하면 프로덕션 데이터베이스의 부하가 훨씬 더 커지기 때문입니다. 특히 충실도를 높이려고 할수록 그렇습니다. 변경된 레코드만 가져올 경우에는 삭제해야 하는 데이터를 놓칠 수 있습니다.

다행히도 요즘의 프로덕션 데이터베이스는 모두 일반적인 트랜잭션 처리 작업의 일환으로 **미리 쓰기 로그**Write-Ahead Log, WAL나 **변경 로그**change log를 작성합니다. 변경 로그는 데이터베이스의 테이블마다 테이블 안의 행/셀 변경 사항 하나하나를 캡처하며, 생산 데이터베이스의 복제본을 만들기 위해 사용될 수 있습니다. CDC를 진행할 때는 도구가 미리 쓰기 로그를 읽어서 변경 사항을 데이터 웨어하우스에 반영시킵니다. 이 방법은 배치 작업으로 테이블을 내보내는 것보다 훨씬 견고하며 생산 데이터베이스에 영향을 적게 줍니다.

그렇지만 초기부터 지속적으로 데이터를 올바르게 복제하려면 CDC를 종단 간 데이터 파이프라인으로 취급해야 하며, CDC 커넥터 수명 주기의 여러 측면을 함께 고려해야 합니다. 사례를 몇 가지 들겠습니다.

규모

CDC 파이프라인은 고용량 데이터 볼륨을 다룰 만큼 견고해야 합니다. 예를 들어 PostgreSQL에서 미리 쓰기 로그를 읽는 데 지연이 발생한다면 데이터베이스의 디스크 공간이 고갈될 수 있습니다.

복제 지연

메인 데이터베이스에 트랜잭션이 커밋되는 시간과 커밋된 트랜잭션 결과가 데이터 웨어하우스에 반영되는 시간 사이의 차이를 가리킵니다. 데이터를 변환하기 전에 파이프라인이 지연 시간을 최소화하는지 확인하는 검사가 필요합니다.

스키마 변경

시간이 지남에 따라 테이블이나 컬럼에 추가, 삭제, 타입 업데이트 등 변경이 가해지기 때문에 데이터베이스 스키마schema가 발전합니다. 그리고 스키마 변경 사항을 데이터 웨어하우스에 전파하는 것이 중요합니다. 경우에 따라 스키마가 변경되면 기록 동기화를 해야 할 수 있습니다.

마스킹

규정 준수를 위해 민감한 컬럼을 마스킹해야 합니다.

기록 동기화

CDC 변경 사항을 적용하기 전에, 테이블의 초기 기록을 동기화해야 합니다. 이 작업에는 시간이 걸리며 원본에 과부하를 줄 수도 있습니다. 복제 데이터베이스에서 기록 동기화를 수행해서 속도를 높이고 메인 데이터베이스의 부하를 줄이는 편이 낫습니다. 때때로 미리 쓰기 로그에서 부분적 중단이 발생할 수 있으므로 부분적인 기록 동기화를 전체 기록 동기화 대신 사용해야 합니다.

일반적으로는 자체 CDC 커넥터를 만들어야 할 만한 큰 이유는 없습니다. 대신 기존 도구를 사용하세요.

13

계약으로 기능하는 컬럼 이름

에밀리 리더러(Emily Riederer)

소프트웨어 제품은 단위 테스트와 서비스 수준 규약을 통해 성능을 보장합니다. 인터페이스는 공통 기호와 레이블이 있지만, 데이터 테이블은 서비스처럼 엔지니어링되는 것도 아니고 애플리케이션처럼 디자인되는 것도 아닌, 그 사이 어딘가에 존재합니다. 생산자와 소비자 간에 대화도 없고 규약을 맺지도 않는 상황 때문에 엔지니어들은 사용자가 만족하지 못하는(아니면 애매하게 데이터 품질이 별로라고 불평하는) 이유를 몰라서 혼란스럽고, 소비자는 데이터가 그 정도로 올바르지 않은 이유를 몰라서 어리둥절합니다.

제한된 어휘만 사용해서 공개된 데이터셋의 필드에 이름을 붙이면 대단한 기술 없이도 이 딜레마를 부드럽게 해결할 수 있습니다. 공통된 언어를 개발하면 데이터셋 필드가 각기 동작하는 방식을 관계자가 모두 이해할 수 있으므로 데이터 유효성 검사와 문서화, 랭글링 작업에서 생산자가 갖는 부담을 줄일 수 있습니다.

엔지니어와 분석가는 원자적이고 의미를 잘 정의한 계층화된 스텁stub을 미리 정의할 수 있습니다. 이러한 스텁을 서로 결합시켜 복잡한 메트릭과 동작을 설명할 수 있습니다.

여러분이 승차 공유 서비스 회사 직원이고, 승차 횟수만큼 레코드가 있는 데이터 테이블을 만든다고 가정해보세요. 여기서 제한된 어휘는 어떤 모습일까요?

첫 단계는 데이터 타입(bool이나 int) 및 적절한 사용 패턴으로 구성되는 다양한 측정 값을 기술할 수 있습니다. 이를테면 다음과 같이 말이죠.

ID

정수. 널 비허용. 엔터티에 대한 유일 식별자. 기본 키일 가능성이 높음

IND

이진 값. 널 비허용. 이벤트 발생 지표

N

정수. 널 비허용. 이벤트 발생 측정 횟수(양수 값)

AMT

숫자. 합산 가능하고 연속적인 분모 없는 총액

VAL

숫자. 본질적으로 합산 불가능한 값(속도, 비율, 위도, 경도 등)

DT

날짜. 항상 YYYY-MM-DD 형식을 따름

TM

타임스탬프

두 번째 단계는 DRIVER나 RIDER, TRIP, ORIG, DEST 등 측정 값의 **주체**subject 를 표현할 수 있습니다. 추가적으로 형용사를 제공해서 측정 주체를 수식합 니다. 이를테면 CITY, ZIP, LAT, LON이 있습니다.

전체적으로 이 구조는 광범위한 메트릭을 간결하게 특성화하는 문법을 제공합니다. ID_DRIVER, TM_ORIG, VAL_DEST_LON, IND_TRIP_SURGE가 무엇을 의미하는지 자명하지 않나요?

이런 이름은 사용자에게 좋은 인터페이스가 되어줄 뿐만 아니라, 데이터 요구 사항을 분명하게 만들어줍니다. 데이터 관리 작업을 자동화하는 데 직 접적으로 도움이 되는 중요한 수단이기도 합니다. 스텝에서 변수 정의를 재 구성(공유 승차 운전자의 유일 식별자)하고, 사용자가 특정한 개념(모든 타 임스탬프, 여행 출발지에서 할 수 있는 모든 일)에 대해 모든 테이블을 쉽 게 찾아볼 수 있게 하면 메타데이터 관리 및 데이터 발견data discovery 작업 을 부분적으로 자동화할 수 있습니다. 마찬가지로 그레이트 엑스펙테이션 스Great Expectations 같은 도구로 최상위 레벨의 스텝에서 사용자에게 약속된 실행 계약을 자동화된 데이터 유효성 검사로 원활히 변환시킬 수 있습니다. 자동화된 유효성 검사에는 'DT로 시작되는 모든 것은 날짜로 변환할 수 있 다거나, AMT 필드는 반드시 소수가 아니어야 한다거나, IND 변수는 널이 아니어야 한다' 등이 있습니다. 마지막으로 그런 식으로 변수에 이름을 붙

이면 차후 데이터 멍잉munging 과정에서 변수의 성격을 활용하는 데 도움이
됩니다(VAL 변수를 요약하는 것은 의미가 없습니다).

물론 데이터 품질과 발견 가능성, 커뮤니케이션을 모두 해결하는 하나
의 만능 솔루션은 없습니다. 그렇지만 컬럼 이름을 통해 데이터가 지켜야
하는 계약을 나타내면 사용자와 워크플로 도구로 의사소통을 하는 데 유
용합니다.

14

합의된 개인 정보 보호 데이터 수집

캐서린 자멀(Katharine Jarmul)

데이터 수집 동의를 어느 정도로 받고 있나요? 고객은 본인의 데이터가 어떻게 활용되는지 알고 있나요? 데이터가 어떻게 변환되고 집계되어 모델 입력으로 사용되고 배포되는지 알고 있나요? 개인 정보를 존중하며 데이터를 사용하고 있나요? 자동화된 데이터 처리 프로세스에서 고객이 본인의 데이터를 제외해달라고 할 수 있나요? 민감한 데이터가 노출되지 않게 해주는 개인 정보 보호 메커니즘이 있나요?

데이터 엔지니어는 정확성과 효율성을 추구합니다. A에서 B로 데이터를 옮길 때 필요한 클렌징, 테스팅, 검증 과정을 가장 효율적으로 수행할 수 있는 방법은 무엇일까요?

데이터 처리를 자동으로 신속하게 수행한다는 목표에 집중하다 보면 처리 대상 데이터가 많은 경우 개인 데이터, 때로는 극히 민감한 데이터라는 점을 잊곤 합니다. 만약 유럽연합(EU) 거주자의 데이터를 다룰 기회가 있었다면 개인 정보 보호 규정(GDPR) 때문에 다음과 같은 주제에 대해 더 깊게 생각해봤을 겁니다. 더 이상 권한이 없는 사용자 데이터에서 만들어진 산출물artifact을 제거할 방법은 무엇인가요? 사람이 자동 처리 대상이 된다는 것이 의미하는 바는 무엇인가요? 사용자 동의를 얻은 데이터 수집이란 무엇인가요?

EU에 거주하는 운 좋은 사용자뿐만 아니라 모든 사람에 대한 데이터를 동의하에 수집하려면 데이터를 옮기는 방식을 근본적으로 바꾸어야 합니다. 다음 아이디어가 그 시작의 단초가 되어 줄 것입니다.

동의 메타데이터 연결

프로세스 도중에 동의 메타데이터를 연결하는 작업을 할 수 있습니다. 그리고 이를 통해 사용자가 누구인지, 무엇에 동의하고 무엇을 제외했는지 알 수 있습니다. 동의 정도에 따라 데이터를 걸러내거나 경로를 바꿔서 어떤 처리를 거부하려는 사람에게 더 나은 사용자 경험(이를테면 아주 조금 덜 끔찍한 쿠키 경고)을 만들어줄 수 있다는 의미입니다.

데이터 출처 추적

여러분은 모든 데이터가 어디서 오는지 알고 있나요? 유감스럽게도 많은 사람이 데이터의 출처를 모르고 있습니다. 데이터의 출처를 추적하면 법률 및 개인 정보 보호 관련 문제를 더 잘 이해할 수 있을 뿐만 아니라 데이터 품질과 데이터가 우리에게 전달되기 전에 거치는 처리 과정을 알아내는 데도 좋습니다. 모두에게 좋은 것이죠!

민감한 필드 삭제 혹은 암호화

데이터에 포함될 가능성이 있는 민감한 필드를 인식했다면 데이터 보호 메커니즘을 적용해야 합니다. 집계 분석을 할 때 사용자 이름이 필요한가요? 아니라고요? 그러면 삭제하세요(혹은 처음부터 수집하지 마세요). 챗봇 훈련에 이메일 주소가 필요한가요? 아니라고요? 그렇다면 모델에 그 데이터를 넘기지 마세요. 데이터 엔지니어라면 지식과 도구를 사용해서 민감한 데이터를 보호할 수 있습니다.

많은 사람이 스스로와 사랑하는 사람의 사생활을 보호하기 위해 다양한 조치를 취합니다. 합의하에 데이터를 수집하고 데이터에 대한 기본적인 개인 정보 보호 조치를 구현해서 고객과 제품 사용자를 우대해주세요.

15

데이터 소비자와
원활한 업무 관계를 구축하라

이도 슐로모(Ido Shlomo)

데이터 엔지니어와 데이터 소비자의 관계는 소비자가 데이터 과학자, 비즈니스 인텔리전스 팀, 여러 개의 분석 팀 중 누가 되든지 언제나 복잡합니다. 이 모든 직무는 조직의 데이터 기반 목표를 지원하는 역할을 하기 때문에 다른 이해관계자들은 이들이 서로 매끄럽게 통합되기를 바랍니다. 분명히 협력할 동기는 충분하지만 작업량의 분배는 균형이 맞지 않는 경우가 많습니다. 서로 팽팽한 긴장감을 가지고 있는 것이죠.

완벽한 공생 관계를 만들기 위한 비법은 없습니다. 조직 전체에서 데이터 팀의 구조가 매우 다양하다는 점을 감안하면 더욱 그렇습니다. 다음 항목을 기억하는 것은 주요 함정을 피하고 더 나은 방향을 목표로 하는 데 도움이 될 수 있습니다.

데이터 소비자가 엔지니어링 문제를 해결하게 하지 마라

데이터 소비자에게 데이터 엔지니어링 문제를 풀게 하려는 유혹을 뿌리치세요. 데이터 소비자의 유형은 다양하며, 개개인의 핵심 경쟁력은 코딩 기술, 통계학 지식, 시각화 능력 등 여러 영역에 걸쳐 다양합니다. 많은 경우 데이터 소비자가 기술적 능력이 좋을수록 인프라에서 풀지 못하는 문제를 대충 고쳐서 해결하려고 합니다. 그러다 보면 파이프라인 목적에 맞지 않거나 실제 인프라 설계에 맞지 않는 데이터 변환이 추가될 수 있습니다.

겉보기에는 이런 방식이 데이터 엔지니어나 데이터 소비자 모두에게 이득인 것처럼 보일지도 모릅니다. 데이터 엔지니어는 시간을 아끼고, 소비자는 방해받지 않고 끊임없이 작업을 하는 것처럼 보이지만, 보통은 부적절한 해결책이 겹겹이 쌓이기 때문에 조직의 데이터 인프라 관리가 더 어려워집니다.

기대치를 맞춰라

데이터 소비자가 엔지니어링적으로 섬세함을 발휘하리라고 기대하지 마세요. 데이터 엔지니어는 제대로 훈련된 개발자이므로 보통 최신 프로그래밍 모범 사례를 따릅니다. 즉, 코딩 스타일에 엄격하고 효율성과 단위 테스트 커버리지를 중요하게 여깁니다. 일부 조직은 소수정예로 데이터 팀을 선택하거나, 모든 역할을 단일 데이터옵스DataOps 팀으로 통합하기도 합니다.

이런 경우 데이터 엔지니어는 코드를 집중적으로 사용하지만 모범 사례를 따르지 않을 데이터 소비자에게 맞춰 기대치를 조정해야 합니다. 소비자들이 잘 몰라서 그런다기보다는 대체로 다른 일에 우선순위를 두어 주된 비즈니스적 역할에 충실하려는 것입니다.

소비자의 일을 이해하라

데이터 소비자가 실제로 하는 일을 이해하는 것이 중요합니다. 데이터 소비자는 데이터 인프라에 기대어 저마다의 작업을 수행합니다. 소비자의 편안한 정도나 생산성, 인프라 수용 수준은 해당 인프라와 업무 역동성이 조화를 이루는 정도에 따라 달라집니다. 데이터 엔지니어는 개념적인 데이터 인프라를 실제로 구현하는 개발 업무를 맡기 때문에 소비자의 일상적인 요구 사항은 엔지니어의 업무에 있어 대단히 중요한 컨텍스트context입니다.

일반적으로 요구를 명확히 이해하려면 시간과 노력이 든다는 의미이며, 그 노력은 섀도잉 세션과 반복적 개념 증명(POC), 다양한 수준의 아이디어 논의 등으로 나타납니다. 팀끼리 전문적 친밀도가 높아질수록 서로 더 존중하는 우호 관계가 되며, 그 자체로 팀을 성공 궤도로 강력하게 이끌어줍니다.

16

데이터 엔지니어링은
스파크와 같지 않다

제시 앤더슨(Jesse Anderson)

어떤 사람들은 아파치 스파크만 있으면 데이터 파이프라인[1]을 만들 수 있다고 주장합니다. 하지만 실제로 데이터 파이프라인을 생성하기 위해서는 다음 3가지의 일반적인 기술 유형을 구현하는 구성 요소가 필요합니다.

- 계산
- 스토리지
- 메시징

스파크만 있으면 데이터 파이프라인을 만들 수 있다는 오해를 바로잡아야 빅데이터 프로젝트를 성공시키거나 빅데이터를 학습할 수 있습니다. 스파크는 데이터 파이프라인을 만드는 데 필요한 대규모 빅데이터 생태계의 일부일 뿐입니다. 간단히 다음과 같이 정리할 수 있습니다.

---

1 이번 섹션은 jesse-anderson.com에 게시되어 있습니다.

데이터 엔지니어링 = 계산 + 스토리지 + 메시징 + 코드 + 아키텍처 + 도메인 지식 + 사용 사례

배치 및 실시간 시스템

배치 데이터 파이프라인에서는 보편적으로 2가지 핵심 문제를 해결해야 합니다. 하나는 계산이고, 다른 하나는 데이터 스토리지입니다. 배치 계산 처리에는 스파크가 적합하지만, 적합한 스토리지 솔루션을 찾는 것은 어려울 수 있습니다. 더 정확하게 말하자면, 사용 사례에 맞는 다양하고 최적화된 스토리지 기술을 알아보는 것이 어려울 수 있습니다.

계산 컴포넌트

계산computation이란 데이터가 처리되는 방식입니다. 계산 프레임워크가 알고리즘 및 대부분의 코드 실행을 담당하고, 빅데이터는 리소스 할당 및 코드 분산 실행, 결과 저장을 담당합니다.

스토리지 컴포넌트

스토리지storage는 데이터가 영속적으로 저장되는 방식입니다. 단순한 스토리지 요구 사항이라면 파일을 디렉터리로 덤프dump할 것입니다. 그러다 요구 사항이 조금씩 더 어려워지면 파티셔닝을 적용하기 시작합니다. 파일을 특정 이름의 디렉터리로 배치하는 것입니다. 데이터의 날짜를 디렉터리 이름의 일부로 삼는 파티셔닝 방식이 일반적입니다.

NoSQL 데이터베이스

좀 더 최적화된 스토리지 최적화 요구 사항을 맞추기 위해 **NoSQL 데이터베이스**를 사용하기 시작합니다. 특히 실시간 시스템에서는 NoSQL 데이터베이스의 필요성이 특히 커집니다. 대부분의 기업은 단순한 스토리지 기술과 하나 이상의 NoSQL 데이터베이스를 사용해서 데이터를 저장합니다. 데이터를 여러 번 저장하면 여러 가지 사용 방식이나 읽기/쓰기 패턴을 필요한 만큼 수용할 수 있습니다. 어떤 애플리케이션은 데이터를 모두 읽어야 할 수도 있고, 어떤 애플리케이션은 특정 데이터만 읽을 수도 있습니다.

메시징 컴포넌트

메시징messaging은 지식이나 이벤트가 실시간으로 전달되는 방식입니다. 실시간 시스템이 필요할 때 메시징을 사용하기 시작합니다. 이러한 메시징 프레임워크는 대량의 데이터를 수집하고 전파하는 데 사용됩니다. 실시간 시스템에서 데이터 수집과 전파가 중요한 이유는 시스템의 시작부터 중간, 혹은 시스템의 중간부터 끝 사이에서 발생하는 문제를 해결하기 위함입니다.

17

자율성 및 신속한 혁신을 돕는 데이터 엔지니어링

제프 마그누슨(Jeff Magnusson)

여러 조직에서 데이터 엔지니어링은 완전히 전문 분야로 취급됩니다. 데이터 파이프라인은 데이디 엔지니어가 지배하는 복잡하고 신비한 영역처럼 보입니다. 흔히 데이터 엔지니어는 전담 팀으로 조직되거나 수직적으로 구성된 제품 기반 팀에 포함됩니다.

물론 전문가에게 업무를 위임해야 할 때도 있지만, 동시에 이것은 전문 분야를 넘어선 작업을 하려면 전문가가 생성한 데이터나 모델을 넘겨받아야 한다는 뜻이기도 합니다. 다행히 적합한 프레임워크와 인프라가 있다면 별도로 데이터를 전달하지 않고도(아마도 더 중요한 점은 반복 주기를 도는 것이겠지만) 다수의 데이터 흐름 및 작업을 구성할 수 있습니다.

데이터 파이프라인은 일반적으로 비즈니스 혹은 알고리즘 로직(측정치 계산, 모델 훈련, 특징화 등) 및 데이터 흐름 로직(복잡한 조인, 데이터 랭글링, 세션화 등)으로 나뉩니다. 데이터 엔지니어는 데이터 흐름 로직 구현이 전문이지만, 작업을 요청하는 팀이 요구하는 등 필요에 따라 다른 로직을 구현해야 할 때가 많으며, 이러한 요구 사항을 자체적으로 조율할 수도 없습니다.

이런 상황은 보통 데이터 흐름과 알고리즘 로직이 뒤섞이고 파이프라인 전체에 밀접히 연관되어 구현되기 때문에 발생합니다. 이럴 때는 데이터 흐름 로직을 파이프라인 안의 다른 로직과 분리할 방법을 찾아야 합니다. 도움이 될 만한 몇 가지 전략을 소개합니다.

ETL 프레임워크에 재사용 가능한 패턴을 구현하라

일반적인 패턴을 템플릿으로 만들지 말고 ETL 프레임워크 내부의 함수로 구현합니다. 이를 통해 코드 왜곡과 관리 부담을 최소화할 수 있고, 데이터 엔지니어링 팀 이외의 기여자가 데이터 파이프라인에 더 쉽게 접근하게 할 수 있습니다.

조직 내에서 접근할 수 있는 프레임워크와 도구를 선택하라

데이터 엔지니어링이 전문적으로 보이는 것은 조직의 다른 부서에서 일반적으로 사용하지 않는 언어나 도구를 통해 파이프라인이 만들어졌기 때문이기도 합니다. 조직에서 널리 사용되는 언어(데이터 엔지니어링 분야 밖에서는 SQL을 많이 사용합니다)를 지원하는 프레임워크를 적용하는 것을 고려하세요.

로직을 파이프라인 끝으로 옮겨라

데이터 흐름 로직을 가능한 한 업스트림이나 다운스트림[1]에 두세요. 그렇게 하면 나머지 작업을 전처리나 후처리 단계로 나타낼 수 있으며, 데이터 엔지니어와 데이터 소비자를 효과적으로 분리하기 때문에 추후 소비자의 결과물을 넘겨받을 때를 걱정할 필요 없이 자율성을 되찾을 수 있습니다.

스테이징 테이블을 생성하고 지원하라

스테이징 테이블staging table은 데이터 파이프라인에서 작업 도중의 체크포인트나 출력으로 자주 활용됩니다. 그렇지만 이러한 데이터들은 실행되는 파이프라인에서만 사용할 임시 데이터셋으로 취급되는 경우가 많습니다. 만약 까다롭고 비용이 큰 조인이나 처리 단계를 구현해야 한다면, 결과를 스테이징하여 조직 내에서 전문 지식이 부족한 다른 사람들이 사용할 수 있도록 지원하는 것이 좋습니다.

데이터 흐름 로직을 도구와 인프라에 통합하라

설정을 통해 수행되는 프레임워크나 도구에 공통 패턴을 통합하세요. 데이터 수집, 접근, 스토리지 코드에 데이터 엔지니어링 로직을 푸시하여 활용도를 크게 높일 수 있습니다. 데이터 흐름 로직 구성을 데이터 파이프라인 내부에 표현하는 대신 입출력 데이터 소스의 메타데이터로 만들어 메타데이터 저장소에 내장하는 것을 고려하세요.

---

1 역주 업스트림과 다운스트림은 각각 데이터 파이프라인에서 데이터가 유입되는 지점과 파이프라인 결과가 도달하는 지점을 말합니다.

18

데이터 과학자 관점에서 보는 데이터 엔지니어링

빌 프랭크스(Bill Franks)

데이터 수집과 관리는 수십 년간 중요하게 여겨졌지만, 최근에서야 데이터 엔지니어링이 광범위하게 활용되며 중요한 역할로 자리잡았습니다.[1] 왜 그럴까요? 여기서는 일반적인 생각과는 다소 반대되는 견해를 제시합니다.

데이터 관리나 ETL 등

역사적으로 기업 데이터를 다루는 사람들은 집중하는 주요 영역에 따라 다음과 같이 세 부류로 나눠집니다. 첫 번째는 미가공 데이터를 소스 시스템으로 수집하는 일을 관리하는 사람들입니다. 두 번째는 ETL 운영에 집중하는 사람들로, 최근까지도 ETL 직무는 관계형 데이터베이스에 압도적으로 집중되어 있었습니다. 세 번째는 관계형 시스템을 관리히는 데이터베이스 관리자입니다.

---

1   이번 섹션은 International Institute for Analytics 블로그(https://iianalytics.com/community/blog)에 올린 포스트에 기반합니다.

이러한 전통적 데이터 직무의 작업은 대체로 표준화되어 있습니다. 이를테면 데이터베이스 관리자는 데이터를 저장할 디스크 위치나 관계형 무결성을 보장하는 방법을 데이터베이스에 알려주지 않습니다. 관계형 기술이 성숙mature하여 많은 복잡한 작업을 쉽게 처리할 수 있기 때문입니다. 마찬가지로 ETL 도구에도 공통적인 소스 시스템에 대한 어댑터와 일반적인 변환 시스템 작업을 처리하는 기능 및 공통적인 대상 저장소에 대한 훅hook이 있습니다. 수년간 소수의 성숙한 데이터 저장소와 상호작용하는 적은 수의 성숙한 도구만 있었습니다. 비교적 단순한 삶이었죠!

데이터 엔지니어가 필요한 이유

지금도 여전히 앞서 설명한 전통적인 역할이 존재합니다. 그렇지만 지금은 그런 역할만으로는 부족하기 때문에, 데이터 엔지니어가 개입해서 그 사이의 빈틈을 채웁니다.

요즘은 ETL 도구나 관계형 데이터베이스에 친숙하지 않은 데이터 타입이 많이 있으므로 그에 맞는 새로운 도구가 필요합니다. 그렇지만 대다수의 새로운 도구와 저장소는 아직 충분히 성숙하지 않아서 복잡한 코딩이 필요합니다. 게다가 이렇게 덜 성숙된 기술을 통합해야 하는 경우도 많습니다.

데이터 엔지니어는 문서화된 예제가 별로 없는 상태에서 여러 기술을 통합하는 방법을 찾아내야 합니다. 데이터 파이프라인의 구성 요소가 안전하고 효율적으로 함께 동작하도록 만들기 위해서는 많은 노력이 필요하며, 때로는 필요 이상으로 많은 에너지와 복잡성이 요구되기도 합니다.

아키텍처가 외부 클라우드 환경까지 아우르기 때문에 복잡성은 더욱 올라갑니다. 사정을 잘 모르는 사람이 보기에는 데이터를 그냥 모으기만 하면 되니 문제될 것이 없다고 여길 수 있지만, 정의하기 간단한 작업일지라도 실제 수행하기는 어려울 수 있습니다.

데이터 엔지니어와 전통적인 데이터 전문가 사이에는 몇 가지 차이점이 있습니다. 데이터 엔지니어는 창의적인 문제 해결에 더 능숙해야 합니다. 또한, 데이터 엔지니어는 더욱 다양한 도구와 접근 방식을 수용하고 사용해야 합니다. 마지막으로 데이터 엔지니어는 주어진 도구와 플랫폼 간의 통합과 최적화에 집중해야 합니다.

미래 전망

오늘날 데이터 엔지니어가 무차별 대입brute force으로 수행하는 작업의 대부분은 시간이 지나면서 표준화될 것입니다. 이는 데이터 과학과 데이터 엔지니어링의 유사점을 잘 보여줍니다. 데이터 과학자가 시간을 들이던 작업 대다수가 자동화되고 표준화되고 있습니다. 이제 민간 데이터 과학자citizen data scientist[2]도 많은 일을 할 수 있으며, 데이터 과학자는 더 어려운 문제에 집중할 수 있습니다. 곧 표준화된 데이터 엔지니어링 도구를 사용해서 기본 업무를 처리하는 민간 데이터 엔지니어citizen data engineer가 나타날 것이며, 데이터 엔지니어는 새로운 영역에 집중할 수 있을 것입니다.

2 　역주　데이터 과학 전문가는 아니지만 통계나 분석을 본인의 업무에 활용하는 사람을 가리킵니다.

19

재사용 및 확장 가능한 코드를 만드는 데이터 파이프라인 디자인 패턴

무쿨 수드(Mukul Sood)

모듈 단위로 구성되어 재사용할 수 있고 확장 가능한 데이터 파이프라인을 설계하는 일은 데이터 엔지니어링과 연관된 중요한 주제입니다. 데이터 엔지니어링에서는 데이터 소스, 수집, 유효성 검사, 프로세싱, 보안, 로깅, 모니터링 등 여러 계층에 걸친 지속적인 변화를 처리해야 하기 때문입니다. 이러한 변화는 계층 전반에 걸쳐 다양한 속도로 일어나며, 데이트 파이프라인의 추상화 수준과 설계에 따라 다양한 영향을 미칩니다.

데이터 파이프라인 계층에 대한 컨텍스트를 제공하고 구성 매핑을 시작하면 파이프라인의 핵심을 수집ingestion, 처리processing, 결과result 계층으로 요약할 수 있습니다. 그리고 각 계층을 기능 블록에 매핑되는 기능 관점에서 생각할 수 있습니다. 블록은 계층의 요구 사항에 따라 변경되며, 이는 파이프라인의 방향성 비순환 그래프Directed Acyclic Graph, DAG를 나타낼 수 있는 템플릿과 구성 관점에서 도움이 됩니다.

수집, 처리, 결과 계층은 요구 사항에 따라 다양한 로그 및 모니터링 시스템에 매핑할 수 있습니다. 이를테면 수집 계층에서 파일 로그는 S3, 이벤트

로그는 커스텀, 모니터는 구글 클라우드 작업 및 리대시Redash로 매핑되는 식입니다. 이와 달리 결과 계층은 데이터독DataDog 이벤트 로그와 이벤트 모니터에 매핑될 수 있습니다.

로그 기록 및 모니터링을 고려한 보편적인 파이프라인을 사용하는 경우라면 파이프라인은 로거와 모니터가 DAG 코드와 결합된 DAG 메서드로 구현됐을 겁니다. 이로 인해 작성할 코드의 양이 많아지고 불안정하며 재사용이 어렵고, 단일 책임 원칙Single-Responsibility Principle, SRP, 중복 배제Don't Repeat Yourself, DRY, 개방−폐쇄 원칙open/closed principle 등의 설계 원칙을 어겨 파이프라인이 전체적으로 불안정해지고 신뢰하기 어려워집니다. 모니터링과 로깅 말고 다른 기능도 같은 방식으로 작업한다면 데이터 품질/검증, 보안/개인 정보 등 다양한 기능 블록에서 비슷한 문제를 겪을 것입니다.

문제가 유사하다면 그 유사성이 공통 주제를 드러내는 지표가 될 수 있습니다. 이에 더해서 구현 간에는 결합도를 낮추고 응집력을 높여야 합니다. 그리고 이런 맥락에 따르면 디자인 패턴(〈GoF의 디자인 패턴〉(프로텍미디어, 2015) 참고)을 고려해야 할 이유는 충분합니다.

첫 번째는 **생성**creational과 **구조**structural 패턴입니다. 이 패턴을 사용하면 로깅 및 모니터링 같은 크로스커팅 관심사cross-cutting concern를 DAG 특정 영역에서 분리하여 생성하고 구조화할 수 있습니다. 팩토리와 추상 팩토리 패턴은 DAG 코드로부터 로거와 모니터를 추상화하고 분리하여 DAG 코드 베이스가 로그 기록 및 모니터링 코드 베이스에 대한 의존성 없이 발전하도록 도와줍니다.

두 번째는 **행동**behavioral 패턴입니다. 이 패턴을 사용해서 DRY와 SOLID 원칙을 어기지 않으면서 구체적인 동작을 지시할 수 있습니다. 데코레이터 decorator 패턴은 기존 함수의 동작을 수정하거나 추가하는 데 널리 사용되며, 로깅 및 모니터링에 즉시 적용할 수 있습니다.

파사드facade 패턴은 클라이언트나 소비자가 원래보다 적은 수의 API나 특정 API만을 필요로 할 때 유용합니다. 이를테면 다양한 로거와 모니터가 노출하는 방대한 API와 메서드는 DAG 계층에 노출될 필요가 없습니다. 이 때 파사드 패턴은 로깅 및 모니터링 계층에 대한 인터페이스를 정의하는 데 도움이 됩니다.

이러한 패턴을 조합하면 디자인 원칙의 이점을 실현할 수 있습니다. 책임 분리를 통해 DAG, 크로스커팅 관심사(모니터링 및 로깅을 위한 별도 패키지), 크로스 DAG(공통 템플릿의 추상화가 가능해짐) 등 다양한 수준에서 코드 베이스를 모듈로 만들 수 있기 때문입니다. 이를 통해 데이터 파이프라인을 일반화하여 커스텀 코드를 작성하는 것에서 보다 보편적인 모듈과 템플릿과 구성으로 옮겨갑니다. 또한, 서로 다른 부분은 DAG 코드 베이스와 완전히 분리되어 자체적인 개발 주기와 배포 패키지를 따릅니다.

설계 원칙을 더하면 추상화 수준과 복잡성이 높아집니다. 하지만 품질과 속도를 유지하면서 파이프라인 개발을 확장하기 위해서 지불하는 대가라고 생각한다면 크지 않습니다.

20

데이터 엔지니어를 위한 데이터 품질

캐서린 자멀(Katharine Jarmul)

데이터 파이프라인을 관리하고 배포할 때 동작 여부를 어떻게 확인해야 할까요? 데이터가 테스트를 거치도록 하나요? 가동 시간을 모니터링하나요? 테스트를 하기는 하나요? 그렇다면 테스트 대상은 정확히 무엇인가요?

데이터 파이프라인은 전 세계로 가스, 석유, 물 등을 나르는 또다른 파이프라인과 크게 다르지 않습니다. 시작점과 끝점을 정의해야 하며, 정기적인 모니터링과 누출 테스트 같은 엔지니어링이 필요합니다. 그렇지만 대다수의 데이터 파이프라인과 달리 실세계의 파이프라인은 파이프라인이 나르는 물질의 품질 검사가 필요합니다. 그것도 정기적으로 말입니다.

마지막으로 데이터 파이프라인의 데이터 품질을 테스트한 것은 언제인가요? 유입 데이터나 변환 데이터의 스키마를 검증한 지는 얼마나 되었나요? 데이터 값이 적절한 범위 안에 있는지 살펴보는 상식 테스트를 한 것은 언제인가요? 데이터 품질이 낮은 경우 의미 있는 방식에 따라 플래그를 지정하고 관리하고 있는지를 어떻게 확인하고 있나요?

대규모 데이터 파이프라인의 성장세와 이용량을 고려하면 데이터 검증과 테스트, 품질 검사가 비즈니스 요구에 미치는 영향이 그 어느 때보다 큽니다. 데이터를 아무리 많이 수집해도 품질을 제대로 관리하지 못해서 데이터 과학이나 머신 러닝, 비즈니스 인텔리전스 등의 작업에 쓸 수 없다면 하루에 1테라바이트를 수집한들 아무 쓸모가 없습니다.

데이터 엔지니어도 다른 파이프라인 엔지니어처럼 파이프라인에 흐르는 대상의 품질에 관심을 가져야 합니다. 데이터 엔지니어는 데이터 과학 팀과 협력하거나 표준 테스트를 구현해야 합니다. 스키마 검증이나 널 검사처럼 간단한 것일 수도 있고, 이상적으로는 예상 값 범위나 개인 정보 데이터 및 민감한 데이터 노출을 테스트하거나 통계 테스트를 위해 시간 경과에 따른 샘플 데이터를 테스트할 수도 있습니다(즉, 데이터 전체가 가져야 하는 분포나 기타 속성 테스트를 뜻합니다).

멋진 점은 이런 문제에 데이터 지식을 적용할 수 있다는 점입니다. 오늘 데이터 파이프라인에 극단 값이나 이상 값, 아웃라이어outlier가 몇 개나 있을지 알고 있나요? 아마 모를 겁니다. 그렇지만 알아볼 수는 있을까요? 당연히 가능합니다. 파이프라인이나 프로세싱 과정에서 발견되는 오류 및 품질 문제의 유형을 추적하고 모니터링하고 추론하는 일은 그 자체로 의미 있는 데이터 과학 작업입니다.

제발 그저 데이터가 들어오고 나가는 걸 바라보면서 괜찮아 보인다고 말하지 마세요. 시간을 들여 여러분의 데이터 소스와 타깃에 적합한 품질 및 유효성 검증 방법을 결정하고, 그 표준을 충족시킬 수 있는 방법을 만드세요. 이렇게 하면, 동료들로부터 데이터 품질과 유용성이 향상되어 좋다는 감사 인사를 받을 수 있는 데다 엔지니어라는 직함에 대해 자부심도 느낄 수 있습니다.

21

데이터 엔지니어를 위한 데이터 보안

캐서린 자멀(Katharine Jarmul)

여러분의 데이터는 안전한가요? 매일 처리하는 데이터는 어떠한가요? 안전한지를 어떻게 알 수 있나요? 정말 안전하다고 보증할 수 있나요?

겁먹고 달아나라고 던지는 질문이 아닙니다. 보안에 실용적으로 접근하라는 이야기입니다. 데이터 엔지니어로서 여러분은 회사에서 가장 가치 있는 자원을 자주 관리하게 됩니다. 따라서 당연히 보안 엔지니어링을 배우고 업무에 적용해야 합니다. 지금부터 약간의 팁을 드리겠습니다.

보안을 학습하라

대다수 데이터 엔지니어는 컴퓨터 공학이나 데이터 과학을 전공했거나 기반으로 하기 때문에 컴퓨터 및 네트워크 보안 개념에 대해서는 이전에 접해 보지 못했을 수도 있습니다. 보안 컨퍼런스나 모임, 기타 이벤트에 참석해 보세요. 또 사용 중인 특정 아키텍처나 인프라를 위한 보안 모범 사례를 읽어보세요. 사내 IT 데브옵스DevOps나 보안 담당자와 이야기하면서 회사에서 어떤 조치를 시행하고 있는지 알아보세요. 전문가가 되라는 말이 아닙니다. 그저 알아 두라는 이야기입니다.

접근을 모니터링하고 로그를 남기고 테스트하라

사용하는 장비나 컨테이너, 관리하는 데이터베이스 및 기타 데이터 저장소, 매일 기여하는 코드나 처리 시스템에 대한 접근을 모니터링하고 로그를 남기세요. 인증된 사용자나 장비만 시스템에 접근할 수 있게 하세요. 방화벽 규칙을 만들고(클라우드와 컨테이너까지도) 포트 스캐너port scanner나 핑 스윕ping sweep을 사용하여 테스트하세요. 비정상적인 접근이나 네트워크 동작을 모니터링하고 경고를 보내세요.

데이터를 암호화하라

데이터 엔지니어로서 민감한 데이터를 보호하는 것은 매우 중요한 일입니다. 가능한 한 언제나(데이터를 전송 중이든 아니든) 데이터와 민감한 필드를 암호화해야 합니다. IBM의 '2019 Cost of a Data Breach Report (2019년 데이터 침해 비용 보고서)'에 따르면 데이터 암호화는 막대한 비용이 들어가는 데이터 침해를 막을 수 있는 최선의 방법 중 하나입니다.

보안 테스트를 자동화하라

데이터 엔지니어링에서 이미 CI/CD를 활용하고 있나요? (아니라면 당장 책 읽기를 멈추고 CI/CD부터 활용하러 가세요.) 보안 테스트를 배포에 포함시키세요. 이 테스트는 잘못된 자격 증명 검사, 암호화 테스트, 라이브러리의 최신 보안 업데이트 사용 여부 테스트처럼 간단할 수도 있습니다. 보안 테스트를 자동화해서 잠재적인 보안 위협을 멈추거나 경고할수록 프로세싱과 파이프라인이 안전해집니다.

도움을 요청하라

조직 내부에 보안 팀이 있는 운 좋은 상황이라면 프로세싱 인프라, 네트워크, 스크립트의 보안 평가를 도와 달라고 요청해보세요. 아니면 회사의 외부 보안 리뷰 시기를 확인해 두고 전문가와 데이터 엔지니어링 보안 향상을 위한 조치에 대해 이야기해보는 것도 좋습니다.

여기에는 사용 및 관리 중인 데이터 수집 종단점과 노출된 API에 대한 침투 테스트, 아니면 단순히 데이터 처리 배포 및 모니터링, 아키텍처에 대한 보안 리뷰가 포함될 수 있습니다. 어떤 식이든 전문가에게 조언을 구하는 것만으로도 지금의 조치와 앞으로 구현하려는 조치에 대해 자신감을 가지게 될 것입니다.

맡고 있는 역할이나 회사에 따라 보안 측면에서 성과를 올리기가 더 쉬울 수도 있습니다. 정기적인 보안 스프린트sprint를 계획에 포함시키면 문제를 파악하고 보안을 지속적으로 개선하는 데 좋습니다. 이제 다시 이번 섹션 도입부로 돌아가 받았던 질문을 다시 받는다고 가정해봅시다. 이제 데이터 엔지니어 팀은 데이터 엔지니어링 워크플로가 안전하다고 확신하며 편한 마음으로 질문에 답할 수 있습니다.

22

요약 통계 이상의 데이터 유효성 검증

에밀리 리더러(Emily Riederer)

다음 중 적절하지 않은 숫자는 무엇입니까? -1, 0, 1, NA.

상황에 따라 답이 달라질 수 있습니다. 질문의 데이터가 음수여서는 안 된다면 -1이 잘못된 값입니다. 항상 값이 있어야 한다면 NA가 잘못된 값입니다. 합계에 사용될 부호를 표현하는 것이라면 0이 미심쩍습니다. 한마디로 **데이터 컨텍스트** 없이는 데이터 품질도 없습니다.

데이터 품질 관리가 데이터 엔지니어링의 중요한 구성 요소라는 사실은 널리 알려져 있습니다. 상시 검증의 필요성에 대해서는 논란의 여지가 없지만 접근 방식은 매우 다양합니다. 아쉬운 점은 쉽게 자동화하고 광범위하게 확장할 수 있는 요약 통계나 기본적인 일변량 이상 탐지법에만 의존하는 경우가 너무나 많다는 것입니다. 어쨌거나 장기적으로 봤을 때 컨텍스트 없는 데이터 품질 검사는 미묘한 차이를 무시하지만, 다운스트림 사용자가 알아채지 못할 수 있는 치명적인 오류를 감지하는 데는 도움이 됩니다.

컨텍스트를 강화한 **비즈니스 규칙**을 데이터 품질 검사 규칙으로 명시하면 통계적 방식으로 수행하던 데이터 유효성 검증을 도메인 지식으로 보완할 수 있습니다. 고수준 요구 사항을 그저 '널 아님' 식으로 정의하는 대신 '전자상거래 고객의 변제 총액은 구매 총액보다 작다'와 같이 데이터의 여러 필드 사이에서 기대되는 상호 영향 관계를 정의할 수 있습니다.

이렇게 되면 특정 필드 값이 합리적인지 판단하는 것에 그치지 않고 하나 이상의 데이터셋에 있는 필드 전체의 내부 일관성을 탐색할 수 있으며, 생성된 데이터가 실제 비즈니스 의도와 일치하는지도 검증할 수 있습니다(이를테면 앞서 언급한 검사는 구매 총액을 고려한 다음 반품을 공제하는 경우에만 참으로 판명됩니다). 이러한 검사 자체는 간단한 산술 연산일 수 있지만 자율적 접근법으로는 찾을 수 없는 수준의 직관(이를테면 직관적으로 고객 수준에서 데이터를 그룹화한 후 선택한 메트릭의 총합을 비교해야 할 때)을 인코딩하고, ETL 프로세스가 중단(이를테면 결제를 여러 번 로드할 때)될 수 있는 조건을 더 잘 나타내는 질문을 던집니다.

비즈니스 규칙 데이터 검사에서는 데이터 자체에서 명확하게 드러나지 않는 데이터 구조에 사람의 지식을 활용할 수도 있습니다. 예를 들어 일관된 주제 집합에 대한 반복 측정 값(패널) 데이터로 작업하는 경우, 주제 내에서는 의도된 고유 키나 예상되는 경향성이 존재할 수 있지만, 데이터셋 전체에 걸친 경향성은 없을 것입니다. 계층적 데이터로 작업한다면 검사를 통해 적절한 '중첩'을 탐색할 수 있습니다.

컨텍스트 정보를 보강해서 데이터 품질을 검사하면 데이터 품질을 미묘한 부분끼지 좀 더 견고하게 검증할 수 있지만, 세상에 공짜는 없는 법입니다. 이 접근 방식의 가장 큰 단점은 검사할 조건을 정의하고 구현하기 위해 비즈니스 팀과 엔지니어링 팀 모두가 상당량의 수작업을 해야 한다는 것입니다. 따라서 개발자는 한정된 자원을 어디에 투자할지에 대한 우선순위를 신중히 정해야 합니다. 필드의 특히 중요한 하위 집합이나 오류가 발생하기 쉬운 파이프라인 단계에 검사를 추가하는 것만으로도 데이터 품질에 총체적으로 접근하는 데 많은 도움이 될 것입니다.

23

과거에도 현재에도 미래에도 존재하는 데이터 웨어하우스

제임스 덴스모어(James Densmore)

데이터 웨어하우스가 곧 사라질 거라는 오래된 소문은 아직까지 실현되지 않고 있습니다. 처음에는 NoSQL이, 그 다음에는 하둡Hadoop이, 그 다음에는 데이터 레이크가 데이터 웨어하우스를 끝장낼 것이라고 했지만 아직 건재합니다. 데이터 클라우드 회사인 스노우플레이크Snowflake는 2020년에 가장 인기 있었던 기업공개(IPO) 기업이었으며, 데이터 웨어하우스에서 가치를 끌어낼 수 있는 데이터 및 분석 엔지니어를 원하는 곳은 그 어느 때보다도 많습니다.

2010년에 바라봤던 데이터 웨어하우스의 미래는 상당히 암울했습니다. 대부분의 분석 팀은 데이터 웨어하우스에 로우 기반row-based 온라인 트랜잭션 처리(OLTP) 데이터베이스를 이용했습니다. 그리고 데이터 규모는 폭발적으로 증가했습니다. 그 모든 데이터를 처리하고 쿼리해서 분석하려면 컬럼 기반columnar database 데이터베이스가 도움이 되었지만, 이를 사용하려면 하드웨어를 확장해야 했습니다.

최소한의 옵션만 탑재한 데이터 웨어하우스 기기가 처리 능력을 비약적으로 향상시켰지만 거기에 필요한 하드웨어를 추가하려면 상당히 많은 투자를 해야 했습니다. 지금으로서는 상상할 수 없는 일입니다.

2012년 아마존이 레드시프트Redshift를 출시하면서 상황이 나아졌습니다. 레드시프트는 PostgreSQL 기반으로 구축된 컬럼 기반 데이터 웨어하우스로, 몇 분 안에 결과를 냈습니다. 동시에 사용한 만큼만 돈을 지불하면 되었기에 초기 비용을 크게 들이지 않고 사용할 수 있는 제품이었습니다.

이런 이유로 인해 과도한 비용이 들어가는 로우 기반 SQL 데이터 웨어하우스에서 레드시프트로 마이그레이션migration하는 사례가 증가했습니다. 고성능 데이터베이스에 대한 진입 장벽이 상당히 낮아졌고, 죽음을 목전에 둔 듯했던 데이터 웨어하우스가 갑자기 다시 살아났습니다.

그 다음은 추출, 로드, 변환(ELT)이 추출, 변환, 로드(ETL)를 없애버렸습니다. 두 패턴의 차이는 변환 단계가 수행되는 시점인데, 컬럼 기반 분산형 데이터베이스가 이 모든 것을 가능케 했습니다. 이제 데이터를 추출해서 데이터 웨어하우스에 로드한 다음 필요한 변환을 수행하는 데 집중하는 것이 낫습니다. ELT를 쓰면 데이터 엔지니어는 추출 및 로드 단계에 주력하고, 분석가는 SQL을 사용해서 보고 및 분석 용도로 수집된 데이터를 변환할 수 있습니다.

즉, 이 새로운 유형의 데이터베이스 덕분에 이전보다 훨씬 큰 규모의 데이터를 저장하고 쿼리할 수 있게 되었으며, 더구나 경제적이기까지 했습니다. ELT가 데이터 웨어하우스를 살린 것이죠.

데이터 레이크 개념은 2011년에 처음으로 도입되었습니다. 방대한 양의 데이터를 저장할 때 구조를 정의할 필요 없이(쓰기 시점 스키마), 쿼리할 때 저장할 수 있다(읽기 시점 스키마)는 것은 대단히 큰 이점입니다. 그렇지만 이러한 접근 방식을 위해서는 데이터 디스커버리와 거버넌스 측면에서 비용이 발생하며, 데이터 분석이나 데이터로 작업하는 분석 엔지니어가 다루는 복잡성도 올라갑니다.

구조화된 대규모 데이터세트를 저장하고 쿼리하는 비용이 낮아지고 성능이 급증하면서 분석 작업에 활용되는 데이터 레이크의 단점이 드러났습니다. 그렇지만 여전히 분석 인프라에 데이터 레이크의 자리는 남아 있습니다. 그리고 일관되게 구조화되지 않은 데이터나 가장 견고한 데이터 웨어하우스조차 버티기 힘든 규모의 데이터를 저장하려는 수요도 여전합니다. 그래서인지 대다수의 데이터 팀에게 데이터 레이크는 데이터 웨어하우스의 대체재라기보다는 보완재와도 같습니다.

데이터 웨어하우스는 가까운 시일 내에는 사라지지 않을 것입니다. 스노우플레이크가 지속적으로 개발자와 투자자 모두의 기대를 압도하고 있으니, 머지않은 미래에 데이터 웨어하우스에 혁신의 물결이 일 것이라고 예상합니다.

개발된 적 없는 데이터 웨어하우스에 투자하거나, 레거시를 최신 플랫폼으로 이전하거나, 데이터 웨어하우스 지식을 갖춘 데이터 엔지니어를 고용하는 것을 염려하지 마세요. 현재의 구축과 미래의 투자를 위한 현명한 선택일 테니까요.

24

로그 중심 아키텍처에서의
메시지 정의 및 관리 방식

보리스 루블린스키(Boris Lublinsky)

메시징 시스템이 데이터 노출 방식을 바꾸고 있습니다. 이제는 생산자와 소비자 사이의 API에 초점을 맞추기보다는 메시지 정의에 관심을 두어야 합니다.

로그가 아키텍처의 중심이 되면서 로그는 스트리밍 시스템에 대한 HDFS_Hadoop Distributed File System와 어느 정도 유사한 엔터프라이즈 데이터 백본_backbone 역할을 하기 시작했습니다. 로그 중심 아키텍처에서는 표준 데이터 모델을 만드는 편이 좋은데, 스키마를 강제하면 타입 오류 등 많은 문제를 피할 수 있기 때문입니다. 이는 새로운 발상은 아닙니다. 엔터프라이즈 애플리케이션 통합(EAI)이나 서비스 지향 아키텍처(SOA)에 사용되는 **표준 데이터 모델**이나 **표준화된 서비스 계약** 개념과 비교해보면 알 수 있습니다. 스키마 강제 방식은 **EAI 표준 메시징 패턴**과 동일하기 때문에 모든 참가자가 로그 내용을 이해할 수 있습니다.

표준 데이터 모델을 사용하면 서비스 간 데이터 형식이 더 강하게 분리되며, 여러 서비스의 내부 모델 사이에서 데이터를 더 간단하게 매핑할 수 있습니다. 구현에 새 서비스가 추가되더라도 데이터를 사용하는 다른 서비스가 이 데이터를 어떻게 표현하는지에 상관없이 표준 데이터 모델과 내부 데이터 모델 사이의 변환만 필요합니다.

이상적으로는 표준 데이터 모델이 변경되지 않아야 하지만, 실제로는 변경되기도 합니다. 이런 상황에서 메시지를 생성하는 서비스의 메시지 스키마를 변경한다면 이전 버전과의 호환성에 신경 써야 합니다. 때로는 불가피하게 호환성이 깨지기도 하는데, 이 경우 주어진 메시지 스키마를 사용하던 기존 소비자가 문제를 겪을 위험이 있습니다.

이 문제를 해결하는 방법은 새로운 서비스 배포를 새로운 토픽으로 만드는 것입니다. 마치 **API 버전 관리 모범 사례**처럼 말입니다. 새로운 스키마를 지원하는 소비자는 이 토픽의 메시지를 사용할 수 있으며, 이전 스키마를 사용하는 소비자는 기존의 스키마를 계속 활용합니다.

이런 버전 관리 접근법을 사용하면 시스템의 다른 부분에 손상을 입히지 않고도 기능만 독립적으로 발전시킬 수 있습니다. 다만 이 접근법은 동일한 서비스를 다른 버전으로 여러 번 배포할 경우 시스템의 규모가 증가하고 복잡해진다는 단점이 있습니다. 이를 방지하기 위해 일정 기간이 지나면 이전 버전을 삭제하는 '버전 사용 중단 정책'을 도입하는 것이 중요합니다.

메시지 설계 및 관리는 로그 중심 아키텍처에서 중요한 구성 요소입니다. 다음을 활용해서 시스템을 올바르게 구축하세요.

- 메시지 정의의 기초가 되는 잘 정의된 시맨틱(semantic) 데이터 모델
- 토픽을 쉽게 만들고 삭제할 수 있도록 버전 관리를 지원하는 잘 정의된 전략. 이름에 버전 식별자를 직접 인코딩하는 것이 좋습니다.

25

데이터 생성 과정 정보를 파악해서 파이프라인을 이해하기 쉽게 하라

메건 콰틀러(Meghan Kwartler)

새로운 프로젝트나 새로운 팀, 새로운 회사에 합류하게 되었을 때 여러분은 비즈니스 가치를 더하기 위해 기존 업무를 파악해서 영향력을 발휘하고 싶겠지만 참아야 합니다. 코드를 바로 작성하고 싶은 유혹이 들 수 있지만, 섣부른 가정과 충동을 이기고 굳건한 기초를 세우는 데 집중한다면 앞으로의 미래에 많은 도움이 될 것입니다.

먼저 데이터가 어디서부터 어떻게 오는지 파악하세요. 데이터가 사용자로부터 시작된다면 사용자의 데이터 입력 경험부터 파악하면 좋습니다. 제조 공장을 돌아보거나 기계 조작 담당자와 시스템 사용 방식에 대해 이야기하다 보면 사용자가 원래 시스템 설계에 맞지 않게 데이터를 입력하거나 데이터를 빠뜨릴 만한 이유를 발견하기도 합니다. 데이터를 입력하는 사용자에게 접근할 수 없다면 그들의 교육 문서를 검토하거나 해당 기능과 연관된 비즈니스 분석가와 논의하세요.

데이터가 센서나 장비, 하드웨어에서 생성되었다면 장비 사양을 알아보세요. 설명서와 문서를 자세히 살피면서 데이터 생성 방식을 명확히 파악해야 합니다. 그러면 나중에 데이터를 확실히 이해한 상태로 데이터를 분석할 수 있을 겁니다. 예상 값을 알면 데이터 소스 장비에서 발생할 수 있는 오작동을 식별하는 데도 도움이 됩니다.

이제는 메타데이터를 살펴봅시다. 암시적으로나 명시적으로, 아니면 수동 입력이나 자동으로 데이터를 생성하는 어떤 비즈니스 이벤트를 발견했다고 가정해봅시다. 소스 데이터source data(원천 데이터)마다 그 데이터를 설명하는 메타데이터가 따릅니다. 예를 들어 메타데이터에는 장비 이벤트 타임스탬프나 장치 유형, 설명 용도 등의 사용자 데이터가 해당됩니다. 여러 출처에서 나온 메타데이터가 일관적인지, 이들을 통합할 수 있을지 알아보세요. 이를테면 타임스탬프 형식은 시간대에 따라 다를 수 있습니다.

이제 추적할 때입니다. 데이터 소스가 하나든 백 개든 상관없이, 그 데이터가 어떻게 파이프라인을 따라 이동하여 사용자가 접속하는 위치까지 도달할까요? 데이터 타입은 변환될 수 있으며, 시스템을 거쳐 데이터가 이동하는 데 따른 비즈니스 변환이 필요할 수도 있습니다.

만약 온보딩 과정에서 이런 정보를 받았다면 선물과도 다름없으므로 감사하는 마음을 가져야 합니다. 그리고 문서를 참조하세요. 때로는 귀중한 문서를 개발하기 위해 많은 노력을 기울이지만 이를 최대한 활용하지 못하는 경우가 많습니다.

정보를 찾아보는 동안, 마땅한 문서가 없었다면 직접 만들어보세요. 복잡하게 작성할 필요는 없습니다. 간단히만 정리해도 강력한 영향력을 발휘할 수 있습니다. 미리 작업을 해두어 비즈니스에 도움이 되는 데이터 작업을 맡게 될 후임자를 노와주세요.

26

코드뿐만 아니라 커뮤니티를 개발하라

에밀리 리더러(Emily Riederer)

데이터 엔지니어는 데이터 파이프라인 구축이 자신의 핵심 업무라고 여깁니다. 실제로 직무 설명에 그렇게 기재되어 있으며 관리자의 평가 방식에 제시된 내용도 그렇기 때문입니다. 그렇지만 **데이터 제품**과 함께 **데이터 문화**를 개발하는 것에 대해 생각한다면, 데이터 엔지니어는 조직에 훨씬 큰 영향력을 행사할 수 있는 독보적인 위치에 있습니다.

데이터 엔지니어가 생성하는 데이터는 서로 다른 비즈니스 부서에 있는 수많은 데이터 과학자와 데이터 분석가 및 사용자 모두가 소비할 가능성이 높습니다. 그리고 대규모 조직에서는 구성원 개개인이 흩어져 있기 때문에 동일한 핵심 데이터 자산으로 유사한 문제를 풀려고 하는 사람이 자신 말고도 많다는 사실을 깨닫지 못할 수 있습니다. 이렇게 보면 데이터는 공통된 목표가 있는 사용자 네트워크를 연결할 수 있는 공유 플랫폼이기도 합니다. 사용자에게 권한이 있으면 데이터에서 더 많은 가치를 얻을 수 있을 뿐만 아니라, 데이터 요구 사항을 그때그때 데이터 엔지니어링 팀에 의존해서 해결하는 대신 사용자가 직접 처리하거나 여러 사람의 도움을 얻어서 해결할 수 있습니다.

이러한 네트워크와 커뮤니티는 모두가 합심해서 노력해야만 만들 수 있습니다. 다운스트림 사용자는 일반적으로 특정한 비즈니스와 전략에 사용할 답을 얻는 데 집중하며, 데이터를 분석 생태계의 중심이 아닌 목적을 위한 수단으로 간주합니다. 또한, 데이터 소비자마다 다양한 도구를 활용하는 능력과 숙련도도 다르기 때문에 파편화되기도 쉽습니다.

데이터 과학자들은 스파크에 능숙하고 모든 코드를 깃허브에 주피터 노트북Jupyter notebook 형태로 보관하는 반면, 영업 부문의 사용자는 SQL과 씨름하면서 대시보드나 스프레드시트, 정형화된 리포트에 의존합니다. 게다가 촉박한 일정과 매트릭스 조직, 전혀 다른 도구까지 겹치면 사용자 간 공통점을 찾으려는 공유 언어나 포럼이 생기기 어렵습니다.

다음은 데이터 커뮤니티나 관행을 조성하는 데 도움이 될 만한 몇 가지 방법입니다.

* 사용 로그를 쿼리하고, 개인 정보를 보호하는 한도 내에서 이를 게시해서 사용자 간 연결에 도움을 주세요.

* 사용자와 소통해서 어떤 비즈니스 문제가 사용자를 데이터로 유도하는지 그리고 사용자가 데이터와 어떻게 상호 작용하는지 파악하세요. 각각의 사용자와 일대일 인터뷰를 하거나 대규모 설계 세션을 열어서 알아볼 수 있습니다.

* 사용자가 보다 발전된 방식으로 데이터를 활용할 수 있도록 교육과 리소스를 제공하여 사용자의 역량을 강화하세요. 기본적인 기술도 변화를 일으킬 수 있다는 사실을 과소평가하지 마세요. 예를 들어 마케팅 팀에 기초 SQL을 가르치거나 데이터 과학자에게 에어플로(Airflow)를 훈련시키면 그 팀에서 자체 워크플로를 부분적으로 자동화하는 데 도움이 됩니다.

- 고급 사용자가 배우고 재사용할 수 있도록 최대한 많은 작업(ETL 파이프라인을 구성하는 스크립트 등)을 공유하세요.

- 사용자의 데이터 활용에 도움을 줄 중앙 집중적 도구를 구축하고 공개하여 커뮤니티에 기여하세요.

27

클라우드 세상의 효율적인 데이터 엔지니어링

디프티 보카르(Dipti Borkar)
알루시오 제품 부사장

클라우드는 데이터 엔지니어링의 역동성뿐만 아니라 데이터 엔지니어의 행동 양식에 이르기까지 여러 가지 측면을 변화시켰습니다. 온프레미스 환경의 데이터 엔지니어는 보통 데이터베이스와 하둡 스택의 일부분만을 다루지만 클라우드에서는 상황이 조금 다르기 때문입니다.

이로 인해 갑자기 데이터 엔지니어에게 이전과 달리 더 광범위한 사고방식이 필요해졌습니다. 순전히 데이터 인프라에만 집중하는 것이 아니라 이제는 거의 풀스택 엔지니어에 가까워졌습니다(최종적으로 종단점에 전달되는 애플리케이션만 제외하면 말이죠). 컴퓨팅, 컨테이너, 스토리지, 데이터 이동, 성능, 네트워크 등 데이터 엔지니어에게는 더 많은 기술이 요구되고 있습니다. 다음은 유의해야 할 설계 개념과 데이터 스택 요소입니다.

분해된 데이터 스택

과거의 데이터베이스는 모든 핵심 구성 요소가 함께 구축되어 긴밀하게 통합되어 있었습니다. 하둡은 소수의 장비를 사용하는 대신 분산 시스템에 컴퓨팅과 스토리지를 같이 배치하는 방식으로 기존 방식을 대체했습니다. 그리고 클라우드가 이 상황을 바꾸었습니다. 오늘날에는 데이터베이스 관리 시스템의 각 핵심 요소가 고유한 계층으로 완전히 분리된 스택이 되었습니다. 그러니 각 구성 요소를 신중하게 선택해야 합니다.

오케스트레이션, 오케스트레이션, 오케스트레이션

클라우드 덕분에 대규모 오케스트레이션의 필요성이 생겼고 가능해졌습니다. 컨테이너에서는 쿠버네티스Kubernetes, 데이터에는 알루시오Alluxio, API에는 이스티오Istio, 이벤트에는 카프카Kafka, 스크립트 작성에는 테라폼 등 무엇이 그렇게 만들었든 상관없이 말이죠.

또한, 추상화와 오케스트레이션 덕분에 효율성이 극적으로 상승했습니다. 이제 클라우드 데이터 엔지니어는 **풀스택 문제**까지도 고려해야 합니다. 이제는 오케스트레이션이 데이터 엔지니어의 숨겨진 무기가 될 수 있습니다.

데이터 복사가 문제를 일으킨다

기본적으로 데이터가 기업 시스템에 들어온 이후에는 백업이나 복구, 재해 복구 상황이 아닌 이상 데이터를 복사해서는 안 됩니다. 데이터 엔지니어는 최소한의 복사본만 생성해서 최대한 많은 사업 부서와 데이터 과학자, 분석가가 데이터를 이용할 수 있는 방법을 찾아야 합니다. 레거시 DBMS 환경에서는 버퍼 풀이 이 문제에 도움을 주었는데, 컴퓨팅(쿼리 엔진)이 스토리지에 최적화된 형태가 아니라 쿼리 엔진이 처리하는 데 적합한 형태로 항상 일관적이고 최적화된 방식으로 저장된 데이터에 접근할 수 있도록 만듭니다. 알루시오 같은 기술이 이 과정을 획기적으로 간소화하여 데이터를 컴퓨팅에 가깝게 만들었고 성능과 접근성을 향상시킬 수 있었습니다.

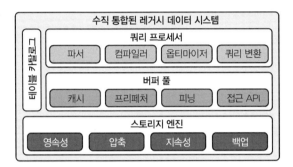

S3 호환성

아마존 S3가 인기 있는 것을 보면 보편적인 오브젝트 스토리지가 적어도 몇 년 동안은 주된 스토리지 시스템이 될 것으로 보입니다(일반적인 기술 교체 주기는 5~8년입니다). 미래를 고려하여 한동안 계속 사용할 만한 스토리지 계층을 정하세요. S3 호환 오브젝트 스토리지가 일차적인 선택지가 될 것입니다. S3 호환 저장소가 모든 데이터 기반 워크로드에 유리하지는 않지만, 그 단점을 없애는 데 도움을 주는 여러 기술이 있습니다.

여전한 SQL과 구조화된 데이터

SQL은 1970년대부터 존재해왔지만, 지금도 여전히 분석가가 데이터를 파악하고 관련 작업을 수행하게 해주는 가장 쉬운 방법으로 여겨집니다. 인공지능 모델은 앞으로도 계속 진화하겠지만 SQL은 50년 가까이 지속되어왔습니다. 유력한 프레임워크 중 두 개, 최대 세 개를 선택하여 투자하고 시간이 지남에 따라 필요한 만큼 고객을 지원할 수 있는 플랫폼을 구축하세요. 현재는 프레스토Presto가 분산 스택에서 사용할 수 있는 인기 있는 SQL 쿼리 엔진으로 자리잡았습니다.

28

데이터 레이크 아키텍처를 받아들여라

비노트 찬다르(Vinoth Chandar)

종종 데이터 엔지니어는 데이터 파이프라인을 구축해서 외부 소스로부터 데이터를 추출하고, 그 데이터를 변환한 다음, 조직의 다른 부서에서 결과 데이터셋을 쿼리할 수 있게 만듭니다. 단기적으로는 모든 과정을 단일 스테이지 파이프라인으로 구축하는 편이 쉽지만, 이 모델을 수 테라바이트나 페타바이트에 걸친 수천 개의 데이터셋까지 확장하려면 좀 더 신중하게 고민한 데이터 아키텍처가 필요합니다.

일반적인 함정

단일 스테이지 접근법을 사용할 때 빠지기 쉬운 일반적인 함정을 알아보겠습니다. 우선, 파이프라인에 입력되는 데이터를 얻으려면 RDBMS나 NoSQL 저장소 등 업스트림 데이터베이스를 스캔해야 하는데, 스캔 과정에서 업스트림 시스템에 압박을 주고 서비스 중단까지 일으킬 수 있기 때문에 단일 스테이지 파이프라인은 확장에 제한이 있습니다. 게다가 직접 데이터에 접근하면 파이프라인 전반에 걸친 표준화(표준 타임스탬프나 키 필드 등)가 이뤄지지 않으며, 스키마 및 데이터 계약contract이 없기 때문에 데이터의 손상 위험이 커집니다. 마지막으로 어떤 통찰을 얻기 위해 자유롭게 데이터에서 상호 연관성을 찾거나 머신 러닝 모델을 설계하기 위해 모든 데이터나 컬럼을 한 곳에서 사용할 수는 없습니다.

데이터 레이크 아키텍처

최근 몇 년 사이에 데이터 레이크 아키텍처의 인기가 많아졌습니다. 이 모델에서는 소스 데이터를 거의 또는 전혀 변환하지 않은 상태로 추출하여 첫 번째 미가공raw 데이터셋으로 만듭니다. 이러한 미가공 데이터셋은 업스트림 소스 시스템과 그 시스템의 데이터를 효율적으로 모델링하면서도 데이터를 온라인 분석 처리(OLAP) 워크로드에 맞게 확장 가능한 방식(컬럼 기반 파일 형식을 사용하는 등의 방식으로)을 목표로 삼습니다. 비즈니스에 특화된 변환을 수행하는 데이터 파이프라인은 모두 이러한 미가공 데이터셋에 기반하여 실행됩니다.

이 방식은 앞서 열거한 함정에 빠지지 않으며, 단일 스테이지 접근 방식에 비해 나은 점이 몇 가지 있습니다.

확장 가능한 설계

각각의 소스 시스템에서 데이터를 한 번 추출하고 나면 소스 시스템이 추가로 받는 작업 부하가 극적으로 줄어듭니다. 또한, 추출된 데이터는 HDFS나 클라우드 저장소 등 페타바이트 규모의 스토리지 시스템에 최적화된 파일 형식으로 저장되며, 이 시스템 모두는 OLAP 워크로드에 특히 최적화되어 있습니다.

표준화와 스키마 적용

미가공 데이터셋을 수집하는 동안 표준화 단계가 수행되고 그 데이터에 스키마를 적용하여 구조적 무결성과 의미론을 모두 검증할 수 있습니다. 따라서 잘못된 데이터가 데이터 레이크로 유입되지 못하게 할 수 있습니다.

민첩함

데이터 엔지니어는 수천 개의 컴퓨팅 코어를 사용하는 대규모 병렬 처리에 접근하여 변환 비즈니스 로직에 대한 변경 사항을 독립적으로 개발, 테스트 및 배포할 수 있습니다.

데이터 제약 해제

데이터 레이크에는 모든 소스 데이터가 함께 저장되며, 데이터를 조인하고 파생된 데이터셋을 생성함으로써 비즈니스 인사이트를 탐색하고 도출하는 SQL 및 기타 도구를 풍부하게 제공합니다. 머신 러닝 모델은 모든 데이터를 제한 없이 사용할 수 있습니다.

구현

다음은 실제로 **대규모 데이터 레이크**를 구축하면서 배운 데이터 레이크 구축 팁입니다.

* 변경 감지 시스템을 시용하거나 자바 데이터베이스 연결 혹은 JDBC를 사용하는 등 어떤 방식이든 데이터 최신성을 개선하면서도 데이터베이스의 부하를 줄여주는 증분(incremental) 방식의 데이터베이스 수집을 고려하세요.

- 애플리케이션의 이벤트 스트림과 앞서 언급한 데이터베이스 변경 스트림을 단일 이벤트 버스(아파치 카프카, 아파치 펄사(Apache Pulsar) 등)로 표준화하세요.

- 데이터베이스 변경 사항을 스냅숏으로 압축하기 위한 업서트(upsert) 연산을 지원하는 기술(아파치 쿠두(Apache Kudu), 아파치 후디(Apache Hudi), 아파치 하이브(Apache Hive) ACID 등)을 사용해서 이벤트 버스로부터 미가공 데이터셋을 수집하세요.

- 데이터를 파티셔닝(아파치 하이브 메타스토어 활용 등)하거나 변경 스트림을 지원하는 시스템(아파치 후디 등)을 사용하여 변경 감지와 비슷한 방식으로 새 레코드를 효율적으로 가져올 수 있도록 미가공 데이터셋을 설계하세요.

29

데이터 사일로를 받아들여라

빈 판(Bin Fan), 아멜리아 웡(Amelia Wong)

빅데이터 및 머신 러닝 분야에서 일하면서 데이터 엔지니어에게 자주 듣는 이야기가 있습니다. 데이터를 효율적으로 사용할 수 없다는 사실이 데이터에서 가치를 뽑아내는 데 가장 큰 장애물이라는 것입니다. 데이터 엔지니어는 **데이터 사일로**Data silo, 즉 섬처럼 고립된 데이터 때문에 그런 현상이 생긴다고 여깁니다. 지난 몇 년 동안 데이터 사일로로 인한 어려움을 해결하려는 많은 시도가 있었지만, 오히려 그 때문에 더 많은 데이터 사일로를 초래하기도 했습니다. 그렇다면 데이터 사일로를 제거하는 것보다 수용하는 것이 더 올바른 접근 방식이 아닐까요?

데이터 사일로가 생기는 이유

데이터 사일로는 크게 3가지 이유로 생깁니다. 첫째, 모든 조직에는 서로 다른 용도로 사용되는 다양한 특성(IoT 데이터, 행동 데이터, 트랜잭션 데이터 등)을 가진 데이터가 있으며, 이러한 데이터 중 일부는 다른 데이터보다 비즈니스에 더 중요할 수 있습니다. 그렇기 때문에 서로 다른 스토리지 시스템이 필요합니다. 둘째, 역사를 살펴보면 5~10년마다 전보다 속도가 빠르거나 비용이 적거나 특정 유형의 데이터를 위한 더 잘 설계된 스토리지 기술이 적용된 시스템이 잇달아 나왔음을 볼 수 있습니다. 또한, 조직에서는 특정 공급업체에 종속되지 않으려 하기 때문에 결과적으로 다양한 데이터 저장소를 도입하게 됩니다. 셋째, 규정 때문에 데이터 사일로가 의무화되기도 합니다.

데이터 사일로 수용하기

데이터 사일로 자체로는 문제가 되지 않습니다. 근본적인 과제는 복잡성을 높이거나 중복을 늘리지 않고 데이터 엔지니어가 데이터를 이용할 수 있도록 만들 방법입니다. 사일로를 제거하는 대신 **데이터 오케스트레이션** 시스템을 활용하여 데이터 접근 문제를 해결할 것을 제안합니다. 이 오케스트레이션 시스템은 컴퓨팅 프레임워크와 스토리지 시스템 사이에 위치합니다. 데이터 오케스트레이션 시스템은 스토리지 시스템 전반에 걸쳐 데이터 액세스를 추상화하고, 모든 데이터를 가상화하며 글로벌 네임스페이스가 있는 표준화된 API를 통해 데이터를 제공하는 계층입니다.

데이터 엔지니어는 데이터 오케스트레이션 시스템을 통해 다양한 스토리지 시스템에 저장된 데이터에 쉽게 접근할 수 있습니다. 이를테면 어떤 데이터 엔지니어가 본래 로컬 하둡 클러스터와 리모트 클러스터처럼 서로 다른 지역에 저장된 테이블을 조인해야 한다고 가정해봅시다. 데이터 오케스트레이션 시스템을 구현함으로써 단일 논리적 엔드포인트에서 두 위치를 모두 다룰 수 있으므로 서로 다른 시스템에서의 작업이 간소화됩니다. 여러 데이터 오케스트레이션 시스템(알루시오 등)은 고급 캐싱 능력을 제공하여 원본 위치에 대한 반복적인 쿼리가 성능에 미치는 영향을 줄여줍니다. 또한, 스토리지 팀은 애플리케이션 팀에 미칠 영향과 관계없이 스토리지 구매에 대한 최선의 결정을 내릴 수 있습니다.

30
재현 가능한 데이터 과학 프로젝트 엔지니어링

티안후이 마이클 리(Tianhui Michael Li) 박사

모든 과학 분야와 마찬가지로, 데이터 과학은 **재현성**reproducibility을 기반으로 합니다. 재현 가능한 프로젝트에서는 누구든(미래의 여러분까지 포함해서) 단순한 명령만 실행하면 결과물을 다시 생성할 수 있습니다. 그리고 이것은 분석 코드를 깃git과 같은 소스 관리 도구에 두어야 한다는 뜻입니다. 다른 한편으로는 기계가 읽을 수 있는 형식(pip의 requirements.txt, conda의 environment.yml 등)에 의존성 라이브러리 목록을 포함하는 등의 데브옵스 모범 사례를 따르는 것을 의미하기도 합니다. 한 단계 더 나아가서 도커파일Dockerfile을 사용할 수도 있습니다. 분석 코드를 설치하고 실행하는 데 필요한 명령도 포함시켜야 합니다. README.md 파일이나 Make 같은 작업 실행 도구에 실행할 내용을 명확하게 문서화하면 더 좋습니다.

재현성의 또 다른 중요한 요소는 일관성을 유지하기 위해 파이프라인에서 알고리즘 무작위성을 제거한다는 것입니다. 데이터가 더 큰 데이터셋의 일부분이거나 분석이 초기 무작위 조건에 의존한다면(다수의 인기 있

는 방식처럼), 작업이 난수 생성기에 의존하게 됩니다. 이 때문에 동일한 분석에서 다른 결과가 나올 수 있으므로 버전 관리 시스템에 시드를 두고 생성기와 결부시켜야 합니다. 이렇게 하면 작업을 재현할 수 있으며, 결과가 바뀌는 모든 상황이 우연이 아니라 코드나 데이터에서 기인했다고 볼 수 있습니다.

파이썬으로 작업하는 경우 주피터 노트북으로 코드와 시각화, 설명까지 하나의 문서로 묶을 수 있습니다. 학계에서 노벨상 수상자들이 주피터 노트북을 사용해서 중력파의 존재를 설명했고, 산업 분야에서는 넷플릭스와 같은 회사들이 주피터 노트북 템플릿을 사용하여 이해관계자에게 시각화된 자료를 제공했습니다. 그러니 깃에 주피터 노트북을 두는 것을 꺼리지 마세요. 넷플릭스가 하고 있고 우리도 그렇게 하고 있습니다. 출력을 저장하기 전에 커널을 재시작시켜 모든 분석을 처음부터 다시 실행하세요. 이를 통해 잘못된 실행 실수를 피하고 다음에 다시 실행할 때도 동일한 결과를 얻을 수 있습니다.

마지막으로 데이터 과학 프로젝트가 어떻게 프로덕션 시스템에 투입될지를 항상 생각하면서 시작하는 편이 좋습니다. 예를 들어 파이프라인이 연구 단계와 프로덕션 단계에서 동일한 데이터 형식을 사용하도록 설계하면 나중에 버그와 데이터 손상 문제를 겪지 않을 수 있습니다. 같은 이유로 프로덕션 코드를 별도로 작성하기보다는 작업 시작 전에 어떻게 연구 코드를 프로덕션에 적용할지 정리해 두는 것도 좋습니다.

데이터 엔지니어로 일을 시작할 때, 이왕이면 최첨단 기술 분야로 뛰어들고 싶을 것입니다. 그러나 제 경험에 따르면 기초에 집중하고 재현 가능하며 일관성 있고 프로덕션 적용이 가능한 파이프라인을 만드는 것이 훨씬 더 나은 투자입니다. 처음에는 화려하지 않게 보일 수 있지만 프로젝트와 경력 전반에 걸쳐 큰 도움이 될 것입니다.

31

안정적인 데이터 처리를 위한 5가지 모범 사례

크리스티안 라우어(Christian Lauer)

다음에 설명하는 5가지 모범 사례는 ELT나 ETL 등의 데이터 프로세스를 구현할 때 꼭 필요한 요소입니다.

오류를 방지하라

작업이 실패했다면 SQL로 했던 것처럼 롤백을 수행해야 합니다. 작업이 오류로 중단되면 모든 변경 사항을 되돌려야 합니다. 그렇지 않으면 트랜잭션의 일부만 전달되고 나머지는 누락됩니다. 그리고 어떤 데이터가 사라졌는지 찾기가 매우 어려워집니다.

타당한 처리 시간을 설정하라

어떤 작업이 n개의 데이터 행을 처리하는 데 얼마큼의 시간이 걸렸나요? 이는 프로세스에 대한 중요한 통찰을 제공합니다. 프로세스가 얼마나 자주 실행되어야 하며 실행에 걸리는 시간은 어느 정도일까요? 팀에서 어느 정도의 데이터 현실성을 보장할 수 있나요? 데이터를 다시 로드해야 한다면 어떤 일이 발생할까요?

데이터 품질 측정 작업을 사용하라

소스와 타깃 시스템은 정해진 규칙을 따르나요? 모든 데이터가 전송되었는지 어떻게 확인할 수 있나요? 여기에서는 모니터링 전략을 수립하는 것이 좋습니다. 데이터 품질을 측정하고 신속하게 오류를 감지하는 것은 언제든 옳습니다. 그렇지 않다면 소비자의 신뢰를 받을 수 없습니다.

트랜잭션 보안을 보장하라

프로세스에서 시스템 A와 시스템 B를 직접 연결하는 대신 데이터베이스 복제 소프트웨어(예를 들어 AWS 데이터 마이그레이션 서비스 등)를 사용한다면 문제가 생길 수도 있습니다. 언젠가 테이블 A와 테이블 B에서 동시에 데이터를 로드하는 복제 작업을 수행한 적이 있습니다. 두 테이블 모두 ETL 작업을 통해 추가적인 처리를 거쳤지만, 대기 시간이 길어 테이블 B의 데이터셋을 사용할 수 없었고 테이블 A의 데이터셋이 처리되면 테이블 B의 정보가 누락되었습니다. 모니터링을 추가하거나 프로세스에 속하는 구성 요소가 너무 많다면 분배하는 편이 좋습니다.

다른 시스템에 갖는 의존성을 고려하라

소스 시스템에 생기는 다양한 상황은 다음과 같으며 이를 고려해야 합니다.

- **가용성**: 소스 시스템을 언제 사용할 수 있습니까? 유지 보수 주기와 가동 중지 시간을 고려해야 합니다.

- **높은 데이터 부하**: 타깃 시스템은 사용량이 높은 시간에 소스 시스템으로부터 불필요한 변경 사항을 받아서는 안 됩니다. 대신 야간에 일괄 작업으로 데이터를 전송할 수 있습니다.

- **다른 시스템의 반갑지 않은 동작**: 앞서 설명했듯이 데이터베이스 복제 서비스는 ETL 서비스를 망가뜨릴 수 있지만, 그 외의 문제도 야기할 수 있습니다. 예를 들면 중복 데이터나 일관성이 깨진 데이터가 이에 해당합니다. 따라서 소스 시스템과 그 시스템상의 위험을 아는 것이 중요합니다.

저는 이 5가지가 안정적이고 안전한 데이터 프로세스를 구축하는 데 가장 중요한 구성 요소라고 봅니다. 항상 데이터 품질의 중요성을 염두에 두어야 합니다. 그렇지 않으면 사용자와 비즈니스 팀의 신뢰를 받기 어려워질 것입니다.

32

유지 보수에 집중하고
ETL 작업을 분리하라

크리스 모라디(Chris Moradi)

데이터 과학이 다루는 영역이 넓어짐에 따라 준비된 데이터를 사용하는 데는 능숙하지만, 믿을 만한 방식으로 데이터를 준비하는 데 필요한 기술은 부족한 실무자가 생겨나고 있습니다. 데이터에 대한 책임은 여러 역할과 팀으로 나눌 수도 있지만, 데이터 과학자가 발상부터 배포에 이르는 프로세스 전반을 자신의 것으로 여기는 풀스택 접근 방식을 취하면 생산성을 크게 향상시킬 수 있습니다.

자체 ETL을 구축하는 데이터 과학자든, 데이터 과학자의 ETL 구축 과정을 돕는 데이터 엔지니어든 간에 데이터 파이프라인을 알기 쉽고, 디버그하기 편하고, 확장하기 좋게 만들면 자신과 팀원이 수행해야 하는 지원 업무의 부담을 줄일 수 있습니다. 이는 미래의 이터레이션과 혁신을 촉진할 것입니다.

ETL의 유지 보수를 쉽게 만드는 주된 방법은 소프트웨어 엔지니어링의 기본적인 모범 사례를 따르고, 프로세싱을 함께 조합하기 좋은 형태의 작고 이해하기 쉬운 작업 단위로 나누는 것입니다. 워크플로 엔진으로 조합하기 쉽다면 더 좋습니다. 작은 ETL 작업은 신규 기여자와 유지 보수자가 이해하기 쉬우며, 작업을 디버그하기 쉽고, 코드를 더 많이 재사용할 수 있습니다.

우리는 경험이 많든 적든 프로세싱 단계에서 너무 많은 작업을 하는 함정에 빠지곤 합니다. 경험이 적은 사람이라면 대규모 워크플로를 작고 명확한 변환으로 분해하는 방법을 잘 알지 못할 수 있습니다. ETL 구축에 비교적 익숙하지 않은 사람이라면, 소스 테이블 조인, 플래그 컬럼 생성, 결과 집계 등을 분리하고 이를 통해 작업 내부에서 수행하는 변환 개수를 제한하는 것부터 시작하세요. 그리고 경험이 많은 사람과 프로덕션에서 ETL 운영을 도와줄 팀원에게 조언을 구하고 코드 리뷰를 요청해야 합니다. 코드 리뷰를 받을 때는 성능보다는 단순성에 중점을 두어야 합니다.

숙련된 데이터 엔지니어는 복잡한 변환이 이어진 상황도 일반적으로 여기기 때문에 지나치게 빽빽한 파이프라인을 생성할 수도 있습니다. 숙련된 개발자만 ETL을 유지 보수한다면 괜찮지만, 경험이 부족한 데이터 과학자나 엔지니어는 지나치게 복잡한 파이프라인을 유지하거나 수정, 확장할 수 없습니다. 이렇게 되면 데이터 과학자가 변경 사항을 구현하고자 할 때 소수의 전문가에게 의존해야 하기 때문에 이는 혁신의 걸림돌이 됩니다.

정말로 숙련된 데이터 엔지니어라면, 경험이 부족한 사람이 작업 결과물을 이해하고 그에 기반해서 추가 기능을 구축하거나 리팩터링하려면 어렵지 않을까를 고려해야 합니다. 모두가 결과물을 이해할 필요는 없지만, 복잡하게 만들었을 경우 자신이나 다른 사람에게 이점이 있는지 고려해보세요.

또한, 파이프라인을 작은 작업으로 나누면 작업 단위를 넘어선 최적화를 할 수 없으므로 이로 인한 계산 비용이 발생할 수 있습니다. 하지만 때때로 엔지니어들은 혁신의 속도보다 실행 시간의 성능에 지나치게 신경을 쓰곤 합니다. 물론 성능이 중요한 경우도 있지만, 일일 배치 작업을 최적화해서 실행 시간을 1시간 단축하기 위한 기능을 구현하는 작업을 위해 몇 주에서 몇 달이라는 긴 시간이 더 걸릴 수 있습니다.

33

동료에게 이중 기록을 권하지 마라

군나르 모링(Gunnar Morling)

기업용 애플리케이션 개발자가 데이터를 애플리케이션 데이터베이스에 넣은 다음, "여기까지 했으면 다 끝났다"라고 여길 수 있는 시대는 지났습니다. 지금은 점점 늘어나는 사용자 요구 사항을 만족시키기 위해 여러 시스템에 데이터를 저장해야 하는 경우가 많습니다. 데이터베이스 자체에서는 제공하지 않는 다양한 기능을 갖춘 전문 검색 경험을 제공하려면 변경된 데이터를 별도의 검색 서비스로 보내야 합니다. 또한, 데이터베이스에 직접 접근하지 않고도 빠르게 데이터를 가져갈 수 있도록 캐시를 업데이트해야 합니다.

그렇지만 애플리케이션 데이터베이스와 검색 인덱스, 캐시까지 이 모든 데이터 저장소를 어떻게 동기화할 수 있을까요? 단순히 모든 시스템에 데이터 업데이트 요청을 보내고 싶을 수도 있지만, 이 방식에는 위험이 도사리고 있습니다.

이를테면 네트워크 문제로 검색 인덱스를 일시적으로 사용할 수 없다면 어떨까요? 재시도 로직 구현을 떠올리겠지만, 상황은 그보다도 빠르게 복잡해집니다. 관련된 모든 리소스를 업데이트하는 데 성공하더라도 데이터 일관성이 깨진 상태일 수 있습니다. 모든 업데이트가 단일 전역 트랜잭션 내부에서 수행(결국 서비스 품질이 리소스 가용성에 의존하게 됨)되지 않는다면, 여러 번 데이터를 변경했을 때 변경된 순서를 보장할 수 없습니다. 동일한 레코드를 업데이트한 지 얼마 되지 않아 또 한 번 업데이트했다면 데이터베이스와 검색 인덱스가 변경 요청을 다른 순서로 적용할 수 있습니다. 표면적으로는 문제가 없어 보이지만 실제로는 검색 인덱스에서 잘못된 결과를 얻게 됩니다.

그래서 동료에게 이중 기록을 권하지 않는 것입니다. 트랜잭션 시맨틱을 공유하지 않고 여러 개의 분산 리소스에 데이터를 쓰면 오류에 취약해지고 데이터 일관성이 깨지기 쉽습니다. 다행히 해결 방법이 있습니다. 여러 리소스를 업데이트할 수 없다면 항상 애플리케이션 데이터베이스 하나만 업데이트하고, 그다음 데이터베이스 변경 사항을 참고해서 검색 인덱스나 캐시, 그 외 2차적 시스템에 업데이트하도록 하는 겁니다.

변경 데이터 감지(CDC)가 여기에 해당합니다. CDC는 사용자가 데이터의 모든 변경 사항을 체크하여 변경 이벤트를 다운스트림 소비자에게 전송할 수 있도록 합니다. 디비지움Debezium 등의 로그 기반 CDC 솔루션은 데이터베이스 트랜잭션 로그를 활용해서 정확히 트랜잭션이 직렬화된 순서에 따라 데이터 변경 사항을 체크하므로 이 문제를 방지할 수 있습니다.

변경 이벤트를 아파치 카프카 등의 분산 커밋 로그를 통해 전파시키면 가용성 문제까지 해결됩니다. 다운스트림 시스템을 잠시 사용할 수 없는 상황이라면 나중에 그저 마지막으로 읽은 지점부터 변경된 데이터 토픽을 읽어 가면 됩니다. CDC 프로세스도 비동기적이므로 동기적으로 사용해야 하는 리소스는 데이터베이스 자체뿐입니다.

분산 커밋 로그로 변경 이벤트를 전파했을 때의 또 다른 장점은 변경 이벤트 토픽을 처음부터 다시 읽기만 하면 다른 소비자나 사용 사례에도 사용할 수 있다는 점입니다. 그렇게 하면 이중 쓰기에 의존하지 않고, 이해관계가 있는 다른 서비스로 데이터를 전달할 수 있습니다.

34

기본 지식

페드로 마르셀리노(Pedro Marcelino)

지식은 기하급수적으로 증가합니다. 지식이 증가하는 정도, 특히 장기간에 걸쳐 증가한 정도를 측정하기는 어렵습니다. 그렇지만 학술 분야의 출판물 수를 사용해서 대신 표현해보자면, 9년마다 지식이 2배씩 증가함을 알 수 있습니다. 어떤 사람이 오늘부터 일하기 시작했다면, 그 사람이 경력 중반부에 다다른 20년 후에는 직무 분야 관련 지식이 지금보다 거의 4배 증가했을 것입니다.

출간되는 서적이나 과학자의 수, 매일 생성되는 데이터의 크기를 지식의 대용물로 고려해도 결론은 비슷할 것입니다. 어쩌면 훨씬 더 충격일지도 모릅니다. 무서운 일입니다.

따라서 데이터 엔지니어를 포함한 모든 지식 노동자는 어려움에 직면해 있습니다. 또한, 지식이 늘어남에 따라 여러 가지 새로운 개념과 기술, 프레임워크를 최신으로 유지하라는 요구는 감당할 수 없는 것이 됩니다. 반면에 지식은 순간적이며 오늘 배운 지식이 내일이면 쓸모가 없어지기도 합니다. 가까운 미래에 지식이 증가하는 속도가 느려질 일은 없기 때문에 모든 데이터 엔지니어는 바로 이 지식의 저주로 고통받습니다.

따라서 가장 중요한 문제는 증가하는 지식을 어떻게 대해야 할지를 아는 것입니다.

기본에 집중하라는 것도 가능한 답 중 하나입니다. 끊임없이 변화하는 세상에서 기본 지식은 그 어느 때보다도 중요합니다. 기본 지식이 새롭게 등장한 지식 분야를 빠르게 배울 수 있는 길을 열어주기 때문입니다. 정의에 따르면 기본은 나머지 분야에 파생될 수 있는 주요 원칙입니다. 따라서 기본을 정복하면 새롭게 떠오르는 분야도 정복할 수 있습니다.

게다가 기본 지식은 시험 속에서도 오랫동안 살아남았습니다. 이는 '보존 가능한 엔터티에게 남은 기대 수명이 현재까지의 수명과 비례한다'라는 린디 효과Lindy effect의 징후로 볼 수 있습니다. 따라서 기본 지식은 오랫동안 지속된 지적 생산물(즉, 보존 가능한 엔터티)이기 때문에 다른 것보다 훨씬 더 오래 지속될 가능성이 높다고 결론지을 수 있습니다.

엄청난 양의 지식이 넘쳐나는 세상에서, 우리는 정보를 이해하고 중요한 것과 아닌 것을 구별할 수 있어야 하며, 무엇보다도 이미 알고 있는 지식을 결합하여 학습을 촉진하고 계속해서 변화의 속도를 따라잡을 수 있어야 합니다. 그러려면 기본 지식이 필요합니다.

35

구조화를 SQL로 되돌리기

엘리아스 네마(Elias Nema)

50년동안 반복되며 여전히 유효한 컴퓨터 과학 문제는 많지 않습니다. SQL 작성법도 그중 하나입니다.

관계형 데이터베이스는 70년대부터 시장을 지배했습니다. 이어서 그 대단한 NoSQL 운동이 일어났고 순조롭게 NewSQL로 진화했습니다. 최근에는 주요 스트리밍 시스템에서 SQL 지원을 추가하고 있습니다. SQL에는 정말 강력한 힘이 있음이 분명합니다.

아시다시피 강력한 힘에는 대가가 따릅니다. SQL은 매우 유연해서 어떤 형식으로 쿼리를 작성해도 결과를 얻을 수 있습니다. 문제는 보통 결과를 생성하는 노력보다 결과가 타당한지 이해하는 데 드는 노력이 더 크다는 점입니다. DISTINCT 구문으로 조인을 수정하거나 행을 여러 번 계산하는 상황을 직접 겪어봤을 겁니다.

저는 쿼리를 구조화된 방식으로 작성하고 가독성을 먼저 최적화하면 대부분의 문제를 피할 수 있다고 주장합니다. 그렇다면 구조를 어떻게 만들까요? 먼저 최종 결과를 염두에 두고 시작하세요. 답은 어떤 모양이어야 할까요? 이를테면 특정 판매 채널의 매출을 지역별로 분류해서 분석한다고 가정해봅시다. 이미 준비된 SELECT 문이 있네요. 이 사례에서는 연관성이 떨어지는 세부 사항을 신경 쓰지 않기 위해 의사 SQL_pseudo-SQL을 사용합니다.

```
SELECT channel, region, SUM(sales)
```

보통 메인 주제는 답을 찾으려는 질문에 있습니다. 이 사례에서는 수익을 분석하려고 합니다. 따라서 sales가 주요 엔터티이며 먼저 접근되는 드라이빙 테이블_driving table이 됩니다. 항상 FROM 절에 드라이빙 테이블을 먼저 지정해야 합니다.

```
FROM sales              ◀--- driving table
```

이제 특정 채널만 필터링하려고 합니다. 이를 위해 새로운 테이블인 channels로 이동합니다. 새 테이블을 추가할 때는 쿼리를 트리 구조로 간주합니다. 주요 테이블은 몸통_trunk이고 새 테이블은 가지_branch입니다.

```
FROM   sales                               ◀--- driving table
  JOIN channels ON channel = 'web'    ◀--- branch 1
```

다음 단계는 결과를 지역 단위 그룹으로 만드는 것입니다. sales 테이블에는 구 단위 지역만 있습니다. 지역 정보는 districts 〉 cities 〉 regions 테이블을 참조해야 합니다. 가지는 여러 테이블로 구성됩니다.

쿼리를 가지 구조로 비유하면 OUTER 조인 규칙에도 도움이 됩니다. 진행될 때마다 지금의 가지가 끝날 때까지 모든 조인 조건 안에 메인 주제를 전달합니다.

여기서는 매우 간단한 쿼리를 살펴봤습니다. 요즘에는 SQL이 정교해져서 다양한 윈도우 기능과 복잡한 집계 기능을 활용할 수 있습니다. 이때도 구조를 먼저 고려해야 합니다. 다음 단계를 따라 쿼리를 구조화하고 읽기 쉽게 만드세요.

1. 최종 결과를 염두에 두고 시작하세요. 얻고자 하는 답이 어떤 모양인지 생각하세요.

2. 메인 주제를 찾으세요. 언제나 이 주제를 가장 먼저 FROM 구문에 입력하세요. 주제가 두 개 이상이라면 각 주제를 공용 테이블 식Common Table Expression, CTE으로 감싼 다음, 주제마다 여기서 설명하는 단계를 적용하세요.

3. 한 번에 하나의 의도만 고려해서 메인 테이블에 테이블을 추가하세요. 이를테면 '다음의 모든 조인이 판매 지역 정보를 얻기 위한 것'이라는 식입니다.

4. 조인을 사용할 때는 주의하세요. 테이블을 추가할 때는 조인 조건마다 일치하는 행이 두 개 이상이 아닌지를 확인하세요.

5. 반드시 데이터 소스를 모두 다 연결하고 나서 그룹화나 분석 기능 등으로 이동하세요.

다양한 소스에서 필요한 데이터를 가져오는 법을 배우고 이를 가독성이 좋은 구조 형태로 문서화했다면 쿼리 자체만으로도 분석 내용을 알 수 있습니다. 더 중요한 건 그 구조가 다른 사람들이 작성자의 의도를 이해하고 결과물을 신뢰하는 데 도움이 된다는 점입니다.

36

데이터 프로덕트에 잠재적인 문서를 포함한 프런트엔드를 제공하라

에밀리 리더러(Emily Riederer)

데이터옵스의 성공은 데이터 엔지니어링에 데브옵스 원칙을 적용할 가치가 있음을 보여줍니다. 이와 비슷하지만 조사가 덜 된 사항으로, 설계 및 제품 관리 원칙을 데이터 빌드에 통합해서 명시적으로 사용자 경험을 좋게 만들어야 한다는 내용이 있습니다.

엔지니어는 데이터를 이해하기 쉽고 직관적으로 사용할 수 있게 만들어 주는 프런트엔드 구축을 중요하게 여겨야 합니다. 좀 더 구체적으로 말하면 데이터의 경우, 프런트엔드는 전통적인 UI가 아니라 사용자가 데이터셋의 의도와 계통, 품질을 알 수 있게 만들어 주는 도구 및 문서의 집합입니다.

물론 이러한 프런트엔드를 구축하는 것은 결코 간단한 일이 아니며, 데이터 엔지니어는 종종 업무의 기술적 측면에만 전력을 기울이곤 합니다. 그렇지만 엔지니어가 잠재적 문서화를 받아들인다면 별다른 노력 없이도 데이터 소비자가 바라는 산출물을 많이 만들 수 있습니다. 즉, 엔지니어의 사고 과정 및 엔지니어링 과정에서의 의사결정을 사용자에게 쉽게 공유할 수 있으면서 사용자가 해석할 수 있는 방식으로 체계적으로 문서화하는 것입니다.

다음은 저비용 데이터 프런트엔드 용도로 수집할 수 있는 잠재적 문서화의 사례입니다.

사용자 요구 사항을 수집하면서 데이터 사전을 생성하라

사용자와 데이터 요구 사항에 대해 논의할 때(당연히 사용자와 이야기를 나누고 있겠죠?) 표준화된 스프레드시트 형태로 된 요구 사항(변수 이름 및 정의 등)을 문서화하는 과정에 사용자를 참여시키세요. 이렇게 하면 처음부터 사용자와 입장을 맞출 수 있어서 잠재적인 재작업 분량이 줄어들 뿐만 아니라 비즈니스 언어로 작성된 데이터 사전의 출발점 역할로도 아주 좋습니다.

계층적 변수 이름 분류 체계를 활용하라

변수 이름은 사용자가 데이터와 소통하는 주된 방법이며 사용자 경험을 구성하는 가장 중요한 요소입니다. 데이터 모델을 반영하는 계층적 명명 구조를 수용하세요. ENTITY_ATTRIBUTE_DESCRIPTOR_TYPE 같은 구조를 고려할 수 있습니다. 이를테면 관계형 데이터에서 ACCT_ID나 ACCT_LOGIN_DT, ACCT_LOGIN_DEVICE_CD 같은 이름을 사용하는 것입니다. 이러한 분류법은 사용자가 필드 이름과 의도를 올바르게 해석할 수 있도록 메타데이터를 표현하는 데 도움을 주며, 데이터 기반으로 프로그램을 작성하는 것을 쉬워지게 합니다(예: 공통 스텁이 포함된 모든 필드 선택 등).

FAQ 리스트에서 사용자 질문에 공개적으로 답하라

실로나 본월드Silona Bonewald의 저서 〈Understanding the InnerSource Checklist〉(O'Reilly, 2017)는 수동적 문서화 개념을 소개하고 있습니다.

책에서는 개인적인 메시지 말고 슬랙_{Slack}이나 깃허브_{GitHub} 등의 공개 포럼에서 사용자 질문에 답하고 그에 대한 영구적인 기록을 만들도록 안내하고 있습니다. 동일한 전략을 데이터 사용자를 위한 FAQ 리스트 개발에도 사용할 수 있습니다.

워크플로에 따라 다음 사항을 고려할 수도 있습니다.

데이터 파이프라인을 시각화하라

아파치 에어플로와 프리펙트_{Prefect}처럼 널리 사용되는 워크플로 관리 시스템은 데이터 워크플로를 방향이 있는 비순환 그래프 형태로 시각화합니다. 일반적인 비즈니스 사용자에게는 DAG 다이어그램이 부담스러울 수 있겠지만, 경험이 많은 데이터 분석가와 데이터 과학자는 데이터 계통을 추적하기 위해 독립적으로 DAG를 활용할 수 있습니다. 특히, 메트릭 정의를 명확히 이해하거나 가공이 덜 된 형태의 데이터를 이용할 필요가 있을 때 유용합니다.

기대치 및 품질 검사를 공유하라

점점 더 많은 엔지니어가 파이프라인에 그레이트 엑스펙테이션스 등의 도구로 데이터 품질 검사를 구축하고 있습니다. 이러한 검사 도구는 다운스트림 사용자의 데이터 유효성을 검사하고 오류를 발견하는 데 도움이 될 뿐만 아니라 데이터의 작동 의도를 좀 더 명확하게 표현할 수 있도록 해줍니다.

37

데이터 파이프라인의 진화

크리스 하인즈만(Chris Heinzmann)

오늘날 세상에는 너무 많은 데이터가 생성되고 있으며, 발견되기를 기다리는 비즈니스 가치도 많습니다. 데이터 엔지니어가 분석가와 데이터 과학자의 손에 효율적으로 데이터를 전달할 방법은 무엇일까요?

데이터 파이프라인을 시작하세요. 역사적으로 비즈니스의 표준 관행은 ETL 파이프라인을 설정하는 것이었습니다.

추출

소스 시스템에서 데이터를 가져옵니다. 이는 일종의 코드 실행 스케줄러로, 보통 잡job이라고 부릅니다.

변환

어떤 식으로든 데이터를 수정합니다. 이를테면 이름을 일관적으로 만들거나 정확한 타임스탬프를 제공하거나 기초적인 데이터 클렌징을 수행하거나 기준 메트릭을 계산하는 등의 작업이 여기 속합니다.

로드

데이터를 타깃 시스템에 저장합니다. 보통은 데이터 웨어하우스입니다.

ETL 패턴은 여러 해 동안 잘 작동했으며 수천 개의 기업에서 계속 쓰이고 있습니다. 문제가 없다면 고치지 마세요. 그렇지만 전통적인 ETL은 시작하기에 부담스러울 수 있고, 대안도 존재합니다.

아직 제품/시장 적합성을 탐색하는 초기 단계 비즈니스라면 정교한 파이프라인은 포기하세요. 질문이 너무 다양하며 답도 빠르게 얻어야 합니다. 트래픽이 적은 기간 동안에는 프로덕션 데이터에 대한 크론 잡cron job으로 실행할 SQL 스크립트 몇 개와 스프레드시트만 있으면 됩니다.

성장 단계에 있는 회사일 경우에는 ELT 파이프라인을 만드는 것이 적절합니다. 알려지지 않은 사항이 많을 것이며, 제품과 분석 모두 최대한 기민하게 할 수 있는 상황을 유지하고 싶을 것입니다. ELT 파이프라인은 상황에 맞출 수 있을 만큼 충분히 유연합니다. SaaS 공급자나 단순한 SQL 스크립트 몇 개를 사용해서 소스 데이터를 가져온 다음, 변환하지 않은 미가공 데이터를 데이터 웨어하우스에 넣습니다. 변환은 쿼리로 수행하거나 다른 뷰로 구축합니다.

비즈니스가 구체화되고 데이터가 기하급수적으로 증가하며 측정이 성숙해짐에 따라 웨어하우스는 표준 방식으로 성장하는 조직 전체에 걸쳐 안정성을 유지하기 위해 핵심 메트릭 및 데이터 포인트를 코드로 만들어야 합니다. 미가공 데이터를 데이터 저장소에 저장해둔 상태에서 스케줄러로 ELT 흐름을 수정하여 파이프라인을 구축하세요. 저는 그럽허브Grubhub에 근무할 때 이 작업을 수행했고 잘 작동하는 것을 보았습니다. 이렇게 하면 미가공 데이터 저장소 역할을 하는 데이터 레이크와 변환된 데이터를 담은 데이터 웨어하우스라는 2가지 데이터 저장소를 갖게 됩니다.

이런 유형의 아키텍처는 다음과 같은 이점이 있습니다.

- 미가공 데이터와 변환 데이터에 다른 방식의 접근 제어를 사용할 수 있으므로 데이터 거버넌스가 쉬워집니다.
- 변환을 통해 중요한 비즈니스 지표를 활발하게 개발하고 미리 계산할 수 있습니다.
- 파이프라인의 구성 요소 각각을 훨씬 쉽게 확장할 수 있습니다.

복잡성과 비용은 아키텍처와 연관되어 있기 때문에 비즈니스가 어느 정도 규모 이상일 때만 타당한 방법입니다.

파이프라인은 데이터로부터 비즈니스 통찰을 빠르게 얻기 위해 구성됩니다. 규모와 관계없이 그렇습니다. 파이프라인의 아키텍처는 비즈니스 규모와 회사가 제품/시장 적합성에 어느 정도 도달했는지에 따라 달라집니다. 초기에 어떤 결정을 했는지에 따라 비즈니스가 성장하면서 다른 아키텍처를 구현하는 난이도가 달라지므로 모든 유형의 아키텍처를 아는 것이 중요합니다.

38

제품처럼 데이터 플랫폼을 구축하는 방법

바 모지스(Barr Moses),
아툴 구프테(Atul Gupte)

기본적으로 데이터 플랫폼은 모든 데이터를 위한 중앙 저장소로, 비즈니스적 통찰을 얻기 위해 데이터의 수집 및 변환, 적용을 처리하는 역할을 합니다. 대부분의 조직에서 데이터 플랫폼은 있으면 괜찮은 옵션이 아니라 필수로 구축해야 할 대상이 되었습니다. 많은 기업이 데이터에서 실행해볼 만한 통찰을 얻는 능력을 바탕으로 경쟁 업체와의 차별화를 시도하고 있습니다.

많은 사람이 데이터 자체를 제품으로 보는 것처럼, 우버Uber나 링크드인 LinkedIn, 페이스북Facebook 등의 데이터를 우선시하는 기업에서는 점점 데이터 플랫폼을 전담하는 엔지니어링, 제품, 운영 팀까지를 포함하는 데이터 플랫폼까지도 제품으로 간주하고 있습니다. 그러나 데이터 플랫폼의 보편성과 인기에도 불구하고 데이터 플랫폼을 사용하는 주체와 사용 방식, 엔지니어와 제품 관리자가 데이터 플랫폼으로 할 수 있는 일 등 제품 경험을 최적화하기 위한 정보를 알아보지도 않고 플랫폼을 출시하는 경우가 많습니다.

이제 막 시작했든 확장하는 과정의 중간 지점에 있든 상관없이 일반적인 함정을 피하고 이상적인 데이터 플랫폼을 구축하는 데 도움을 주는 3가지 모범 사례를 공유합니다.

제품의 목표를 비즈니스의 목표와 맞춰라

데이터 플랫폼을 구축하거나 확장할 때 제일 먼저 알아봐야 할 질문은 "회사의 목표와 데이터가 어떻게 연결되는가?"입니다.

이 질문에 답하려면 데이터 플랫폼의 제품 관리자 입장이 되어 봐야 합니다. 특정 제품의 관리자와 달리, 데이터 플랫폼 제품의 관리자는 분야에 특화된 목표보다 큰 그림을 이해해야 합니다. 왜냐하면 데이터는 마케팅 및 채용부터 비즈니스 개발 및 영업에 이르기까지 다른 모든 기능 팀의 요구 사항에 반영되기 때문입니다.

적합한 이해관계자에게 피드백과 승인을 받아라

데이터 플랫폼을 만들고 발전시키기 위해 제품 개발 프로세스 전반에 걸쳐 미리 승인을 얻거나 지속적으로 피드백을 받을 필요가 있다는 사실은 말하지 않아도 당연한 일입니다. 그러나 누구의 의견에 관심을 가져야 할지는 널리 알려지지 않았습니다.

제가 선도적인 운송 회사에서 새로운 데이터 카탈로그 시스템을 개발하는 동안, 저와 이야기를 나눈 제품 관리자가 세 달 동안 본인 팀의 제안을 엔지니어링 부사장에게 납득시키려 했지만, 부사장 직속 부서에서 보낸 메일 하나로 중단된 경험도 있었습니다.

결국, 함께 데이터 제품을 구축하고 공유하며 배울 데이터 애호가 커뮤니티를 육성하는 것이 중요합니다. 데이터 플랫폼은 회사 전체를 상대로 서비스를 제공할 가능성이 있기 때문에, 그 과정에서 타협을 하더라도 모든 사람이 플랫폼을 성공시키는 데 본인의 역할이 있다고 여겨야 합니다.

장기적 성장 및 지속 가능성을 단기적 이득보다 우선시하라

데이터 플랫폼은 단순히 시장에 최초로 출시한다고 해서 성공하지는 않습니다. 이를테면 우버의 빅데이터 플랫폼은 5년에 걸쳐 구축되었으며, 비즈니스의 필요성에 따라 지속적으로 발전했습니다. 핀터레스트Pinterest는 핵심 데이터 분석 제품에 대한 여러 번의 이터레이션을 거쳤으며, 링크드인은 2008년부터 자체 데이터 플랫폼을 구축하고 반복적으로 개선하고 있습니다.

조직의 상황에 맞는 솔루션을 정하고, 정해진 기대치와 마감 기한에 맞춰 계획을 조정하세요. 때로는 더 큰 제품 개발 전략의 일부분으로써 즉각적으로 성과를 내면 (근시안적이지 않는 한) 내부 승인을 얻기에 유리할 수 있습니다. 로마는 하루아침에 만들어지지 않았으며, 데이터 플랫폼 또한 마찬가지입니다.

데이터의 기준 메트릭과 측정 방법을 승인하라

데이터를 신뢰할 수 있다면 데이터 플랫폼이 얼마나 훌륭한지는 중요하지 않습니다. 그렇지만 이해관계자에 따라 데이터 품질이 의미하는 바는 달라질 수 있습니다. 결과적으로 데이터 플랫폼을 구축하는 구성원과 다른 이해관계자가 품질에 대해 정의하는 바가 다르다면 플랫폼은 성공할 수 없습니다.

이 문제를 해결하려면 데이터 신뢰성에 대한 기준 기대치를 설정하는 것이 중요합니다. 다르게 표현하자면 조직에서 데이터 수명 주기 전반에 걸쳐 높은 데이터 가용성 및 건전성을 제공하는 능력에 대한 기준 기대치입니다. 소프트웨어 애플리케이션 신뢰성에 대한 명확한 서비스 수준 목표(SLO) 및 서비스 수준 지표(SLI)를 설정하는 것은 당연한 일입니다. 데이터 팀에서도 데이터 파이프라인에 대해 똑같은 일을 해야 합니다.

39

데이터 반란을 방지하는 방법

손 냅(Sean Knapp)

어센드(Ascend) 창립자, CEO

데이터 팀은 충돌을 피할 수 없습니다. 데이터의 양이 증가하고 속도가 높아지며 다양해졌기 때문에 시스템이 더욱 복잡해졌지만, 기업 데이터를 복잡하게 만드는 가장 큰 요인은 단연코 새로운 데이터 제품을 만들거나 효율화할 수 있는 구성원인 설계자와 엔지니어, 분석가, 과학자 등의 인원수입니다.

  기업이 새로운 데이터 제품을 구축하기 위해 공을 더 들이고 팀을 확장하게 되면 이들 사이의 상호 연결성과 그로 인한 복잡성으로 인해 관련 그룹의 업무가 마비될 수 있습니다. 설상가상으로 구성원끼리 우선순위가 상충되는 경우가 많아서, 이런 상황은 구성원 간의 갈등으로 이어지곤 합니다. 인프라 팀은 확장 가능성과 보안, 비용을 가장 중요하게 여기지만, 엔지니어링 팀은 유연성과 개발 속도, 관리 용이성을 우선시합니다. 한편 데이터 과학자와 분석가는 데이터의 가용성과 검색 용이성, 도구 연결성을 중요하게 여깁니다.

한 그룹의 요구 사항에만 초점을 맞추는 것은 '데이터 반란'을 조장하는 전략을 취한 것이나 다름없습니다. 데이터 반란이란 내부 사용자가 빠르게 움직이고 우선순위 충돌에서 벗어나기 위해 숨겨진 IT 조직을 만드는 것을 말합니다. 새로운 프로세스 및 기술은 확장성과 보안, 유지 보수 용이성을 위태롭게 하지 않으면서도 속도와 유연성 사이에서 다시 균형을 잡는 데 도움이 될 수 있습니다.

데브옵스를 통해 우리는 모듈화된 아키텍처와 선언적 구성, 자동화된 시스템을 도입하게 되었고, 과거 어느 때보다 더 많은 사람이 점점 더 복잡해지는 소프트웨어 제품을 더욱 빠르고 안전하게 구축할 수 있게 되었습니다. 데이터도 마찬가지입니다. 데브옵스에서 배운 교훈을 바탕으로 조직에서 데이터 반란이 일어나지 않도록 방지할 수 있습니다.

몇 가지 권장 사항을 소개합니다.

모듈화된 아키텍처

오늘날의 파이프라인은 스파게티처럼 꼬여 있는 경우가 많지만, 그래도 반드시 명확하게 모듈화된 파이프라인을 설계해야 합니다. API나 마이크로서비스와 유사하게 개별 단계에 주력하는 작은 서비스를 사용하면 파이프라인 오케스트레이션에 데이터 중심적으로 접근할 수 있으며 유연성이 크게 향상됩니다.

선언적 구성

인프라부터 프런트엔드 개발에 이르는 모든 곳에서 본 것처럼, 데이터 파이프라인의 작동 방식을 깊이 이해하는 플랫폼에 기반을 두면 복잡성을 숨겨진 엔진 자체에 넘길 수 있습니다. 결과적으로 선언적 시스템을 활용하면 구현의 복잡성을 덜어낼 수 있으며 유지 보수 부담도 줄어듭니다.

자동화된 시스템

파이프라인 생성과 관련된 수많은 수동 개발 과정을 자동화하면 데이터 타입이나 애플리케이션이 불가피하게 변경되더라도 데이터 아키텍처의 안정성과 속도, 유연성이 개선됩니다. 자동화는 데이터 개발 수명 주기 전반에 걸친 설계 및 유지 보수 비용을 줄여주며, 동시에 만들어진 데이터 파이프라인의 품질과 안정성을 향상시킵니다.

지난 10년간 엔지니어링 팀은 모놀리식에서 모듈 방식으로, 수동 작업에서 자동화된 작업으로, 명령형에서 선언형으로 전환하는 추세를 보였으며, 이는 비즈니스 로직의 핵심 구성 요소를 위한 토대를 더욱 안정적으로 만들어주었습니다. 이러한 추세를 데이터 팀에서도 활용한다면 상충되는 목표 사이에서 적절한 균형을 잡아주며 데이터 반란을 방지할 수 있습니다. 그 결과 데이터 팀은 향상된 생산성과 유연성, 속도를 활용해 새롭고 혁신적인 데이터 제품을 출시할 수 있습니다.

40

관리하는 데이터의 바이트당 가격을 파악하라

드루바 보타쿠르(Dhruba Borthakur)

저는 다양한 데이터 기반 소프트웨어 회사에서 데이터 엔지니어로 일하면서 제품 팀이 하둡이나 아마존 S3 같은 기술을 사용하면서 많은 데이터를 저장할 수 있게 된 것을 보았습니다. 과거의 시스템과 비교하면 새로운 시스템은 데이터의 바이트당 가격을 크게 줄여주었고 주머니를 탈탈 털지 않아도 테라바이트 단위의 데이터를 저장하는 것이 경제적으로 가능해졌습니다. 바이트당 가격 메트릭은 계산하기 쉽습니다. 데이터셋의 전체 크기를 총 비용으로 나누면 바이트당 가격 메트릭이 나옵니다.

제품 엔지니어는 두 번 생각할 필요도 없이 애플리케이션의 모든 이벤트를 기록하기 시작했습니다. 실제로는 기록하는 정보 중 극히 적은 부분만 필요하지만, 이벤트 각각에 대한 미세한 상세 정보까지 기록하고는 했습니다. 로그를 남기는 비용이 적어졌으니, 로그 레코드의 크기를 줄이려 애쓸 필요가 없다고 여기게 된 것이죠.

데이터 엔지니어들은 보통 수백 기가바이트 단위의 데이터를 다루는 전통적인 데이터베이스 관리자와 자신들을 비교하면서, 테라바이트 단위의 데이터셋을 다룬다는 점을 과시하며 기뻐했습니다. 제너럴 일렉트릭General Electric의 기관차는 단일 화물 노선에서 1테라바이트의 데이터를 생성합니다. 보잉 787 여객기는 한 번 비행할 때마다 0.5테라바이트의 데이터를 생성합니다. 그리고 바로 데이터 엔지니어가 이러한 데이터를 관리하는 데 도움을 줍니다. 이는 2010년대 중반의 상황으로, 기업들이 급격히 감소하는 바이트당 비용을 이용해서 사실상 로그 데이터를 거의 삭제하지 않았습니다(규정 준수가 아닌 경우에 말입니다).

자 이제 2020년대 초반으로 빠르게 이동해봅시다. 오늘날 관리해야 하는 데이터 크기는 더이상 문제가 되지 않습니다. 기업이 데이터에서 얻어낸 가치가 중요합니다. 데이터셋에서 어떠한 통찰을 얻을 수 있을까요? 필요할 때 데이터를 바로 사용할 수 있나요? 아니면 기다려야 하나요? 이러한 고려 사항은 바이트당 가치라는 새로운 메트릭을 도입하면 가장 잘 파악할 수 있습니다.

저희 회사의 경우 바이트당 가치를 계산하는 저만의 방법이 있습니다. 쿼리가 데이터의 특정한 바이트를 사용한다면 해당 바이트의 값은 1이고, 특정 바이트가 어떤 쿼리에도 사용되지 않는다면 해당 바이트의 값은 0입니다. 쿼리 결과를 제공하는 데 사용된 고유 바이트의 백분율로 바이트당 가치를 계산합니다.

수 테라바이트 데이터셋의 경우 바이트당 가치가 2.5%임을 확인했습니다. 즉, 관리하는 데이터 100바이트마다 2.5바이트에 저장된 정보만 사용한다는 뜻입니다.

여러분이 소속된 기업의 바이트당 가치는 얼마입니까? 다른 방식으로 계산할 수도 있겠지만, 시스템이 갖는 바이트당 가치를 높일 수 있다면 기업의 데이터 기반 의사 결정에 긍정적인 영향을 줄 수 있습니다.

41

처리 지연 속도를 의식하라

드루바 보타쿠르(Dhruba Borthakur)

모든 데이터 시스템은 데이터의 크기, 데이터의 최신성, 데이터에 대한 쿼리의 처리 지연 시간이라는 3가지 고유한 특성을 가집니다. 아마 여러분은 이 중 첫 번째인 데이터의 크기에는 익숙하겠지만, 나머지 2가지는 때때로 뒷전으로 둘 것입니다.

데이터 엔지니어로서 저는 1가지 사용 사례를 위해 빅데이터 시스템을 배포한 적이 많습니다. 그런데 신규 사용자가 동일한 데이터 시스템을 사용하면서 "쿼리 지연 시간이 수용 가능한 한계인 500밀리초보다 느려요." 또는 "쿼리 결과에서 최근 10초 동안 생성된 데이터 레코드를 찾을 수 없어요."라고 불평할 때가 있습니다.

그래서 저는 데이터 시스템 엔지니어링을 처음 시작할 때 다음 3가지를 확인합니다.

데이터 지연 시간

데이터 지연 시간은 넓은 범위에 걸쳐 다양하게 나타날 수 있습니다. 연간 예산 책정 시스템은 지난달 및 그 이전의 데이터를 이용할 수 있다면 충분합니다. 마찬가지로 일일 보고 시스템은 최근 24시간 내의 데이터를 이용할 수 있다면 충분합니다. 온라인 소프트웨어 게임 리더보드Leaderboard 애플리케이션은 가장 최근 1초 및 그 이전에 생성된 데이터를 분석할 수 있으면 충분할 것입니다.

실행하는 쿼리의 지연 시간

일일 보고 시스템을 구축하는 경우에는 전체 처리량에 최적화된 시스템을 구축할 수 있습니다. 매일 하루에 한 번만 보고서를 생성하면 되기 때문에 쿼리의 지연 시간이 수 분에서 수 시간까지도 걸릴 수 있습니다. 반면 개인화된 뉴스 기사를 제공하는 백엔드 애플리케이션의 경우 지연 시간을 몇 밀리초 내로 유지해야 하며, 따라서 지연 시간을 최적화할 수 있도록 데이터 시스템을 설계해야 합니다.

초당 쿼리 개수

데이터 시스템이 모바일 장치 위에서 동작하는 애플리케이션을 작동시킨다면, 초당 쿼리(QPS)는 수십에서 수백 건의 쿼리를 동시에 처리할 것입니다. 일일 보고 시스템을 구축하는 데 데이터 시스템을 사용한다면 최대 5~10개의 쿼리를 동시에 지원해야 합니다.

이러한 3가지 질문에 대한 답이 무엇인지에 따라 사용할 데이터 시스템의 유형이 결정됩니다. 데이터 지연 시간은 ETL 프로세스라고도 하는 데이터 파이프라인에 의해 좌우됩니다. ETL 프로세스로 잘못된 데이터가 있는 레코드를 제거하거나, 시간 범위에 따라 집계를 미리 생성할 수 있습니다. ETL 프로세스가 데이터 지연 시간을 늘리기 때문에, 파이프라인이 짧을수록 가장 최근 데이터를 쿼리할 수 있습니다.

쿼리 지연 시간과 QPS는 쿼리를 처리하는 데이터베이스에 의해 결정됩니다. 키/값 저장소를 사용한다면 쿼리 지연 시간이 매우 짧지만, 애플리케이션 코드에 비즈니스 로직을 더 많이 구현해야 합니다. 또는 SQL API를 제공하는 데이터 웨어하우스를 사용한다면 SQL을 통해 애플리케이션 로직의 상당 부분을 데이터 웨어하우스에게 위임할 수 있지만, 쿼리 지연 시간은 키/값 저장소보다 길어질 것이며 동시 쿼리 개수는 5개나 10개 등으로 제한됩니다.

42

RDBMS와는 다른 NoSQL 데이터베이스 사용법을 배워라

커크 키코넬(Kirk Kirkconnell)

NoSQL 데이터베이스 사용에 어려움을 겪은 사람들이 작성한 게시물을 읽거나 그들과 이야기하다 보면 도구tool를 탓하는 것을 종종 보았습니다. 이런 일은 끊임없이 발생합니다. NoSQL 데이터베이스가 더이상 새로운 기술이 아닌데도, 여전히 많은 사람이 NoSQL 데이터베이스를 언제 그리고 왜 사용해야 하는지 오해하고 있는 것 같습니다.

저는 주로 NoSQL 데이터베이스를 사용하는 데이터 모델링에 대해 이야기할 것이며, 특히 JSON 문서나 와이드 컬럼, 키/값 유형 데이터베이스에 대해 이야기할 것입니다. 어떤 사람들은 여전히 RDBMS를 사용하던 방식 그대로 NoSQL을 사용하려고 하지만, 아마 더 좋지 않게 사용할 것입니다. NoSQL 데이터베이스에 관계형 스키마와 유사한 스키마를 만든 다음, 제가 나이브naive한 마이그레이션 혹은 나이브한 데이터베이스 스키마라고 지칭하는 작업을 수행합니다. 그다음 데이터를 처리하기 위해 쿼리 언어를 사용함으로써 데이터를 이해할 수 있을 거라 믿으며 데이터 매립지처럼 사용합니다. 그 시점에서 그들은 NoSQL 데이터베이스가 왜 제대로 기능하지 않는지, 확장이 어려운지, 비용이 많이 드는지 이해할 수 없어 의아해합니다.

이렇게 깊이 따져보지 않고 작업한다면 NoSQL 데이터베이스가 최적화된 지점이나 장단점, 제공하는 이점, NoSQL이 쉽게 접근하기 위한 최선의 데이터 모델링 방법을 제대로 이해하지 못하고 있을 가능성이 높습니다.

NoSQL 데이터베이스는 스키마가 애플리케이션의 이용 패턴과 그 패턴이 호출되는 빈도, 이용 속도에 맞춰 설계되었을 때 성능과 확장성이 가장 높습니다. 따라서 이용 패턴에 대한 답을 미리 계산해서 그때그때 데이터를 쿼리하는 경우가 거의 없도록 만드는 것을 목표로 삼아야 합니다. 데이터가 키/값 형태든, 와이드 컬럼이든, JSON 문서 저장소든 상관없이 모두 마찬가지입니다.

NoSQL 데이터베이스로 답을 구할 수 있냐고요? 물론 가능하지만 NoSQL이 가장 잘 하는 일은 아닙니다. 성능과 확장성 및 비용, 혹은 그 조합에 따라 부정적 영향을 받을 수 있습니다. NoSQL 데이터베이스를 범용적인 데이터베이스로 사용하려고 할수록, 유감스럽게도 RDBMS가 첨가된 '뭐든지 다 할 수 있지만 제일 잘 하는 것은 없는' 제품 모임에 가까워집니다. 가장 적합한 성능과 확장성, 비용을 맞추려면 OLTP 유형의 NoSQL 데이터베이스에서 데이터에서 답을 구하는 요청을 처리하는 일이 거의 없어야 합니다.

여러분이 NoSQL 데이터베이스를 사용하는 새로운 애플리케이션을 만들거나 RDBMS에서 NoSQL로 마이그레이션하게 되었을 때 할 만한 간단한 작업을 제안합니다. 먼저 워크로드의 이용 패턴을 모두 문서화하세요. 필요한 데이터가 정확히 무엇이고, 어떤 속도로 제공해야 하나요? 스키마를 생성할 때 이 정보가 지침이 되어줄 것입니다. 이 스키마는 겉보기에는 더 복잡해보일 수 있지만, 애플리케이션이 ID/기본 키/파티션 키를 조합할 수 있으므로 답을 찾는 대신 데이터를 효율적으로 가져올 수 있습니다. 그 다음 쿼리로 어떤 질문을 만족시켜야 하는지 파악하세요. 대부분의 경우에는 빠르고 저렴하게 데이터를 이용하고, 필요할 때만 쿼리를 사용하는 사이에서 적절한 균형을 맞추어야 합니다.

애플리케이션의 이용 패턴을 모두 문서화하는 등의 작업을 미리 할 수 없다면 NoSQL 데이터베이스가 워크로드에 적합하지 않을 수 있습니다. 확장 비용이 크지만 유연성이 높은 RDBMS가 더 나은 선택일 수 있습니다.

43

로봇을 이용해서 규칙을 강제하라

앤서니 부르디(Anthony Burdi)

데이터 전문가의 업무 중에는 지저분한 입력을 처리하는 일도 있습니다. 늘 세세한 것까지 규칙을 들이밀 필요는 없지만, 데이터 생산자에게 정해진 방식으로 입력을 구조화하라고 요청하면 그다지 매력적이지 않은 작업에 대한 수행 부담을 덜 수 있습니다.

아주 멋지네요. 이제 들어오는 데이터가 더 깔끔해졌습니다. 작업 부담은 줄었지만 그만큼의 부담이 다른 일로 옮겨갔습니다. 다른 사람들에게 정해진 규칙을 따르고, 문서를 읽고, 프로세스를 따라 달라고 요청하는 등의 대인 관계로 인한 부담입니다. 일부 엔지니어에게는 대인 관계가 감정적으로 더 힘든 일이라서, 직접 너저분한 데이터를 처리할 때보다 일이 더 어렵다고 느낄 수 있습니다.

그러면 어떻게 해야 할까요? 지루하고, 반복적이며, 까다롭고 정의할 수 있는 다른 작업과 똑같이 해야 합니다. **바로 자동화입니다!** 검증 로봇을 이용하며 할 만한 일에 대한 아이디어 몇 가지를 제시하겠습니다.

- 구글 폼을 사용해서 데이터 요청이나 시각화 요청을 기록하는 동시에 핵심적인 사항을 질문하세요. 이를테면 문제 정의, 요청 사유, 결과물, 우선순위 등이 있습니다(샘 발리(Sam Bali)가 블로그에 작성한 'Just One More Stratification!'이라는 멋진 글 참고).

  주요 보너스: 로봇이 이미 표준 질문을 제시했으므로, 요청자와 맥락을 조금 더 이해하기 위한 대화를 시작하거나, 대화 자체를 건너뛸 수 있습니다. 되도록 답을 자유롭게 입력하기보다는 검증된 드롭다운 목록에서 선택하게 만드세요.

  이중 보너스: 유입되는 요청의 유형을 추적해서 셀프 서비스 도구를 계획하고 구축하는 데 기반 자료로 사용할 수 있습니다.

  추가 사항: 새로운 요청을 이메일로 지라(Jira)나 아사나(Asana) 등의 프로젝트 추적 소프트웨어에 보내서 우선순위 결정과 준비를 위한 유입 요청 백로그에 자동으로 추가하세요.

- CODEOWNERS 파일을 저장소에 추가해서 데이터 스키마나 양식 유효성 검사를 정의하세요. 예를 들어 장고 사이트에서 차후 코호트 분석에 사용할 사용자 프로필 정보를 저장할 수 있습니다. CODEOWNERS 항목에 이 사실을 추가해서 분석 팀의 누군가가 모델 정의나 양식 유효성 검사의 변화를 검토할 수 있도록 만드세요.

  주요 보너스: 데이터 모델 설계 변경이 제안되면 초기부터 분석 팀을 논의 대상에 포함시키는 편이 좋지만, CODEOWNERS가 있으면 최소한 변경 사항이 출시되기 전에 분석 팀이 검토하고 준비할 수 있는 기회가 생깁니다.

- 수집 시 데이터 유효성 검증 단계를 추가해서 분석 파이프라인을 방어하는 해자[1]를 만드세요. 그레이트 엑스펙테이션스 같은 도구를 사용하면 데이터가 프로세싱 파이프라인의 다른 단계에 로드되기 전에 유입 데이터의 유효성을 검증할 수 있습니다. 예를 들어 파이프라인의 전처리 단계나 하이네켄(Heineken)에서 사용되던 업로드 도구로 파일을 업로드할 때 확인할 수 있습니다.

  주요 보너스: 정보를 잘 알고 있는 선의의 사용자도 실수를 합니다. 검증 단계를 통해 다른 팀원을 방해하거나 다운스트림 제품에 영향을 주지 않고 조기에 문제를 짚어낼 수 있습니다.

---

1 역주 성 주위에 둘러판 못을 의미한다.

<u>이중 보너스</u>: 분석 팀에서는 요구를 작성하면서 올바른 데이터의 모양을 정의할 수 있고, 데이터 문서를 사용하여 올바름의 정의를 공유할 수 있습니다.

즉, 합당한 범위 안에서 가능한 모든 곳에 유효성 검증 단계를 추가하면 2가지 분명한 이점이 있습니다. 데이터는 더 깔끔해지고, 악역은 컴퓨터가 수행할 것이라는 점입니다. 정서적 자원을 더 중요한 대화에 사용할 수 있도록 아껴 두세요.

44

사용자 의견을 듣되
지나치게 따르지 마라

아만다 톰린슨(Amanda Tomlinson)

모두 멋진 인포그래픽을 본 적이 있겠지만, 데이터 엔지니어에게 매일 생성되는 엄청난 양의 데이터에 대해 말할 필요는 없습니다. 우리 모두는 데이터와 함께 살고 있습니다.

엔지니어 모두가 데이터를 추출하고, 변환하고, 처리 파이프라인에서 사용자가 사용할 영역으로 옮기고(변환 전에 로드를 수행해야 할지 고려하고), 깔끔하게 다듬고(다듬지 말아야 한다고요?), 얼마나 오랫동안 어떤 곳에 저장할지 정하고, 막대한 양의 데이터를 다루기 위한 신규 인프라를 세우고, 필터링하고, 조인하고, 데이터 기반으로 KPI 수립 및 모델 구축을 하고, 데이터를 위한 워크플로를 구축하고, 노출시키고, 데이터에 대한 카탈로그를 만들고, 모니터링합니다(처음에는 쉽지만 시간이 흐를수록 점점 어려워지는 일입니다). 해야 할 일이 너무 많고 이해관계자들의 요구도 많기 때문에 여러 데이터 팀, 특히 내부 고객 대상 서비스를 제공하는 팀에서 데이터 엔지니어링의 기술적 측면에 지나치게 몰두한 나머지 사용자가 누구이고, 실제로 필요로 하는 것이 무엇인지 고려하는 것을 잊는 점은 놀랍지 않습니다. 데이터는 데이터잖아요?

머지않아 데이터 팀에서 자신들의 노력이 쓸모없어진다고 생각하여 불만이 생길 것이고, 이는 자신감 결여로 이어질 것입니다. 지금까지 나열한 모든 것이 매우 중요하지만, 모든 사용자에게 동일하게 적용되진 않는다는 것을 인식해야 합니다. 한 걸음 물러서서 사용자가 생산한 데이터에서 무엇을 필요로 하는지, 그리고 사용자에게 필요한 것은 무엇인지 고려해보는 것도 마찬가지로 중요합니다.

또한, 모든 사용자 요구를 수용하려 해서는 안 됩니다. 요구 사항에 따라 결과물을 내놓고 티켓을 닫으면 사용자는 어느 정도 만족하겠지만, 이런 식으로 단순히 솔루션만 제공한다면 시간이 지나면서 부작용이 발생할 수 있습니다. 사용자의 요구에 따른 결과물 전달과 지속적이고 확장 가능한 데이터 기능의 유지 보수 사이에서 적절한 균형을 잡아야 합니다.

저는 균형이 엔지니어링 팀의 비전과 전략에서부터 시작된다고 생각합니다. 비전이나 전략이 지나치게 야심찬 것처럼 보인다면 최소한 몇 가지 설계 원칙이나 한계선을 만들어 두세요. 그다음 팀에서 받은 요구를 대화 시작 지점 수준으로만 취급하세요. 이는 그저 고객이 얻고 싶은 통찰이 무엇인지 표현한 것뿐이고 완벽하게 구성된 요구 사항이 아닙니다.

요구 사항으로 만들려면 더 깊이 파고들어 고객이 데이터로 해결하려는 문제를 이해해야 합니다. 조직 내부의 다양한 데이터 사용자 및 사용 사례를 이해하게 도와주는 페르소나를 만드세요. 그리고 공통점을 찾고 설계 원칙을 적용하여 고객을 돕는 데이터 제품을 만들 수 있도록 하세요. 데이터의 소유권을 갖고 올바른 방식으로 사용자에게 데이터를 제공하는 전문가가 되세요.

45

저가형 센서와 데이터 품질

시바난드 프랍훌랄 구네스(Shivanand Prabhoolall Guness) 박사

2016년에 저는 저가형 센서와 라즈베리 파이Raspberry Pi나 아두이노Arduino
등의 저전력 기기를 사용해서 대기질 모니터링 제품을 개발하는 프로젝트
를 진행하고 있었습니다. 그래서 프로젝트를 시작하기 위해 개념 증명 작업
에서 사용할 센서와 보드를 주문했습니다.

처음 겪은 문제는 저가형 센서였습니다. 우리는 필요한 수량만큼만 센서
를 주문했습니다. 보드 하나마다 미세먼지 센서 하나, 산화질소 센서 하나,
오존 센서 하나를 주문했고요. 측정 위치 한 곳에 몇 개의 모니터링 센서를
설치한 다음, 1년 동안 대기질을 모니터링하려고 했습니다. 인터넷이 안 될
경우 데이터를 SD 카드에 저장하여 데이터를 보호하는 방식으로 이중화를
구축했습니다. 처음 몇 주가 지난 다음, 전력이 급증하는 전원 서지surge 문
제 때문에 SD 카드에 저장된 모든 데이터가 유실되었습니다. 라즈베리 파
이가 손상되었지만 센서는 사용 가능해보였기에 센서를 재사용했습니다.

두 번째 문제는 인터넷이었습니다. 앞서 말했듯이 측정 지점에서 인터넷이 동작하지 않는 경우에는 모든 데이터가 SD 카드에 저장되고 있었습니다. 데이터 수집 단계에서 인터넷 문제가 여러 번 발생했습니다. 망가진 센서와 보드를 다시 주문했지만 배송받을 때까지 오랜 시간이 걸렸으며, 그때문에 수집 가능한 데이터의 양이 줄어들었습니다. 초반 작업 단계가 지난다음에는 전원 서지 동안 사용했던 센서가 손상되어 센서 결과 값이 잘못되었음을 알았습니다.

이 프로젝트에서 다음과 같은 교훈을 얻었습니다.

- 언제나 여분의 부품을 구매하세요. 특히 인근 지역에서 구매할 수 없는 재료는 반드시 여분의 부품까지 구매해 두세요.
- 전원이나 인터넷 등 프로젝트의 핵심 요소를 이중화하세요.
- 전력 관련 사고 시점에 사용했던 센서를 재사용하지 마세요.
- 첫날부터 데이터 품질을 지켜보세요.

프로젝트 경험을 통해 중요한 것을 학습할 수 있었지만, 여러 가지 과정을 거쳐 힘들게 배워야 했습니다. 만약 이 프로젝트를 다시 수행한다면 센서를 포함한 모듈에 배터리로 전력을 공급해서 전력 이슈를 피하고, 더 나은 품질의 결과를 얻기 위해 품질이 좋은 센서를 구입하고, 여러 센서에서 수집한 결과를 측정 지점에 저장하기 위한 이중화 시스템을 둘 것입니다. 각 센서에 모든 데이터를 따로 저장하는 대신에요.

처리한 데이터를 대시보드에 적용하기 위해 미리 데이터를 클라우드로 옮겨 두었기 때문에 오작동 가능성이 있는 센서에 대해 알려주는 이상 감지 메커니즘을 추가할 수도 있었을 것입니다. 이러한 문제 때문에 1년 동안 데이터를 수집했지만 그중 5개월 분량만 사용할 수 있었습니다.

46

기계 동작 방식에 대한 공감력을 유지하라

토비아스 메이시(Tobias Macey)

신입 기술자는 논리 기초부터 문법 및 소프트웨어 설계, 대규모 분산 시스템 구축 및 통합에 이르기까지 모든 것을 배울 수 있는 다양한 기회를 접하게 됩니다. 몇 년 동안 연습하고 쉴 새 없이 배우고 셀 수 없는 만큼 오류를 겪다 보면 기술자 스스로가 예측한 것보다 더 많은 컴퓨팅 오류에 대한 지식을 익힐 수 있을 것입니다. 이 정보의 홍수 속에서, 끊임없는 당혹감은 초심자의 마음과 함께 쓸려 내려갈 것입니다.

적절한 기계 동작 방식에 대한 공감력mechanical sympathy을 갖춘다면 경력을 쌓는 모든 단계에서 도움이 됩니다. 기반 인프라와 컴퓨팅을 모두 이해하지 못해도 유용한 소프트웨어를 작성하거나, 데이터 플랫폼을 구축하거나, 가치 있는 분석 결과를 만들 수 있습니다. 그렇지만 뭔가 잘못되거나 혼란스러운 성능 문제가 발생하며 이러한 이해는 매우 중요한 자산이 됩니다.

데이터 엔지니어링이나 데이터 과학, 웹 개발 등 무한한 선택지 중 어떤 전문 분야를 선택했든 상관없이 끝없는 추상화의 바다에서 길을 찾아야 합니다. 추상화된 간접 참조 계층 때문에 엔지니어는 하드웨어에서 멀어지지만, 엔지니어의 까다로운 지시를 성실하게 이해해서 전 세계에 데이터를 광속으로 전달하는 것은 하드웨어입니다.

CPU가 명령을 실행하는 방식이나 메모리 레지스터의 값을 채우고 접근하는 법, 네트워크 연결의 복잡한 움직임이 어떻게 물리적으로 구현되는지를 고려하면 선택 가능하고 실용적인 방식이 무엇인지와 접근법을 바꿀 수 있는 경우가 언제일지를 더 잘 알 수 있습니다. 작업 중인 프로젝트를 지원하는 모든 시스템과 소프트웨어에 대한 전문 지식을 갖출 필요가 없으며 가능하지도 않습니다. 여러분의 목표는 시스템 및 소프트웨어가 갖는 한계를 이해하고 모르는 부분을 알아보는 데 필요한 만큼까지만 충분히 배우는 것이어야 합니다.

데이터 엔지니어에게 가장 유용한 몇 가지 기본 원칙 중 하나는 네트워크 서비스와 다양한 종류의 하드 디스크, 시스템 메모리의 접근 속도가 다르다는 것입니다. 이 모든 것이 데이터 중력data gravity 개념에 크게 기여합니다. 데이터 중력은 시스템 사이에서 데이터를 옮기는 시기와 방식, 혹은 데이터를 그대로 두고 컴퓨팅을 데이터가 있는 곳으로 가져갈지 등의 결정에 영향을 미칩니다. 또한, 범용 CPU, GPU, ASIC 등 컴퓨팅 아키텍처 간의 차이점을 이해하고 어떤 아키텍처의 기능을 언제 활용할지 알아 두면 도움이 됩니다.

언제나 반짝이는 새로운 도구나 언어, 문제가 등장하지만, 소프트웨어 전문가로서 우리가 하는 모든 작업의 근간이 되는 기본 원칙을 학습하는 데 들인 시간은 항상 도움이 될 것입니다.

47

데이터 그 이상의 메타데이터

조나단 시드만(Jonathan Seidman)

빅데이터 업계에서 제가 처음 경험한 실무는 아파치 하둡 클러스터를 트래픽이 많은 온라인 여행 사이트인 오르비츠 월드와이드Orbitz Worldwide에 배포하는 작업을 돕는 것이었습니다. 아파치 하이브를 클러스터에 배포하고, 이 인프라 위에서 개발자가 애플리케이션 및 분석을 개발할 수 있도록 접근 권한을 제공하는 일을 가장 먼저 수행했습니다.

수집한 모든 데이터에서 큰 가치를 얻을 수 있었다는 점에서 훌륭한 성과였습니다. 그렇지만 얼마 뒤 수많은 하이브 테이블이 근본적으로 동일한 엔티티를 나타낸다는 사실을 인지했습니다. 2000년대 초반인 암흑기에도 스토리지 가격은 상당히 저렴했기 때문에 리소스 관점으로 보면 그다지 큰 문제는 아니었습니다. 하지만 사용자의 시간은 귀중했고, 그 시간은 새로운 하이브 테이블을 만들거나 필요한 데이터를 찾으려고 기존 테이블을 뒤지기보다는 데이터에서 통찰을 얻는 데 사용해야 했습니다.

오르비츠에서 얻은 교훈은, 데이터 관리 계획을 나중으로 미루지 말아야한다는 점입니다. 그 대신 데이터 관리 전략을 초기에 계획해서 시작하는 것이 좋습니다. 모든 신규 데이터 전략이나 프로젝트와 병행해서 계획하는 것이 이상적입니다.

메타데이터 관리까지 포함하는 데이터 관리 인프라는 사용자가 데이터를 발견하고 최선의 방식으로 사용할 수 있도록 하는 데서만 중요한 것이 아닙니다. 데이터와 이미 관련되어 있거나 새로 생겨나는 정부 규제를 준수하는 데도 중요합니다. 예를 들어 데이터의 존재 여부나 위치를 모르면 데이터를 삭제해 달라는 고객의 요청을 따르기 힘들 것입니다.

메타데이터를 남길 데이터셋을 식별하고 메타데이터에 포함될 내용을 정의하는 것은 비교적 간단합니다. 오히려 메타데이터를 저장하고 사용 가능하게 만드는 프로세스 및 도구를 마련하는 일이 더 큰 문제일 수 있습니다. 사실 모든 데이터를 관리해줄 완벽한 도구를 찾을 필요는 없습니다. 1가지 도구로는 시스템 전체에 존재하는 데이터를 효율적으로 관리하지 못할 가능성이 큽니다. 하지만 최적의 솔루션이 아니더라도 없는 것보다는 훨씬 나은 경우가 분명히 있습니다.

벤더에서 제공하는 도구를 사용하든, 서드파티 도구를 사용하든, 자체적으로 만들든, 프로세스와 계획을 조기에 수립하고 데이터 프로젝트를 수행하는 동안 정해진 프로세스를 수행하게 해야 합니다.

48

데이터 플랫폼의 핵심 요소인 메타데이터 서비스

로힛 비자야레누(Lohit VijayaRenu)

비정형 데이터의 폭발적인 증가로 인해 데이터 발견discovery과 데이터 관리 및 보안 관련 문제가 새롭게 생겨났습니다. 데이터의 양이 늘어나고 사용상 복잡도가 높아짐에 따라 메타데이터 서비스를 데이터 플랫폼의 일부로 간주하는 일이 더 중요해졌습니다. 형식이 있든 없든 오늘날의 데이터는 모두 비즈니스에 의미 있는 통찰을 도출하기 위한 중요한 정보를 제공합니다. 데이터 엔지니어는 조직에 도입할지 검토하는 모든 메타데이터 서비스에서 발견 가능성과 보안 제어, 스키마 관리, 애플리케이션 인터페이스, 서비스 보증을 어떻게 제공하는지 알아봐야 합니다.

발견 가능성

메타데이터 서비스의 가장 명확하고 일반적인 용도는 사용자에게 데이터와 데이터 파티션을 찾을 수 있는 인터페이스를 제공하는 것입니다. 데이터 플랫폼에 다양한 스토리지 시스템이 있는 경우, 어떤 데이터셋이든 찾을 수 있는 공통 인터페이스가 있다면 일반적인 솔루션을 구축하는 데 도움이 됩니다. 따라서 사용자에게 데이터셋과 그 파티션을 쿼리할 수 있는 알기 쉬운 인터페이스를 제공해야 하며, 쿼리는 메타데이터 서비스를 통해 실제 물리적 위치로 변환됩니다. 이제 사용자 애플리케이션은 더 이상 데이터의 위치를 하드코딩하지 않아도 되며, 그 대신 여러 스토리지 시스템에서 기존 데이터와 업데이트된 데이터를 찾는 데 도움을 주는 인터페이스를 사용할 수 있습니다.

보안 제어

데이터 위치 관리를 통일하면 조직 전체에 다양한 보안 제어 기능을 강제할 수 있습니다. 메타데이터 서비스는 다양한 스토리지 시스템에 있는 동일한 데이터에 대한 권한 부여 규칙을 처리할 수 있어야 합니다. 그리고 보안 정책을 정의하고, 갱신하고, 강제하는 인터페이스를 노출해야 합니다. 또한, 메타데이터 서비스는 항상 정책을 준수하도록 하는 데이터 수문장 역할을 해야 합니다. 좋은 메타데이터 서비스에는 강력한 감사 기능도 있어야 합니다.

스키마 관리

메타데이터 서비스는 서비스에서 관리하는 데이터의 스키마를 정의하고 쿼리하는 기능을 제공해야 합니다. 스키마가 다양하면 사용자가 효율적인 애플리케이션을 구축하는 데 도움이 됩니다. 보안 시행자에게 데이터 콘텐츠 기반으로 데이터셋에 접근 제어와 권한 부여 규칙을 미세하게 조정하기 위한 통찰도 제공합니다. 좋은 메타데이터 서비스라면 스키마 검증 및 버전 관리 기능도 제공해야 합니다.

애플리케이션 인터페이스 및 서비스 보증

서비스는 중요한 구성 요소이기 때문에 고가용성을 제공하도록 구축되고 지원되어야 합니다. 더불어 애플리케이션 인터페이스는 다양한 라이브러리 및 시스템과 연결할 수 있도록 사용하기 쉽고 명확해야 합니다. 또한, 메타데이터 서비스는 진화하는 데이터 모델 및 애플리케이션을 지원할 수 있어야 합니다.

이 모든 기능을 제공하는 단일 시스템은 없지만, 데이터 엔지니어는 메타데이터 서비스를 구축하면서 1가지 이상의 서비스를 선택할 때 앞선 요구 사항을 고려해야 합니다. 여러 대규모 조직에서 이미 기존 서비스를 발전시키거나 오픈 소스 소프트웨어를 사용해서 이러한 기능을 지원하고 있습니다.

49

데이터 레이크는 ACID를 제공하지 않으므로 조심하라

아이나트 오어(Einat Orr)

최신 데이터 레이크 아키텍처는 레이크로 사용하는 오브젝트 스토리지에 기반하며, 데이터를 레이크에 넣는 데 스트리밍 및 복제 기술을 활용하고, 레이크에서 직접 데이터를 가져가서 소비하거나 레이크를 보존용 스토리지로 사용하는 풍성한 애플리케이션 생태계를 제공합니다. 이 아키텍처는 비용 효율적이며 데이터를 수집하고 소비할 때 단위 시간당 처리량을 늘릴 수 있습니다.

그런데도 데이터 작업이 여전히 어려운 이유는 무엇일까요? 여기에는 몇 가지 이유가 있습니다.

- 격리를 고려하지 않았습니다. 격리를 보장하려면 권한을 사용하거나 데이터를 복사해야 합니다. 권한을 사용하면 데이터를 유용하게 사용할 수 있는 모든 사람의 접근을 허용하게 되어 데이터의 가치를 극대화하는 능력이 감소합니다. 복사 또한 레이크에서 무엇이 어디에 있는지 추적할 수 없기 때문에 관리하기 어렵습니다.
- 원자성이 없습니다. 안전하게 수행될 트랜잭션에 의존할 수 없다는 말입니다. 이를테면 데이터 기록을 마치기 전에 누구도 그 컬렉션을 읽지 못하도록 하는 내재된 수단이 없습니다.

- 컬렉션 간 일관성을 보장할 수 없습니다. 심지어 어떤 경우에는 단일 컬렉션 내에서도 일관성을 보장할 수 없습니다. 성능 등의 이유로 데이터 레이크에서는 데이터 역정규화(denormalizing)가 흔히 일어납니다. 이러한 경우, 동일한 데이터를 2가지 형식으로 저장하거나, 다른 방식으로 색인해서 서로 다른 두 애플리케이션 혹은 사용 사례에 최적화할 수 있습니다. (오브젝트 스토리지가 보조 인덱스를 제대로 지원하지 않기 때문에 이 작업이 필요합니다.) 역정규화 프로세스 중 일부는 성공하고 일부는 실패한다면 레이크의 일관성이 깨지며 데이터 소비자에게 일관성 없는 세계관을 제공할 위험이 있습니다.

- 재현성이 없습니다. 데이터를 특정 방식으로 식별하고 있다면 데이터가 변경되어도 식별 값은 변경되지 않을 수 있으므로, 데이터와 코드가 함께 관련된 작업의 재현성을 보장할 수 없습니다. 예를 들어 어떤 객체(object)를 이름이 같지만 내용이 다른 객체로 대체할 수 있습니다.

- 유지 보수하기 어려워집니다. 데이터셋의 계통과 데이터셋을 생성하는 코드 및 데이터 사이의 관계는 수작업이거나, 사람이 정의하고 구성하는 표준 명명법을 통해 관리됩니다.

이러한 한계는 어떻게 극복할 수 있을까요? 가장 먼저 이러한 보장을 기대하지 말아야 한다는 것을 알아야 합니다. 어떤 상황을 겪게 될지 파악한 후에 요구 사항이나 데이터 레이크의 데이터를 사용할 소비자와 맺은 계약에 따라 보장받을 사항을 정리해야 합니다.

거기 더해서 하이브 메타스토어 등의 중앙 집중식 메타스토어는 컬렉션 전반의 원자성과 일관성이 충족되지 않아 생기는 문제를 완화할 수 있으며, 후디와 같은 버전이 있는 데이터 형식은 쓰기 연산(작업)에서 읽기를 분리하고 고립시키는 부담을 줄여줍니다. lakeFS와 같은 프레임워크를 통해 하이브와 후디 사용을 지원하면서 원자성과 일관성, 격리, 영속성을 보장하는 안전한 데이터 레이크 관리 환경을 제공힐 수 있습니다.

50

모던 데이터 스택을 위한 모던 메타데이터

프루칼파 산카르(Prukalpa Sankar)

최근 데이터 세상은 대규모 데이터를 처리하는 데 가장 적합한 도구인 모던 데이터 스택이 중심이 되었습니다. 모던 데이터 스택은 매우 빠르고, 몇 초 만에 쉽게 확장할 수 있으며, 추가 비용 부담이 거의 없습니다. 그러나 모던 데이터 스택도 여전히 데이터에 거버넌스와 신뢰, 컨텍스트를 제공하기에는 미숙하다는 단점이 있습니다.

그래서 메타데이터가 필요합니다. 지난 1년간 저는 350명이 넘는 데이터 리더와 대화하면서 기존 솔루션의 문제를 파악하고 모던 데이터 스택에서 모던 메타데이터의 비전을 구축했습니다. 지금부터 모던 메타데이터 솔루션이 갖는 4가지 특성을 알아보겠습니다.

데이터 자산은 테이블 외의 것까지 포함한다

기존의 데이터 카탈로그는 관리할 자산asset이 테이블뿐이라는 전제 하에 만들어졌습니다. 지금은 완전히 다릅니다.

비즈니스 인텔리전스Business Intelligence, BI 대시보드와 코드 조각, SQL 쿼리, 모델, 피처feature, 주피터 노트북 모두가 오늘날의 데이터 자산입니다. 차세대 메타데이터 관리 방식은 다양한 유형의 데이터 자산을 지능적으로 한 곳에 저장하고 연결할 만큼 유연해야 합니다.

단편적 솔루션이 아니라 완전한 데이터 가시성을 제공한다

기존의 데이터 카탈로그도 데이터 발견을 개선하는 데 상당한 진전을 보였습니다. 그렇지만 카탈로그가 조직의 단일 정보 공급자가 되진 못했습니다.

데이터 자산에 대한 정보는 보통 데이터 계통 도구, 데이터 품질 도구, 데이터 준비 도구 등 여러 위치에 흩어져 있습니다. 모던 메타데이터 솔루션은 팀이 모든 데이터 자산에 대한 단일 정보 공급자라는 성배를 획득할 수 있도록 도움을 주어야 합니다.

그 자체로 빅데이터인 메타데이터 용도로 만들어진다

메타데이터 자체가 빅데이터인 세상이 빠르게 다가오고 있습니다. 메타데이터를 처리하면 팀에서 데이터를 더 잘 이해하고 신뢰하는 데 도움이 됩니다. 클라우드가 근본적으로 탄력적이기 때문에 이전과는 다르게 메타데이터 처리가 가능해졌습니다. 이를테면 SQL 쿼리 로그를 해석함으로써 컬럼 수준 계통을 자동으로 생성하고, 모든 데이터 자산에 인기도 점수를 부여하고, 자산마다 짐재적 소유자와 전문가를 추론해낼 수 있습니다.

협업을 핵심에 내재한다

몇 년 전만 해도 데이터는 주로 IT 팀에서 사용했습니다. 오늘날 데이터 팀에는 데이터 과학자와 엔지니어, 비즈니스 분석가, 제품 관리자 등 그 어느 때보다도 다양한 직군의 사람들이 있습니다. 이들 각자가 선호하는 도구는 주피터 노트북부터 SQL까지 다양합니다.

모던 데이터 팀의 구성이 근본적으로 다양하기 때문에 모던 메타데이터 솔루션은 팀에서 수행하는 일상적인 워크플로와 원활히 통합되어야 합니다. 내재된 협업이라는 아이디어는 여기서 활력을 얻습니다.

내재된 협업은 작업자가 있는 곳에서 생기는 일로, 예를 들어 구글 독스에서 링크 접근 권한을 요청하고 소유자가 슬랙에서 권한을 승인하게 해서 마찰을 최소화하게 하는 것을 말합니다. 이를 통해 시간을 낭비하고, 짜증을 불러일으키며, 데이터 팀을 피로하게 만드는 수십 가지의 사소한 워크플로를 통합할 수 있습니다.

우리는 지금 메타데이터 관리 차원에서 느린 온프레미스 솔루션에서 최신 도구가 흔히 제공하는 내재된 협업 원칙에 기반하는 새로운 시대로 옮겨가는 변곡점에 와 있습니다. 데이터 카탈로그의 미래에 대해 모든 것을 알 수는 없지만, 적어도 모던 메타데이터가 모던 데이터 스택에서 정당한 자리를 차지할 것은 분명해보입니다.

51

상당수의 데이터 문제는 빅데이터 없이 풀 수 있다

토마스 닐드(Tomas Nield)

2015년 빅데이터라는 유행어가 정점에 달했을 때 NoSQL, 하둡, MongoDB 등의 비정형 데이터 기술이 분석의 미래라고 선전되었던 것을 기억합니다. 많은 조직에서 데이터를 정리하고 저장할 능력을 확보하기 전에 데이터부터 먼저 수집하기 시작했기 때문에, 클러스터에 데이터를 되는 대로 던져 두고 필요에 따라 수평적으로 확장만 했습니다. 그리고 많은 기업이 MySQL과 같은 RDBMS에서 아파치 하둡과 같은 빅데이터 플랫폼으로 마이그레이션하는 데 막대한 비용을 들였습니다.

이러한 움직임 속에서 저는 SQL에 대한 오라일리 온라인 교육을 하고 있었습니다. 어떤 수강생은 관계형 데이터베이스와 SQL은 한물간 기술이라고 주장했습니다. 관계형 데이터베이스를 수평적으로 확장할 수 없다는 이유만으로 한물갔다고 주장한 것은 아니었고, 정규화 방식으로 데이터를 구조화하는 부담에 더해 데이터 검증 및 기본 키와 외래 키를 적용해야 하는 부담 때문이었습니다. 더불어 인터넷과 장치 간 연결 덕분에 데이터가 폭발적으로 증가하면서 확장성은 NoSQL과 빅데이터의 판매 포인트가 되었습니다.

아이러니하게도 이러한 빅데이터 플랫폼에 SQL 인터페이스가 추가되었는데, 그럴 만한 이유가 있습니다. 분석가들은 NoSQL 언어가 어렵다고 여기고 관계형 데이터를 다루던 것처럼 데이터를 분석하고 싶어했습니다. 대부분의 데이터 문제는 관계형 데이터베이스 구조로 모델링하는 것이 가장 좋습니다. 한 개의 ORDER는 그와 연관된 CUSTOMER와 PRODUCT를 하나씩 가집니다. 이러한 정보 조각은 JSON 덩어리가 아니라 분리된 테이블로 정규화해야 합니다. 더군다나 데이터베이스 소프트웨어를 사용하면 프런트엔드 버그 때문에 데이터가 누구도 모르는 사이 손상되지 않고 ORDER를 검증하며 CUSTOMER와 PRODUCT도 실제로 존재한다고 확인해주기 때문에 사용자가 안심할 수 있습니다.

사실 대부분의 데이터 문제는 빅데이터로 풀지 않아도 되는 문제입니다. 제가 경험했던 99.9%의 문제는 기존 관계형 데이터베이스로 해결하는 편이 가장 나았습니다.

물론 NoSQL을 사용해야 하는 상황은 분명히 존재합니다. 특히 소셜 미디어 게시물이나 뉴스 기사, 웹 스크랩 등 엄청난 양의 비정형 데이터를 저장해야 하는 경우가 그렇습니다. 그렇지만 운영 데이터의 경우 관계형 데이터베이스를 사용하려면 데이터 모델의 동작 방식을 신중하게 생각하고 처음부터 모델을 올바르게 설정해야 합니다. 이런 특징이 있는 운영 데이터는 관계형 데이터베이스로 확장할 수 없을 만큼 커지는 경우가 거의 없습니다.

다음은 SQL과 NoSQL 중 어느 쪽을 선택할지 결정하는 데 도움이 되는 표입니다.

특징	SQL	NoSQL	승자
무결성/일관성	논리적 관계와 최소화된 중복성, 최신 일관성이 데이터에 강제됨	단순 키/값 및 문서 스토리지는 어떤 규칙이나 구조도 강제하지 않으며, 중복 및 쓰기 대기 시간이 일반적으로 발생함	SQL
설계 변경	데이터베이스에 어떤 것을 새로 추가하기는 쉽지만 수정하기는 어려움	NoSQL은 저장한 데이터를 임의로 빠르게 변경할 수 있음	NoSQL
분석	SQL은 데이터 접근 및 분석을 간단하게 만들어 주는 범용 언어	SQL 지원은 드물고, 제품별 독점 언어는 난해하며 보편적이지 않음	SQL
프로그래밍	자바, 파이썬, 닷넷 개발자가 엔터티를 테이블에 매핑하는 지루한 업무를 맡아야 하지만 데이터 무결성은 보장됨	NoSQL 데이터베이스에 대해 빠르고 간단하게 프로그래밍할 수 있지만 데이터 유효성을 검증하는 책임을 프로그래머가 지게 됨	무승부
성능	대다수의 경우에 관계형 데이터베이스로 데이터를 저장할 수 있지만 빅데이터 상황에서는 어려우며 무결성 제약 조건 때문에 성능이 저하됨	NoSQL은 수평적 확장을 통해 어마어마한 양의 데이터를 저장할 수 있고, 수평적 확장이 가능하며 무결성 제약이 없기 때문에 빠른 수행이 가능해짐	NoSQL

52

소프트웨어 엔지니어링에서 데이터 엔지니어링으로 전환하기

존 살리나스(John Salinas)

소프트웨어 엔지니어링에서 데이터 엔지니어링으로 전환하는 일은 보람 있고 흥미롭습니다. 데이터 엔지니어링에서 중요한 점은 소프트웨어 엔지니어링과 같습니다. 바로 기술적인 문제를 효율적이면서 우아하게 해결하려는 열정과 원칙입니다. 또한 분석 및 데이터 문제까지 포함하도록 기술을 확장해야 합니다. 여기에는 훨씬 더 큰 규모에서 문제를 해결하고, 해결하려는 문제에서 다른 사람들이 통찰을 얻도록 돕는 것도 포함됩니다.

제가 데이터 엔지니어링에 처음 입문했을 때는 배울 것이 너무 많아 길을 잃은 듯한 느낌을 받았습니다. 저도 여러분처럼 배움을 즐기는 사람이었기에 새로운 기술과 패턴을 도전하듯 배우는 데 열광했습니다. 그러나 데이터 엔지니어링에서도 추상화를 이용하거나, 단순함을 추구하거나, 확장 및 유지 보수가 쉽도록 애플리케이션을 구축해야 하는 등 소프트웨어 엔지니어링과 동일한 원칙이 적용된다는 점을 깨닫자 마음이 놓였습니다. 소프트웨어 엔지니어링 경험을 활용할 수 있었으며 문제 해결이나 기업용 애플리케이션 확장, API 개발, 네트워킹, 프로그래밍, 스크립팅 등의 기술도 활용 가능했고 심지어는 중요했습니다.

데이터 엔지니어링을 사용하면 소프트웨어 엔지니어링과 유사한 문제를 더 큰 규모로 해결할 수 있습니다. 저는 수십억 개의 이벤트를 처리하는 코드 작업을 해왔습니다. 지금 처리하는 정보량을 전통적 기술 및 플랫폼으로는 감당할 수 없다는 사실을 명예로운 훈장처럼 여겼습니다. 초기에는 관계형 데이터베이스를 망가뜨렸습니다. 데이터를 다른 데이터베이스로 복제하려고 하면 복제 프로세스가 따라잡지 못했습니다. 한번은 하둡 환경에서 170테라바이트의 데이터가 손실되었습니다. 다행히도 복구할 수 있었지만 프로젝트에서 처리하던 데이터의 놀라운 양에 충격을 받았습니다.

기술적인 충격만 받는 것이 아니라 사고방식에도 충격을 받았습니다. 개발자라면 배열이나 구조체, 객체, 열거형, JSON 형식에 익숙하겠지만 그런 개념을 테이블 형태 데이터와 기본 데이터 타입에만 익숙한 분석가에게 소개하면 그들에게 새로운 것을 가르칠 기회가 생깁니다.

앞에서 언급한 바와 같은 모든 도전을 해결하려면 전통적 접근법을 재고하고 창의력을 발휘해야 합니다. 일상적 과제는 운영 사용 사례부터 분석 사용 사례까지 포함하도록 확대됩니다. 데이터 엔지니어가 만드는 인프라는 고객이 직면할 수 있는 실시간 프로덕션 트래픽을 지원할 뿐만 아니라 애플리케이션에서 다루는 방대한 데이터에서 패턴을 찾는 분석가에게 통찰을 제공해야 합니다. 두 역할을 동시에 지원하는 것이 데이터 엔지니어링이 도전해야 할 과제입니다.

직무를 데이터 엔지니어링으로 전환하면 여러 가지로 흥미로운 이점이 있습니다. 새로운 것을 배울 수 있고, 이전의 경험에 기반해서 사람들을 멘토링할 수 있습니다. 그리고 독특하고 규모가 큰 문제를 해결할 수 있습니다.

53

데이터 엔지니어를 위한 관측 가능성

바 모지스(Barr Moses)

기업이 점점 데이터 중심적으로 변화함에 따라 데이터가 제공하는 풍부한 통찰의 기반이 되는 기술은 더 미묘하고 복잡해졌습니다. 데이터를 수집, 저장, 집계, 시각화하는 능력은 모던 데이터 팀의 요구 사항(도메인 지향 데이터 메시data mesh, 클라우드 웨어하우스, 데이터 모델링 솔루션 등)을 대부분 따라잡았지만, 데이터 품질 및 무결성 뒤에 감춰진 기법은 뒤처졌습니다.

좋은 데이터가 악화되는 원인

수백 개의 데이터 엔지니어링 팀과 이야기를 나눈 후 좋은 데이터가 악화되는 주요 원인 3가지를 발견했습니다.

점점 더 늘어나는 데이터 소스

오늘날 기업은 분석 및 머신 러닝 모델을 생성하기 위해 수십 수백 개의 내/외부 데이터 소스를 사용합니다. 데이터 소스 중 하나라도 사전 고지 없이 예기치 못한 방식으로 변경된다면 회사의 주요한 의사결정에 영향을 주는 데이터가 손상될 수 있습니다.

점차 복잡해지는 데이터 파이프라인

데이터 파이프라인은 여러 프로세싱 단계를 거치며 다양한 데이터 자산이 서로 적지 않은 의존성을 가지기 때문에 점점 복잡해지고 있습니다. 이러한 의존성을 가시화하지 못하면 어떤 데이터셋을 변경했을 때 그에 의존하는 다른 데이터 자산의 정확성에도 영향을 미칠 수 있습니다.

더 크고 전문화된 데이터 팀

기업에서는 점점 더 많은 데이터 분석가와 과학자, 엔지니어를 고용해서 서비스 및 제품을 강화할 데이터 파이프라인과 분석, 머신 러닝 모델을 만들고 관리합니다. 이들 사이의 의사소통에는 오류가 있을 수밖에 없으며 이러한 오류로 인해 시스템이 변경될 때마다 복잡한 시스템에 장애가 생길 수 있습니다.

데이터 관측 가능성 도입

좋은 소식이 있습니다. 데이터 엔지니어링은 그 자체로 르네상스를 겪고 있으며, 비슷한 역할을 수행하는 데브옵스 팀에게 큰 신세를 지고 있습니다.

지난 10여 년 동안 소프트웨어 엔지니어는 중단 시간을 최소화하면서 긴 애플리케이션 가용 시간을 보장한다는 목표를 지닌 솔루션을 활용해왔습니다. 이 현상을 데이터 중단 시간이라고 부릅니다. 데이터가 온전하지 않거나 오류가 있거나 누락되는 등의 이유로 발생하는 부정확한 기간을 가리키며 이는 시스템이 복잡해짐에 따라 증가합니다.

소프트웨어 애플리케이션의 관측 가능성 및 안정성의 원칙을 데이터에 적용하면 데이터 정확성 문제를 알아보고, 해결할 수 있고, 심지어 예방할 수도 있습니다. 따라서 데이터 팀이 데이터를 믿고 귀중한 통찰을 제공할 수 있습니다. 아래의 그림처럼 5개의 기둥이 데이터 관측 가능성을 받치고 있습니다.

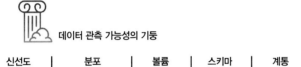

데이터 관측 가능성의 기둥

| 신선도 | | 분포 | | 볼륨 | | 스키마 | | 계통 |

각각의 기둥은 확인해야 할 일련의 문제를 추상화한 것으로, 5개의 기둥을 모두 합치면 데이터 상태에 대한 총체적 관점을 제공합니다.

신선도

데이터가 최신인가요? 마지막 생성 시점은 언제인가요? 포함되거나 생략된 업스트림 데이터는 무엇인가요?

분포

데이터가 허용 범위 내에 있나요? 올바른 형식을 따르나요? 완전한가요?

볼륨

수집해야 할 모든 데이터가 도착했나요?

스키마

스키마가 어떻게 변경되었나요? 누가 어떤 이유로 변경했나요?

계통

주어진 데이터 자산에 영향을 받는 업스트림 자산과 다운스트림 자산은 무엇인가요? 데이터를 생성하는 사람은 누구이며, 의사결정을 하기 위해 데이터를 사용하는 사람은 누구인가요?

데이터 리더들이 데이터 관측 가능성을 활용하는 데이터 신뢰성 솔루션에 더 많이 투자함에 따라 이 분야는 데이터 메시나 머신 러닝, 클라우드 데이터 아키텍처, 플랫폼으로서의 데이터 제품 제공 등 데이터 엔지니어링의 다른 주요 트렌드와 계속 교차할 것으로 예상됩니다.

54

완벽함은 적절함의 적이다

밥 하프너(Bob Haffner)

대략 "완벽함은 적절함의 적이다" 정도로 번역되는 프랑스어 문장인 "Le mieux est l'ennemi du bien"은 볼테르Voltaire의 말을 인용한 것입니다. 이는 완벽함을 추구해서 얻는 가치의 차이를 경고하는 문구로, 데이터 엔지니어링을 포함하여 다양한 영역에 적용될 수 있습니다.

완벽함이 목표가 아니라고 이야기하는 것은 종종 데이터 엔지니어에게 회의감을 느끼게 합니다. 결국 데이터 제품을 개발하려면 정밀하고 세부적인 접근 방식이 필요합니다. 게다가 대다수의 데이터 엔지니어는 무언가를 성급하게 구현했다가 나중에 후회했던 경험을 가지고 있습니다. 따라서 자연스럽게 위험을 싫어하는 경향이 생기며, 완벽하지 않은 상태에서 멈추는 것이 좋다는 그들의 생각을 뒷받침할 만한 여러 가지 이유도 가지고 있습니다.

저는 손쉽게 넘어가기 위해 완벽에 도달할 필요가 없다고 주장하는 것이 아닙니다. 그보다는 가치 있는 기능만 빠르게 제공하고 구현하자는 것입니다.

더 빠르게 제공한다는 개념은 애자일에서 말하는 최소 기능 제품Minimum Viable Product, MVP 출시 원칙과 비슷합니다. 사용자에게 제품을 빠르게 넘겨서 생기는 가치는 아무리 강조해도 지나치지 않습니다. 예를 들어 상사가 비즈니스를 운영하는 데 필요한 메트릭이 3개라면, 그중 하나만 완료했더라도 출시하세요. 조직을 이끌 때는 약간의 통찰이라도 있는 편이 아무것도 없는 것보다는 낫습니다.

실행 가능한 제품이 출시되길 기다리는 상황보다 더 나쁜 유일한 상황은 완벽함을 추구하면서 나머지 기능을 개발하는 것입니다. 이러한 기능은 이전에 구현한 기능보다 만드는 데 오래 걸리거나 제공하는 가치가 적거나 혹은 둘 다일 수 있습니다. 예를 들어 단일 사용자용 대시보드 시각화를 추가하기 위해 모델을 손상시키고 파이프라인을 변경해야 한다면, 구현하는 데 들이는 노력에 비해 얻는 이득의 가치가 더 작습니다. 솔루션이 제안하는 모든 기능은 예상되는 투자 대비 수익이 얼마일지 철저히 조사해야 하지만, 우선순위 목록 맨 아래에 있는 기능에 대해서는 특히 더 주의해야 합니다.

데이터 엔지니어링은 종종 복잡성으로 가득한 도전적인 작업입니다. 중요한 기능만 더 빠르게 제공하고 구현하면 위험 요소를 줄이면서 성공 가능성을 높일 수 있습니다.

55

파이프의 꿈

스콧 하인즈(Scott Haines)

시니어 수석 소프트웨어 엔지니어/소프트웨어 아키텍트

컴퓨터 시스템 아키텍처의 미묘하고 새로운 패러다임 중 하나는 메시지 전달이라는 개념입니다. 메시지 전달이라는 단순하지만 유용한 구조는 단일 컴퓨터 운영 체제 내부의 프로세스(애플리케이션, 커널 작업 등)가 통신에 참여할 수 있게 함으로써 병렬 처리 성능을 크게 향상시켰습니다. 메시지 전달을 통해 프로세스가 동기적 또는 비동기적으로 통신에 참여할 수 있으며, 잠금과 동기화에 대한 부담 없이 여러 애플리케이션에 작업을 분산할 수 있다는 것이 장점입니다.

단일 시스템 안에서 병렬 처리 작업을 해결하는 이 새로운 접근 방식은 **서비스형 메시지 큐**queue의 등장으로 분산 시스템 처리까지 포함하도록 확장되었습니다. 기본 메시지 큐 덕분에 한 개 이상의 채널(토픽)을 네트워크 주소로 지정 가능한 위치(예: IP 주소나 포트)에서 서비스로 실행할 수 있는 분산 선입선출(FIFO) 큐로 생성할 수 있게 되었습니다. 이제 여러 서버에 걸쳐 있는 다수의 시스템에 작업이 세분화된 분산 공유 작동 방식으로 통신할 수 있습니다.

파이프라인 아키텍처가 네트워크 주소 지정이 가능한 메시지 큐를 통해 통신하는 분산 시스템의 개념에서 어떻게 발전했는지를 개념화하는 것은 어렵지 않습니다. 거시적 수준에서 보면 어느 정도 이해가 됩니다. 근본적으로 최신 파이프라인 아키텍처의 모든 구성 요소는 생산 라인에서 조립되기만을 기다리고 있었습니다. 그렇지만 그 전에 부분적으로 처리된 메시지가 일으키는 아주 작은 문제를 해결해야 했습니다.

짐작할 수 있겠지만, 분산 큐가 있으며 그 큐에서 메시지를 가져오면 큐에서 메시지가 제거된 다음 계속 작동한다고 간주할 수 있습니다. 그렇지만 이유가 뭐든 간에 장애가 생겨서 작업이 완료되기 전에 메시지가 제거되었다면 데이터가 손실되며 이를 복구할 수단도 없습니다. 이 지점에서 진화가 일어났습니다.

애플리케이션이 큐에서 가져온 작업을 모두 완료하도록 만들고 싶었기 때문에, 채널(토픽)의 메시지 로그를 저장하고 애플리케이션이 소비한 메시지와 처리가 중단된 위치를 추적하도록 만드는 것이 합리적이었습니다. 큐에서 애플리케이션의 위치를 확인한다는 간단한 발상이 소비자 그룹에 대한 큐 **오프셋 추적**offset tracking 및 **체크포인트**checkpointing라는 개념으로 이어졌습니다.

아파치 카프카는 메시지 큐를 공유 소비자 그룹 내의 여러 애플리케이션 간에 쉽게 분할하고 공유할 수 있는 재생 가능하고 신뢰할 수 있는 큐로 취급한 최초의 프로젝트였습니다. 이제 단순 메시지 전달 이상의 용도로 활용할 수 있는 안정적이고 가용성이 높으며 확장성이 좋은 시스템이 생겼으며, 이것이 스트리밍 파이프라인 아키텍처의 기반이 되었습니다.

56

데이터 레이크가
지옥이 되지 않으려면

스콧 하인즈(Scott Haines)
시니어 수석 소프트웨어 엔지니어/소프트웨어 아키텍트

누구든 경력을 쌓는 중 한 번쯤은 잘못된 가정하에 일해본 적이 있을 것이며, 대부분의 회사의 데이터 레이크에 저장되는 많은 데이터와 레거시 데이터만큼 이러한 잘못된 가정이 분명하게 드러나는 곳은 없습니다.

데이터 레이크 개념은 전통적인 데이터 웨어하우스에서 발전했습니다. 데이터 웨어하우스는 원래 조직 내에서 데이터 사일로 및 파편화 문제를 완화하려는 수단으로 구상되었습니다. 데이터 웨어하우스는 보통 기존의 SQL 인터페이스나 기타 비즈니스 인텔리전스 도구를 사용해서 모든 데이터에 접근할 수 있는 중앙 저장소를 제공하는 방식으로 문제를 해결했습니다. 데이터 레이크는 이 개념을 한 단계 더 발전시켜 **원시 형식의 모든 데이터(비정형이든 정형이든)**를 가공되지 않은 형식으로 거의 무한정으로 저장할 수 있는 수평 확장이 가능한 대용량 데이터 저장소(HDFS나 S3 등)에 던져넣을 수 있습니다.

기본 데이터 형식이 변경되어 오래된 데이터를 사용할 수 없게 되면 여러 해에 걸쳐 좋은 의도로 시작한 일이 회사에서 가장 가치 있는 자산을 삼켜버리는 블랙홀로 변질되곤 합니다. 이 문제는 다음의 3가지 핵심 문제에서 비롯되는 것으로 보입니다.

- 주어진 데이터셋을 생성하는 팀에 대한 기본적인 주인 의식이 부족합니다.
- 레거시 데이터 구조에 대해 이전 버전과의 호환성을 유지하는 것과 관련된 좋은 에티켓이나 데이터 위생 관념이 부족합니다.
- 새로운 데이터셋을 생성할 때 다른 데이터 모델링이나 데이터 엔지니어링 전문가의 도움 없이 좋지 않은 상황에서 시작합니다.

저는 이러한 데이터 일관성 문제를 해결하는 간단한 방법이 이른바 '데이터 계약'을 맺는 데서 나온다는 것을 알았습니다.

데이터 계약 체결

조직 내부에서 요구하는 양질의 데이터가 점점 늘어남에 따라 사전에 데이터 계약을 체결해야 할 필요성이 커지고 있습니다. 데이터 계약 체결이란 단순히 데이터에 대한 스키마를 지키고 제공하는 것에서 더 나아가 어떤 필드가 언제, 어디에, 어떤 이유로 있는 것인지에 대한 계획을 짜고 설명하는 것까지를 의미합니다.

계약은 데이터 API이며 생성 코드가 변경될 때마다 업데이트하여 버전을 관리해야 합니다. 언제 필드가 있는지(또는 없는지)를 알면 시간을 절약하고 불만을 줄일 수 있습니다.

보편적 데이터 레이크에서 데이터 구조 저장소로

이 아이디어를 한 단계 더 발전시키려면 데이터를 생산하는 팀에 데이터 생산 및 소비를 위한 컴파일된 라이브러리가 있어야 합니다. 이러한 라이브러리는 데이터 구조 변경 사이에서 완벽한 과거 버전 호환성을 보장하기 위해 단위 테스트를 제공해야 합니다. 일반적으로 사용되는 데이터 구조 프레임워크에는 아파치 아브로Apache Avro와 구글 프로토콜 버퍼Google Protocol Buffers가 있습니다. 둘 중 어떤 프레임워크를 사용하든 플랫폼과 관계없이 데이터 스키마를 정의할 수 있으며 기존 JSON이 절대 제공할 수 없었던 타입 안전성을 얻을 수 있습니다.

버전이 관리되고 컴파일된 라이브러리는 저장된 데이터 바이트 하나하나가 엄격히 검증되고 데이터 계약 버전에 책임이 있는지 확인하는 데 도움이 됩니다. 이렇게 해서 레코드 각각이 최소한 이전 버전과 호환되고 앞으로 몇 년간 쉽게 추출 및 사용될 버전이 지정된 형식으로 보존된다는 단순한 규칙이 세워집니다.

이런 식으로 미리 노력을 기울이면 회사 내 모든 데이터 소비 주체의 생산성이 향상될 것입니다. 잃어버린 데이터를 찾기 위해, 혹은 데이터 무결성을 믿지 못해서 말 그대로 데이터 레이크를 폐기하거나 비우고 처음부터 시작하면서 로드맵에서 멀어지는 대신, 분석부터 데이터 과학, 딥러닝 영역에 이르기까지 모든 데이터 요구에 활용되는 귀중한 공유 자원인 데이터 레이크를 다시 확보할 수 있습니다.

57

메시징 시스템에서 사용자 경험의 우선순위 높이기

조완자 조셉(Jowanza Joseph)

리소스 효율성은 메시징 시스템을 활용하는 이유 중 하나이지만, 궁극적으로는 사용자 경험에 더 주목해야 할 수도 있습니다. 사용자 경험을 개선하면 재정 관리, 비즈니스 운영, 건강 보장 등의 작업을 위해 우리가 사용하고 의존하는 소프트웨어 시스템 모두가 혜택을 받습니다. 사용자 경험 개선에는 여러 형태가 있지만 가장 눈에 띄는 것은 디자인을 개선해서 더 편안하게 탐색할 수 있는 인터페이스를 만들고 사용자를 대신해서 더 많은 작업을 할 수 있도록 돕는 것입니다. 사용자를 대신해서 빠르고 정확하게 작동하는 프로그램은 일상적인 경험을 마법 같은 경험으로 바꿀 수 있습니다. 여러분의 입금 계좌의 잔액 및 기타 상황을 활용해서 여러분 대신 돈을 저축하는 은행 계좌 프로그램을 생각해보세요. 여러분은 저축한다는 고통 없이 돈을 모을 수 있을 겁니다. 메시징 시스템은 이런 시스템의 중추로서 사용자 경험을 풍부하게 만들어줍니다.

은행 업무의 또 다른 예를 생각해봅시다. 많은 경우 대출을 받으려면 은행 명세서, 급여 명세서, 세금 명세서 등의 인쇄물을 제출해서 은행이 신청자의 월 지출을 파악할 수 있게 해야 합니다. 이런 문서는 흔히 대출 자격을 갖추는 데 필요하며 2개월 후에 실제 대출을 받는 시점에 또다시 제출해야 하는 경우가 많습니다. 기술이 발전한 현대에선 이런 절차가 번거롭고 불필요하게 느껴질 수 있지만, 은행이 위험을 관리하고 규정을 준수하기 위해 최대한 철저하고 가끔은 강요로 느껴지는 절차를 거치는 데에는 그럴 만한 이유가 있습니다.

이와 같은 신용 승인 시스템을 현대적으로 바꾸려면 다른 시각으로 문제를 살펴볼 필요가 있습니다. 예를 들어 이런 접근 방식도 있습니다. 고객이 사전 자격을 갖춘 다음, 사용자의 금융 기관에 연결된 소프트웨어 시스템이 대출 기관에 미리 정해진 이벤트에 대한 알림을 보내는 것입니다. 잠재적인 대출 고객이 대출 성사에 문제가 될 만한 일을 하면 대출 기관에 실시간으로 통보됩니다. 대출 기관은 대출 고객의 행동에 따라 실시간으로 대출 가능한 금액을 갱신할 수 있으며 대출이 성공적으로 끝날 확률을 명확하게 파악할 수 있습니다. 사전 심사로 초기 데이터를 수집한 다음, 실시간 파이프라인을 통해 거래 및 신용 사용 정보가 대출 기관에 전달되기 때문에 예상치 못한 상황이 발생하지 않습니다.

의료 분야에서 문제가 생긴다면 금전적인 손해보다 훨씬 치명적일 수 있습니다. 의료 분야에서의 실수는 환자에게 영구적인 신체 손상을 입히거나 잘못하면 사망에 이르게 할 수도 있고, 이로 인해 의료 제공자의 자격이 박탈되거나 병원 시스템에 대한 소송이 제기될 수 있습니다.

환자의 모든 불만 중 가장 흔한 것은 병원에 방문할 때마다 반복하여 병력을 알려줘야 해서 불편하다는 것이었습니다. 실시간 시스템이 병원에는 어떤 도움을 줄 수 있을까요?

유타Utah 병원의 소프트웨어 엔지니어링 부서와 의료진은 서로 협력하여 의료 이력 시스템이 어떤 모습이 될 수 있는지 재해석해봤습니다. 환자가 병원에 도착하면 태블릿에 자신의 정보를 입력합니다. 입력을 마치면 시스템에 데이터가 저장됩니다. 예약된 진료 시간 3분 전에 의사가 로그인해서 환자의 정보를 확인하라는 알림을 받게 됩니다. 그 시간 동안 의사는 이전 진료를 마무리하고 새 환자의 차트를 읽기 시작합니다. 의사가 진료실에 도착했을 때는 이미 환자와 대화하는 데 필요한 모든 정보를 파악할 수 있습니다.

이 시스템을 사용하면 의사가 검사실로 직접 검사 요청을 보낼 수 있으며, 환자가 검사실에 체크인할 때 환자의 데이터가 자동으로 채워지는 등 최초 진료 이후의 진행에도 도움을 줄 수 있습니다.

처음에는 의료 기록을 중복으로 수집하지 않으려고 시스템을 설계했지만, 결국에는 병원 시스템 전체에 광범위하게 영향을 미치게 되었습니다. 병원 시스템의 비용이 절감된 데 더해 환자 경험도 크게 개선되었습니다.

58

개인 정보 보호 문제는
남의 일이 아니다

스테판 베일리(Stephen Bailey) 박사

비즈니스 프로세스를 변환하고 자동화할 수 있는 데이터의 능력 때문에 데이터는 '새로운 금'으로 불립니다. 그렇지만 사생활 보호에 대한 인권을 침해할 수 있는 능력 때문에 '새로운 우라늄'이라고 불리기도 합니다. 원자력 엔지니어가 금과 우라늄의 근본적인 차이점을 쉽게 나열할 수 있듯이, 데이터 엔지니어도 위험한 데이터와 안전한 데이터를 본능적으로 식별하고 두 종류의 데이터를 분리하는 방법을 알아야 합니다.

예를 들어 매사추세츠 종합 병원(MGH)에서 진료받은 유명인의 의료 기록을 재식별한 링크 공격을 생각해보세요. 1997년 MGH는 데이터베이스에서 이름과 환자 ID가 제거된 약 15,000개의 기록을 공개했습니다. 이러한 예방 조치에도 불구하고, 하버드 연구원 라타냐 스위니Latanya Sweeney는 우편 번호와 생년월일, 성별이라는 3가지 간접 식별자를 이용해 공개적으로 사용 가능한 유권자 정보를 익명화된 의료 기록과 연결할 수 있었습니다. 그 결과 스위니는 (꼼꼼히 살펴보기만 하면) 매사추세츠 주지사까지 포함하는 다수의 개인을 재식별하기에 충분한 적은 수의 기록을 얻었습니다.

20년이 지나 모든 비즈니스가 MGH가 되었고 인터넷을 사용할 수 있는 모든 사람은 잠재적인 라타냐 스위니가 되었습니다. 그렇지만 우리 모두는 데이터가 책임감 있게 처리되고, 신중하게 공유되며, 올바른 목적을 위해서만 활용되기를 원합니다. 이러한 세상을 실현하는 데 있어 가장 큰 한계는 가능성의 문제가 아니라 책임의 문제이며, '어떻게'가 아니라 '누가' 할지의 문제입니다.

저는 데이터 엔지니어가 문제를 주도하고 이끄는 주체여야 한다고 믿습니다. 단일 대시보드를 통해 레코드의 재식별 가능성을 제어하는 것은 분석 위생성을 높이기에는 좋지만, 데이터를 제공하는 플랫폼에서 개인 정보를 보호하는 것은 매우 중요합니다. 개인 정보 손실 관리는 시스템적 해결책을 요구하는 시스템 문제이며, 데이터 엔지니어는 그 시스템을 만드는 주체입니다.

개인 정보 보호 의무는 비즈니스 로직을 구현하는 지루한 일이 아니라 피를 끓게 만드는 새로운 기술적 도전입니다. 우리가 제공하는 개인 정보 보호 수준을 어떻게 정량화할 수 있을까요? 개인 데이터 삭제 요청을 받고 나서도 데이터 제품을 재구축하고 여전히 기능하게 하려면 어떻게 해야 할까요? 어떻게 하면 데이터에 목마른 소비자를 만족시키면서도, 마구 늘어나는 법적 규정을 이해할 수 있는 데이터 정책으로 바꿀 수 있을까요?

보안 및 시스템 설계라는 익숙한 영역을 넘어 확장되는 새로운 엔지니어링 모범 사례를 만들어내야 합니다. 하지만 모범 사례를 선정하려면 많은 사례가 있어야 합니다. 엔지니어링 리더는 팀이 데이터 마스킹의 강점과 약점, k-익명화k-anonymization와 차등 개인 정보 등의 익명화 기법, 연합 학습 등 새로운 기술 관련 문제를 이해하고 다루도록 독려하는 것이 중요합니다. 궁극적으로 데이터 엔지니어는 **최소 권한 원칙**만큼이나 직관적으로 **개인 정보 보호를 설계에 적용하는 방법**을 알아야 합니다.

역사가 말해주는 대안은 기관이 익명화한 데이터를 전 세계에 공개하고, 영리한 개인이나 조직이 자신의 목적에 맞게 개인 데이터를 재구성하고 용도를 변경하는 세상입니다. 개인 정보 보호는 철학자나 변호사가 다루는 추상적인 개념이 아니라 데이터 엔지니어에게 딱 맞는 구체적인 문제가 되었습니다. 이제 엔지니어가 개인 정보 보호를 자신의 문제로 받아들일 때입니다.

59

QA에 대한 흥미로운 사실

소니아 메타(Sonia Mehta)

여러분이 예비 집주인이라면 새 집으로 이사하기 전에 집에 손상된 부분은 없는지 주택 하자 조사원을 통해 알아볼 것입니다. 주택 하자 조사원과 마찬가지로, 데이터가 프로덕션으로 옮겨지기 전에 눈에 띄거나 띄지 않는 문제를 찾아내는 것은 데이터 엔지니어의 몫입니다.

품질 보증(QA) 프로그램 설정은 간단하며 가치 있는 일입니다. QA 프로그램을 설정할 때 테스트는 크게 실제적 버킷과 논리적 버킷으로 나눌 수 있습니다.

실제적 테스트는 데이터의 완전성과 정확한 데이터 타입을 테스트하는 것을 목표로 합니다. 여기에는 다음과 같은 내용이 포함됩니다.

- 날짜나 예상 행 개수를 검사하여 데이터 커버리지 확인
- 통화 입력 표준회(메드릭에서 쉼표 제거 등)
- 필수 필드에 널 값이 없는지 확인
- 일관된 날짜, 표준 시간대, 대소문자 형식의 유효성 검사

- 헤더가 데이터 자체가 아닌 데이터에 적용되는지 확인

- 데이터셋에서 중복 제거

논리적 테스트는 비즈니스 및 도메인 연관성에 대한 것입니다. 여기가 재미있는 부분입니다! 논리적 테스트 단계에서 핵심은 비즈니스 맥락을 파악하고 답을 구해야 하는 주요 질문을 이해하는 것입니다. 이해관계자에게 정확도가 얼마나 중요한지 아는 것도 도움이 됩니다. 방향성 정확도로 충분할까요? 아니면 완벽한 정확도가 필요할까요? (흔히 재무 팀에서는 완벽한 정확도를 요구하지만, 다른 팀에서는 방향성 차이만 살펴볼 수도 있습니다.)

이 단계에는 테스트에 비즈니스 지식을 적용하는 작업도 포함됩니다. 다음 예를 봅시다.

- 평가판을 사용 중인 모든 사용자는 구매 총액이 0달러여야 합니다.
- 기여 이벤트는 설치 전에 발생했을 때만 계산되며 설치 이후에는 포함시키지 않습니다.
- 테스트에서 두 표본 크기는 서로 1% 이내여야 합니다.
- 무료 사용자가 앱에서 사용할 수 없는 영역에 대해서는 사용 데이터도 없을 것입니다.
- 사용자가 환불을 받았다면 차감 금액이 구매 날짜가 아니라 환불한 날짜에 반영되어야 합니다.

QA 프로세스에 참고할 수 있는 몇 가지 추가 내용도 있습니다.

- 테스트는 등식(equation)입니다. 필드의 값을 예상하고 실제 값과 비교하세요.
- 도구를 사용하면 개발 과정 도중 이러한 테스트를 자동화하여 일관성과 정확성, 안정성을 보장할 수 있습니다.
- 린터(linter)를 사용하세요.
- 코드 규칙이 있는 것도 괜찮습니다. 예를 들어 참/거짓 값을 갖는 컬럼은 모두 is_ 접두사로 시작하는 이름을 갖게 만들 수 있습니다.

- 조직에 새로 입사하는 사람이 많아지고 여러 사람에 걸친 작은 변화가 늘어남에 따라, 잘 계획된 QA 프로그램이 고장을 줄이는 데 도움이 될 것입니다.
- 메트릭에 대한 정보 소스가 2가지 이상인 경우, 이 메트릭을 QA 방식으로 활용해서 두 메트릭을 관리하세요.
- 새로운 유형의 데이터가 들어오면 새로운 테스트가 필요합니다.

테스트는 망가지기 마련이며 망가져도 아무 문제가 없음을 알아 두세요. 어떤 문제는 비교적 빠르게 고칠 수 있고, 어떤 문제는 코드의 허점을 드러내 상당한 규모로 리팩터링해야 할 수도 있습니다. 다 괜찮습니다! 사용자 입력 필드처럼 직접 다루는 범위 밖에서 오류를 찾을 수도 있습니다. 이러한 경우 잘못된 입력을 보고서로 작성하고 문제 수정에 도움을 줄 팀에 공유하는 것이 최선입니다.

엄격한 QA 표준을 구현하더라도 실수로부터 자유로울 수는 없지만, 실수가 덜 일어나게 만들어주고 데이터에 대한 전반적 인상을 개선하는 데 도움이 됩니다. 사람들이 데이터가 알려주는 정보에 집중할 수 있다면 조직의 데이터 문해력이 향상되고 더 많은 혁신이 일어날 것입니다.

60

데이터 엔지니어가 머신 러닝 프로젝트에 관여할 때 주의할 구가지 사항

선딥 우탐찬다니(Sandeep Uttamchandani) 박사

최근 추정한 바에 따르면 머신 러닝 프로젝트 중 87%는 실패한다고 합니다[1]. 이번 섹션에서는 제가 머신 러닝 프로젝트에서 겪었던 문제 중 가장 심각했던 7가지를 데이터 엔지니어링 관점에서 다룹니다. 목록은 문제 발생횟수와 그 문제가 프로젝트 전체에 미치는 영향을 곱한 값을 기준으로 내림차순으로 정렬했습니다.

1. 데이터셋의 속성이 생각한 것과 다를 때가 있습니다. 빅데이터 시대가 오기 전에는 데이터를 중앙 데이터 웨어하우스에 추가하기 전에 큐레이션을 거쳤습니다. 이것을 쓰기 시점 스키마라고 합니다. 오늘날에는 일단 데이터 레이크에 데이터를 모은 다음, 사용하는 시점에 의미를 추론하는 방식을 취합니다. 이것을 읽기 시점 스키마라고 합니다. 데이터 엔지니어는 데이터 속성을 자세히 설명하는 적절한 문서가 없거

---

1 이 섹션은 'ML 프로젝트에서 잘못될 수 있는 98가지(98 Things That Can Go Wrong in an ML Project)' 라는 광범위한 목록의 하위 내용입니다.

나 상세 사항을 최신 상태로 유지하는 역할을 담당하는 데이터 관리자가 없는 데이터셋을 사용하지 않도록 주의해야 합니다.

2. 같은 비즈니스 메트릭을 가리키는 정의가 5가지나 있는 경우입니다. 무엇을 사용해야 할까요? 파생된 데이터나 메트릭에는 정보의 출처가 여러 곳일 수 있습니다. 이를테면 신규 유입 고객 수처럼 기본적인 메트릭조차 사업부 전체에 걸쳐 여러 가지의 정의를 가지는 경우가 있습니다. 데이터 엔지니어는 모델에 비즈니스 메트릭을 사용하는 경우 사용 가능한 정의와 그 정의의 ETL 구현을 모두 살펴봐야 합니다.

3. 데이터 출처 스키마가 변경된 것 같은 경우입니다. 이것은 분산된 대규모 조직에서 매우 일반적인 상황입니다. 일반적으로 출처 데이터베이스의 스키마를 변경할 때 다운스트림 ETL 처리 팀에게 알리지 않습니다. 기존 파이프라인 동작을 중단시키는 스키마 변경부터 디버깅하기 극도로 어려운 의미적 변경까지 변경의 종류는 다양합니다. 또한, 비즈니스 메트릭이 변경된 경우 비즈니스 정의에 버전을 붙여 관리하지 않고 있다면 기록 데이터의 일관성이 깨집니다.

4. ETL 파이프라인 로직은 훈련training 용도와 제공serving 용도가 동일해야 합니다. 하지만 실제로는 그렇지 않습니다. 훈련과 추론 사이에 모델 성능이 왜곡되는 이유는 보통 훈련과 제공 파이프라인이 일치하지 않기 때문입니다. 시작할 때는 로직이 동일하지만, 한 파이프라인에서 수정한 내용이 다른 쪽에 반영되지 않았을 수 있습니다. 특히 훈련 및 제공 파이프라인을 다른 언어로 작성하는 상황을 만들지 마세요.

5. 느리게 오염되는 모델이 있습니다. 데이터 파이프라인에서 0 아니면 1이라는 식의 오류는 비교적 잡아내기 쉽습니다. 테이블이 간헐적으로 업데이트되거나 올바르게 업데이트되지 않은 테이블을 조인하는

등의 문제가 가장 디버깅하기 어려운 유형의 문제입니다. 그런 상황에서는 모델의 성능이 차츰 나빠지며 변경에 맞춰지게 됩니다. 핵심은 데이터 수집 과정에서 품질이 나쁜 데이터를 감지하고 유입을 막는 적절한 회로 차단기를 구축하는 것입니다.

6. 어떤 팀에서 관리하는 데이터셋의 품질이 모두 동일하다고 간주합니다. 하지만 이건 전형적인 실수입니다. 같은 팀에서 나온 데이터셋을 모두 신뢰할 수 있는 건 아닙니다. 아주 면밀하게 갱신하고 관리하는 데이터셋도 있고, 부정기적으로 갱신하거나 엉망으로 작성된 ETL 파이프라인을 거치는 경우도 있습니다. 모델이 사용하는 모든 입력 데이터에 대한 유효성 검사 규칙을 개발하세요.

7. 시스템에 기인하는 데이터 문제는 데이터셋 전체의 편향을 일으킵니다. 데이터셋의 오류가 무작위적이라면 모델 훈련에 문제를 일으킬 가능성은 덜합니다. 특정 행이나 열이 규칙적으로 누락되는 오류는 데이터셋의 편향을 가져올 수 있습니다. 이를테면 고객 클릭에 대한 장치 상세 정보가 누락되는 버그가 안드로이드 사용자에게만 발생했다면, 데이터셋은 아이폰 사용자 활동 쪽으로 편향될 것입니다. 마찬가지로 데이터의 분포가 급격히 변화하는지 추적하는 것이 중요합니다.

결론적으로 머신 러닝 프로젝트는 데이터 엔지니어와 데이터 과학자, 통계학자, 데이터옵스/MLOps 엔지니어, 비즈니스 도메인 전문가가 참여하는 팀 스포츠입니다. 프로젝트를 성공시키기 위해 선수는 각자의 역할을 충실히 수행해야 합니다.

61

분석용 데이터 웨어하우스 선택을 보는 6가지 관점

글렙 메찬스키(Gleb Mezhanskiy)

데이터 웨어하우스는 데이터 생태계에서 중심 역할을 합니다. 또한, 교체 비용이 가장 높은 데이터 인프라 요소이기도 하므로 적어도 7년간은 잘 작동할 수 있는 올바른 솔루션을 선택해야 합니다. 분석을 통해 중요한 비즈니스 결정을 내리기 때문에 잘못된 데이터 웨어하우스를 선택하면 비즈니스에 비용이 많이 드는 병목 현상을 일으킬 수 있습니다.

이번 섹션에서는 다음 용도로 사용될 데이터 웨어하우스 솔루션을 평가할 때 활용할 6가지 관점을 제안합니다.

- 모든 분석 데이터 수집 및 저장
- 데이터 변환 수행(ELT의 T)
- 소비자에게 데이터 제공(대시보드 및 애드혹(ad hoc) 분석 지원)

확장성

확장성이 떨어지는 데이터 웨어하우스를 택한 기업은 데이터 웨어하우스가 더 이상 커질 수 없게 되었을 때 막대한 비용 부담을 지게 됩니다. 쿼리는 백로그에 쌓이고, 사용자는 데이터 활용에 지장을 받고, 기업은 확장성이 더 나은 웨어하우스로 데이터를 이전해야만 합니다. 그러나 이러한 문제를 느꼈을 때는 이미 너무 늦었습니다. 마이그레이션은 수년이 걸릴 정도로 느리며, 고통스럽고, 쉽게 완료되지 않는 경우가 많습니다. 데이터 웨어하우스의 확장성이란 다음 3가지를 의미합니다.

- 필요할 때 언제든지 일정한 단가로 스토리지를 쉽게 늘릴 수 있습니다(단가가 더 저렴해지지 않는다면).
- 컴퓨팅 리소스를 확장하여 서로의 실행 속도를 저하시키지 않고 필요한 만큼의 데이터 처리 작업을 동시에 실행할 수 있으며, 각 작업의 실행 시간을 단축할 수 있습니다.
- 병목 현상이 발생하는 지점에 따라 스토리지와 컴퓨팅 리소스를 각자 독립적으로 확장할 수 있습니다.

가격 탄력성

데이터 웨어하우스에 대한 가격 책정 방식은 크게 2가지 카테고리로 나뉩니다.

- 리소스 기반(특정한 구성을 따르는 노드당 비용 지불)
- 사용량 기반(스캔한 데이터에 대한 기가바이트 단위나 CPU 시간당 지불)

작업 시간 및 ETL/ELT 일정 때문에 분석 작업량은 자연적으로 변동성을 가집니다. 이를 고려하면 다음과 같은 이유로 사용량 기반 가격을 책정하는 것이 좀 더 경제적입니다.

- 공급업체가 소프트웨어 효율성(속도)을 높이도록 강제하기 때문에 업체가 받는 보상과 고객의 최대 이익이 맞춰집니다. 그와 반대로 공급업체가 노드당 비용을 청구한다면 효율성을 개선하는 대신 컴퓨팅 리소스를 더 많이 판매하는 데서 보상을 얻게 됩니다.
- 사용량에 기반해 가격을 책정하면 비용을 최적화하는 방법이 명확해집니다. 비용을 줄이기 위해 사용량을 줄이는 것이죠. ETL 프로세스에서 중복된 하위 쿼리를 제거한다거나 대시보드에 필터를 추가하는 등 간단한 전략을 적용하면 즉시 비용을 절감하는 효과를 볼 수 있습니다.

상호 운용성

간단히 말해 데이터를 쉽게 주고받을 수 있는 데이터 웨어하우스가 필요하다는 뜻입니다. 주요 수집과 통합, 비즈니스 인텔리전스 공급업체에서 지원하는 솔루션을 선택하면 골칫거리를 상당히 줄일 수 있습니다.

쿼리 및 변환 기능

기능 요구 사항은 비즈니스의 성격에 따라 크게 달라집니다. 그렇더라도 데이터 웨어하우스의 기능에 관한 다음 2가지는 반드시 고려하세요.

- 일반 사용자에 맞춰 최적화합니다. 오늘날 대부분의 데이터 웨어하우스 사용자는 교육을 받은 엔지니어가 아니므로, 고급 사용자 기능보다는 경험을 우선시해야 합니다.
- 기본 데이터 웨어하우스는 머신 러닝이나 지리 공간 및 시계열 분석 등 모든 특수한 사용 사례를 다룰 필요가 없습니다. 데이터 웨어하우스를 다른 제품과 같이 상호 운용할 수 있다면 특화된 소프트웨어를 언제든 추가할 수 있습니다.

속도

데이터 인프라를 계획하는 도중 흔히 발생하는 실패 시나리오 중 하나는 속도를 지나치게 최적화하는 것입니다. 테라/페타바이트 규모에서 데이터 웨어하우징은 상호 절충이 전부입니다. 무한한 확장성과 1초 미만의 쿼리 속도를 동시에 얻을 수는 없습니다. 속도는 2가지 측면에서 중요합니다.

- 더 작은 데이터 볼륨에서 워크로드가 수행되거나 쿼리를 개발하고 있을 때는 작업이 빠르게 완료되고 빠르게 실패하여 작업자의 작업 흐름을 중단시키지 않도록 해야 합니다.
- 프로덕션 환경에서는 실행 시간이 일관되고 데이터가 증가해도 유지 보수될 수 있다면 '괜찮은 실행 시간' 정도만 유지해도 충분합니다(확장성 항목 참조).

파이브트랜Fivetran의 TPC-DS 벤치마크에 따르면 오늘날 주류에 속하는 엔진은 거의 동일한 수준의 속도를 보이고 있습니다.

유지 보수 필요 없음

최신 데이터 웨어하우스는 개발은 커녕 배포하고 실행하기도 어려울 정도로 복잡한 분산 소프트웨어입니다. 새로 떠오르는 오픈 소스 엔진을 사용하고 싶다면 총 소유비용을 고려하고 사용 사례와 장단점을 신중하게 평가해야 합니다. 유지 보수에 리소스를 들이지 않아도 되는 데이터 웨어하우스 솔루션을 선택하면 고객이 직접 사용하는 제품을 구축하는 데 집중할 수 있습니다.

62

빅데이터 세상의 작은 파일

아디 폴락(Adi Polak)

데이터 파이프라인은 실시간 이벤트 기반 스트림이나 실시간에 가까운 데이터, 배치 처리 작업 등 다양한 작업을 처리합니다. 그러나 어떤 작업을 처리하든, 작은 파일로 구성된 방대한 양의 데이터로 작업할 때는 작은 파일의 악몽을 겪게 됩니다.

작은 파일은 무엇이며, 왜 문제가 될까요?

작은 파일은 스토리지 블록 크기보다 훨씬 작습니다. 아마존 S3나 애저 블롭Azure Blob 같은 오브젝트 스토리지에도 최소 블록 크기가 있습니다. 스토리지는 블록 크기에 맞춰 최적화되기 때문에 파일 크기가 블록보다 훨씬 작다면 디스크 공간이 낭비됩니다.

디스크 공간이 낭비되는 이유를 이해하기 위해 데이터 읽기와 쓰기가 작동하는 방식을 살펴보겠습니다. 읽기와 쓰기 연산을 할 때는 전용 API를 호출합니다. 쓰기 요청을 받으면 스토리지는 3가지 구성 요소를 기록합니다.

- 데이터 자체
- 색인 및 데이터 관리 용도로 사용할 설명 속성을 담은 메타데이터
- 분산 시스템에서 식별하는 데 사용할 전역 고유 식별자

저장된 객체가 많을수록 고유 식별자도 늘어나며 메타데이터 및 데이터 파일을 생성하고 기록하고 닫을 때도 추가로 I/O가 발생합니다.

저장된 데이터를 읽으려면 API를 호출해서 특정 객체를 가져옵니다. 서버는 스토리지 서버에서 객체의 고유 식별자를 확인한 다음, 데이터를 읽어올 실제 주소와 디스크를 찾습니다. 고유 식별자는 계층 구조라 엑사바이트 단위의 오브젝트 스토리지를 탐색할 때 도움이 됩니다. 고유 식별자, 즉 객체가 더 많을수록 검색 시간이 더 길어집니다. 따라서 검색 시간과 필요한 디스크 탐색으로 인해 처리량이 줄어듭니다.

게다가 서버가 API를 원격 프로시저 호출(RPC)로 변환하기 때문에 오브젝트 스토리지 연산마다 수 밀리초의 부담이 생깁니다.

서버가 한계에 도달하거나 데이터를 찾는 데 너무 많은 시간이 걸리면, 읽기나 쓰기를 위한 API 호출 결과로 503(서버 사용량 한계 도달)이나 500(작업 시간 초과)과 같은 오류 코드가 표시됩니다.

아마존 아테나Amazon Athena, 애저 시냅스Azure Synapse, 아파치 스파크 등의 도구는 스토리지 요청을 추상화하기 때문에 이런 오류를 처리하기가 대단히 어렵습니다.

이런 문제는 왜 발생할까요?

작은 파일이 생성되는 일반적인 상황 3가지를 살펴보겠습니다.

첫째, 수집 절차 동안 사물 인터넷(IoT) 장치나 서버, 애플리케이션에서

발생하는 이벤트 스트림이 킬로바이트 규모의 JSON 파일로 변환됩니다. 여러 개의 파일을 합치거나 압축하지 않고 오브젝트 스토리지에 기록하면 작은 파일이 많이 생성됩니다.

둘째, 병렬화된 아파치 스파크 작업 때문에 작은 파일이 생성될 수 있습니다. 배치 처리 작업이든 스트림 처리 작업이든, 쓰기 작업마다 새로운 파일이 작성됩니다. 스파크 쓰기 작업이 많아지면 파일도 늘어납니다. 데이터 크기에 비해 병렬 작업 수가 너무 많으면 작은 파일이 많이 생길 수 있습니다. 데이터 왜곡도 비슷한 효과를 가져올 수 있습니다. 대부분의 데이터가 소수의 쓰기 작업에 몰리게 되면, 다수의 쓰기 작업이 작은 데이터 청크$_{chunk}$만 처리하고 기록할 수 있게 되며, 이 청크들이 작은 파일에 기록됩니다.

셋째, 테이블 데이터를 일 단위나 시간 단위로 수집하면 하이브 테이블의 파티션이 과도하게 분할되어 지나치게 많아질 수 있습니다. 일반적으로 하이브 파티션이 256메가바이트보다 작다면 파티션 설계를 검토하고 `hive.merge.smallfiles.avgsize`와 `hive.merge.size.per.task` 설정을 사용하여 하이브 병합 파일 구성을 조정하는 편이 좋습니다.

문제 탐지 및 증상 완화

작은 파일 문제를 해결하기 위해서는 먼저 근본 원인부터 찾아야 합니다. 수집 절차 때문인가요? 아니면 오프라인 배치 처리 때문인가요? 하이브 파티션의 파일 크기와 스파크 작성 작업의 기록, 수집 시점의 실제 파일 크기를 확인하세요.

더 큰 파일을 생성하기 위해 수집 절차를 최적화해도 문제가 해결되지 않는다면, 스파크 파티션 재분할 기능(repartition_by_range)과 병합$_{coalesce}$

기능을 이용해 작은 파일을 함께 모아줄 수 있습니다. 스파크 3.0은 파티셔닝 힌트를 제공하여 스파크 SQL 엔진에 특정 조합 전략을 제안합니다.

결론

데이터 파이프라인을 설계할 때는 작은 파일에 유의하세요. 되도록 작은 파일이 생기지 않도록 노력하되, 수정이 가능하다는 사실을 알아 두세요!

참고 문헌

- 마이크로소프트: 〈Scalability and Performance Targets for Blob Storage〉

  https://learn.microsoft.com/en-us/azure/storage/blobs/scalability-targets
- AWS: 〈Optimizing Amazon S3 Performance〉

  https://docs.aws.amazon.com/AmazonS3/latest/userguide/optimizing-performance.html

63

스트리밍은 배치와 다르다

딘 왐플러(Dean Wampler) 박사

많은 조직에서 하둡이나 SAS, 데이터 웨어하우스 등의 도구를 사용해서 다양하고 정교한 분석을 수행하고 있습니다. 분석에 사용되는 배치 프로세스는 새로운 데이터가 도착하는 시점과 유용한 정보를 추출하는 시점 사이에 잠재적으로 긴 지연이 발생한다는 단점이 있으며, 이로 인해 경쟁에서 불리할 수 있습니다. 그렇다면 왜 배치 분석 작업을 스트리밍 서비스로 옮기지 않는 걸까요? 새로 들어온 데이터를 바로 처리해서 지연 시간을 최소화하지 않는 이유가 따로 있는 걸까요?

이는 전환을 어렵게 만드는 몇 가지 과제가 있기 때문입니다. 먼저 다양한 도구가 필요할 수 있습니다. 데이터베이스의 읽기 및 쓰기 성능이 연속적인 스트림에 적합하지 않을 수 있습니다. 아파치 카프카나 아파치 펄사 등의 로그 지향 시스템을 데이터 백플레인backplane으로 사용해서 스트리밍 서비스와 소스, 싱크를 연결하세요.

익숙한 분석 개념도 다시금 돌아봐야 합니다. 이를테면 데이터가 계속 멈추지 않고 유입되는 스트리밍 상황에서 SQL GROUP BY 쿼리가 의미하는 바는 무엇일까요? SQL은 스트리밍에 적합하지 않은 것처럼 보일 수 있지만, 이벤트 시간 등 윈도우 처리 기능을 추가하면서 스트리밍 로직에 널리 사용되는 도구로 떠올랐습니다. 윈도우에 대한 GROUP BY 구문은 윈도우로 처리할 데이터 범위를 유한하게 만들었기 때문에 의미가 있습니다. 또한, 대규모 배치 작업을 스트리밍에 필요한 작고 빠른 증분 단위로 분해할 수 있게 되었습니다.

이제 배포할 준비가 되었지만 스트리밍 서비스는 배치 작업에 비해 정상적인 상태를 유지하기가 어렵습니다. 비교해보겠습니다. 어제 일어난 모든 일을 분석하는 배치 작업을 실행한다면 몇 시간이 걸릴 수 있습니다. 배치 작업이 실패하면 다음 날 배치 작업을 실행하기 전에 문제를 해결한 후 다시 실행합니다. 실행하는 동안 하드웨어가 멈추거나 네트워크가 끊어지거나 데이터 스파이크가 발생할 수 있지만 그럴 가능성은 낮습니다. 그와 반대로 스트리밍 서비스는 몇 주, 어쩌면 몇 달간 계속 실행됩니다. 트래픽이 현저히 증가하거나, 스파이크가 발생하거나, 하드웨어 및 네트워크 문제를 겪을 가능성이 훨씬 높습니다. 새로운 데이터가 끊임없이 유입되기 때문에 어느 때나 서비스를 이용하길 기대할 겁니다. 이런 상황에서 운영의 안정성과 확장성을 보장하는 일은 더 어렵고 더 중요합니다.

이를 해결하는 방법은 마이크로서비스 커뮤니티에서 다른 사용자들이 개척해둔 도구를 도입하는 것입니다. 이를 통해 장기간 실행되는 시스템을 정상적으로 동작하도록 유지하면서 장애 복원력을 높이고 동적 확장이 쉬운 상태로 유지할 수 있습니다. 이제 데이터를 작은 증분 단위로 처리하고 있으므로 많은 스트리밍 서비스는 아파치 스파크나 아파치 플링크 등의 거대

스트리밍 도구에 의존하기보다는 아카 스트림Akka Stream이나 카프카 스트림Kafka Stream 등의 스트림 지향 라이브러리를 사용해서 마이크로서비스로 구현해야 합니다. 요약하자면 다음과 같습니다.

- 데이터 스트림의 단위 시간당 유입량을 알아 두세요.
- 대기 시간 비용을 이해하세요.
- 아파치 카프카나 아파치 펄사, 그와 비슷한 제품을 데이터 백플레인으로 활용하세요.
- 데이터 볼륨이 거대하거나 SQL 등의 복잡한 분석을 해야 하는 경우, 또는 2가지 모두에 해당되는 경우에는 아파치 스파크나 아파치 플링크를 사용하세요.
- 낮은 대기 시간을 요구하거나 볼륨이 작은 상황에서는 아카 스트림이나 카프카 스트림 등의 스트림 처리 라이브러리로 구현한 마이크로서비스를 사용하세요.

64

늦게 도달하는 데이터

아리엘 샤케드(Ariel Shaqed)

시간 기반 데이터를 수집할 때 어떤 데이터는 늦게 생성되고 어떤 데이터는 늦게 도달하며, 어떤 데이터는 다른 문제 때문에 지연됩니다. 따라서 '최신 latest' 데이터를 처리하기가 어렵습니다. 다음 예를 봅시다.

- 일반적으로 추적 데이터는 시작 시점 기준으로 색인됩니다. 처리를 진행하고 있는 시간 간격에 속하는 데이터는 늦게 생성되므로, 아직 데이터를 생성할 수 없습니다.
- 수집 시스템에 장애가 발생하거나 폭발적으로 데이터가 유입된다면 작업이 늦어져 생성된 데이터의 지연이 발생할 수 있습니다.
- 분산 수집 시스템은 일부 데이터를 지연시켜 데이터 지연을 유발할 수 있습니다.

지연은 수집 파이프라인의 모든 수준에서 발생합니다. 대부분의 수집 파이프라인은 분산되어 있으며, 늦게 도달한 데이터는 자신의 순서보다 상당히 뒤쳐지게 됩니다. 지연을 피할 수는 없습니다. 따라서 지연된 데이터를 견고하게 처리해야만 합니다.

동시에 어떤 목적을 위해서는 재현 가능한 쿼리를 제공해야 하는데, 늦게 도달한 데이터를 추가하는 경우, 이런 목적과 직접적으로 충돌할 수 있습니다. 예를 들어 **집계** 작업을 할 때는 늦게 도달한 데이터를 고려해야 합니다.

일반적인 전략은 늦게 도달한 데이터를 저장하고 쿼리하는 방식에 따라 조정됩니다. 어떤 방식을 선택할지는 기술적 이점만큼이나 비즈니스 로직에 따라 달라집니다.

개념적으로 가장 간단한 전략은 기존 데이터를 **늦게 도달한 최신 데이터**로 업데이트하는 것입니다. 각 데이터 항목은 얼마나 늦게 도달했는지와 관계없이 타임스탬프에 따라 삽입됩니다. 이 작업은 여러 데이터베이스에서 간단한 방식으로 수행할 수 있습니다. 단순한 데이터 스토리지로도 수행할 수 있지만 확장하기는 어렵습니다. 늦게 도달한 데이터를 저장할 데이터 파일이나 파티션이 새로 생성되어야 합니다. 쿼리를 반복해서 같은 결과를 얻을 수 없으며(동일 쿼리를 반복하는 사이에 데이터가 아주 늦게 도달했을 수 있으므로), 저장된 집계 결과를 모두 증강하거나 재처리하거나 삭제해야 합니다. 이 방법은 주로 작은 규모에 적합합니다.

바이템포럴bitemporal 모델링을 통해 반복 가능성을 추가할 수도 있습니다. 모든 데이터에 두 번째로 직렬화된 스토리지 도착 시간 필드를 추가하는 겁니다. 이렇게 하면 분석이나 집계를 위한 모든 쿼리가 타임스탬프 기준으로 시간을 필터링한 다음, 직렬화하면서 추가한 스토리지 도착 시간을 확인해서 데이터가 과거 어떤 시점에 도달했는지에 따라 쿼리 대상 데이터를 필터링할 수 있습니다. 집계 작업은 메타데이터에 스토리지 도착 시간을 포함하므로, 쿼리가 나중에 도달한 데이터를 필터링하는 식으로 시간 정보를 활용할 수 있습니다.

또 다른 방법은 늦게 도달한 최신 데이터를 **무시하는** 것입니다. 고정된 마감 간격을 설정하세요. 마감 전에 도달한 데이터는 모두 접근할 수 있게 공개되며, 마감 이후에 도착한 데이터는 모두 버립니다(가급적 어느 정도 관측 가능해야 합니다). 이는 이해하고 구현하고 확장하기 쉬운 간단한 방법입니다. 하지만 쿼리가 반복돼도 동일한 결과를 얻도록 만들기 위해, 모든 데이터가 정시에 도착하더라도 마감 간격까지 처리를 미룹니다. 따라서 이 방법은 연관된 마감 기한이 있을 경우에 가장 유용합니다.

이 전략을 사용해 **여러 인스턴스를 계층화하여** 지연된 데이터를 무시하는 것과 실질적인 도착 시간을 결합하세요. 그리고 마감 기간까지의 간격의 순서를 설정합니다. 데이터는 마감 기한을 넘기지 않는 첫 번째 계층으로 들어가서 정량화된 도착 시간을 제공합니다. 이와 마찬가지로 데이터 컬렉션은 마감일이 증가하는 버킷을 둡니다. 마감 기한에 도달하면 버킷이 닫히고, 동일한 마감 기한을 갖는 새 버킷이 열립니다. 쿼리는 특정 시간 동안 수행되며, 그 시간에 닫힌 버킷만 사용합니다. 그리고 시간이 쿼리의 일부가 되어 반복 가능성을 보장합니다.

65

데이터 프로젝트를 성공시키려면 기술이 뒤로 물러서야 한다

앤드루 스티븐슨(Andrew Stevenson)

Lenses.io의 공동 창업자 겸 CTO

제가 경력을 이어가는 동안 데이터는 언제나 변함없는 주제였습니다. C++ 개발자로 근무했던 초기부터 데이터 엔지니어링으로 전환할 때까지, 고빈도 거래 등의 사용 사례에서 증가하는 데이터의 속도와 볼륨을 관리한 경험 때문에 최첨단 오픈 소스 기술에 의존하게 되었습니다.

저는 운이 좋은 사람 중 한 명이었습니다. 빅데이터 혁명이 정점일 때 고액 연봉을 받는 엘리트 개발자들과 같이 일했습니다. 최첨단 기술을 사용하기는 했지만 가장 힘든 문제는 기술 관리가 아니었습니다. 우리의 가장 큰 과제는 바로 비즈니스 맥락을 파악하고 그에 따라 기술로 무엇을 해야 하는지 이해하는 것이었습니다. 저는 개발자였고, 복잡한 인프라를 구성하고 파이프라인 구축 및 운영을 담당하면서 그와 동시에 신용 시장 위험에 대한 전문가일 수는 없었습니다.

저는 비즈니스 분석가가 데이터의 맥락이나 의도된 결과를 알지 못한 채 하루 종일 오픈 소스 기술과 싸우는 데이터 엔지니어를 선호하고 지지하는 것을 몇 번이나 목격했습니다. 기술 우선 초점은 기술자에게 기술에 대한 자율권을 부여했고, 그로 인해 비즈니스 목표는 뒷전으로 밀려나는 결과의 반복으로 이어지곤 했습니다.

그 결과 진행이 늦어지고, 프로젝트는 실패하고, 예산은 초과되었습니다. 특히 2008년 금융 위기를 겪는 동안 이로 인해 수많은 기업이 피해를 입었으며, COVID-19가 발생한 2020년에는 이러한 현상이 다시금 발생했습니다.

이제까지 제가 현업에서 목격한 가장 큰 성공과 혁신은 최종 사용자(비즈니스 사용자, 데이터 분석가, 데이터 과학자)에게 올바른 도구를 제공하고, 데이터를 직접 탐색하거나 처리하고 운영할 수 있는 접근 권한을 제공했을 때 일어났습니다.

최신 데이터 플랫폼은 오픈 소스로 분산되어 있으며, 운영 도구가 없거나, 있더라도 기업 용도로 사용하기는 어렵습니다. 따라서 조직은 고도로 숙련된 엔지니어에게 의존할 수밖에 없는데, 숙련된 엔지니어는 구하기 어렵습니다. 운이 좋게 숙련된 엔지니어를 구했다 하더라도, 그들은 데이터 및 비즈니스 맥락을 제한적으로만 이해합니다.

'엘리트' R&D 팀이 있는 일부 조직에서는 막대한 비용을 들여 셀프 서비스 도구를 개발합니다. 엘리트 인력이 없는 조직이라면 이런 기술에 접근하기가 훨씬 어렵습니다. 따라서 대규모의 회사(구글이나 스포티파이, 우버, 아마존 등)와 업계 다른 회사와의 격차는 심화됩니다.

기술은 데이터 제품을 내놓는 원동력이 되어야 합니다. 그렇게 하려면 최상의 기술을 분리된 셀프 서비스 및 거버넌스 계층이 있는 데이터 메시 유형의 아키텍처에서 사용할 수 있어야 합니다. 그래야 최종 사용자가 인프라에 대한 지식 없이도 데이터옵스 사례를 적용해 데이터 및 애플리케이션을 운영할 수 있습니다. 워크로드는 데이터 카탈로그, 역할 기반 접근 제어 옵션, 데이터 마스킹, 조직에서 적은 양의 코드로 데이터를 탐색하고 처리하고 옮길 수 있게 만드는 가상 작업 공간을 생성하는 기능을 포함해야 합니다.

클라우드 제공 업체는 아마존 MSK, 애저 HDInsight, 쿠버네티스 등을 통해 아파치 카프카의 관리형 솔루션을 제공함으로써 '기술 집약도'를 만들어냈습니다. 따라서 데이터 엔지니어의 역할은 파이프라인 구축 및 데이터 인프라 운영에서 벗어나, 최종 사용자가 데이터를 직접 운영하고 '데이터 집약도intensity'를 구축할 수 있는 셀프 서비스 도구를 제공하는 데 집중돼야 합니다.

66

데이터 엔지니어링 프로젝트에서 필수적으로 확인해야 하는 10가지

하이다르 하디(Haidar Hadi)

다음 질문들은 일종의 체크리스트로, 프로젝트 결과물을 제공하는 시기나 설계를 시작하는 시기를 추정하기 전에 확인할 것들을 담고 있습니다. 코드를 작성하기 전에 반드시 스스로에게 질문해봐야 할 사항들입니다.

질문 1: 데이터 파이프라인의 소스와 타깃, 사용자 등 접점은 무엇입니까?

데이터 파이프라인이 활용하는 모든 데이터 소스를 확인하세요. 또한, 구성 및 색인이 들어 있는 시스템에 덧붙여서 파이프라인이 생산한 데이터 제품을 사용할 출력 위치 및 시스템을 모두 확인하세요.

질문 2: 어떤 정도까지 자세히 나눠야 합니까?

주어진 데이터 소스에 대해, 샘플 데이터셋만 보고 데이터를 어느 정도 크기로 잘게 나누는지 가정하지 마세요. 주어진 데이터셋은 트랜잭션이나 회사, 혹은 트랜잭션과 회사의 조합, 혹은 정해진 수준의 세분화 단위 크기에 기반해 집계한 결과일 수 있습니다. 입력 데이터 소스와 출력 데이터 소스 모두에 대한 데이터 세분화 정도를 확인해야 합니다. 이를테면 다음과 같이 질문하세요.

- 데이터 객체가 트랜잭션 수준의 데이터를 나타내나요? 트랜잭션 수준이 월별이나 분기별, 연간 단위로 합산되나요? 아니면 이동 시간 윈도우에 대해 합산되나요?
- 데이터 객체가 개인이나 고객 그룹 등 고객 수준의 데이터를 나타내나요?

질문 3: 입출력 스키마는 어떻게 되어 있습니까?

코드를 작성하기 전에 입력 데이터 소스와 출력 데이터 소스에 대한 스키마를 요청하세요. 요청을 통해 받은 입력 스키마와 요구 사항에 따라 샘플 출력을 제공합니다.

질문 4: 어떤 알고리즘을 사용합니까?

데이터 엔지니어링 팀이 생성한 대부분의 데이터셋은 계산 혹은 예측 결과를 만드는 알고리즘에 입력됩니다. 알고리즘이 어떤 입력을 받아야 하는지 이해하고, 생산해야 할 출력 데이터셋과 비교하세요. 결국 데이터 파이프라인의 모든 단계에서 만들어지는 출력에는 알고리즘에 필요한 모든 입력 요소가 포함되어야 합니다.

질문 5: 백필 데이터가 필요합니까?

많은 알고리즘이 휴리스틱heuristic을 적용하여 더 나은 예측을 구축합니다. 개발 기간 동안에는 데이터 과학자가 비교적 작은 데이터셋에 집중할 수 있지만, 프로덕션 운영 기간에는 모든 과거 데이터의 백필backfill을 기대합니다. 요구 사항은 개발에 들이는 노력과 출시일, 리소스, 비용에 영향을 줍니다.

질문 6: 프로젝트 마감일이 언제입니까?

대부분의 경우 하나의 프로젝트는 다른 프로젝트와 의존 관계에 있습니다. 의존 관계를 참조해서 마감 날짜를 확정하세요.

질문 7: 마감 날짜가 그때인 이유는 무엇입니까?

프로젝트 마감 날짜를 확정했다면, 날짜를 정한 근거를 명확히 밝히세요. 그 날짜가 더 많은 프로젝트로 이어질 수 있기 때문입니다. 후속 프로젝트에 미치는 영향을 이해하지 못한 채 프로젝트 마감 날짜에 동의한다면 여러 개의 프로젝트를 진행한다는 잘못된 인상을 줄 수 있습니다.

질문 8: 어떤 호스팅 환경입니까?

데이터 파이프라인이 실행될 위치에 대한 설명을 요청하세요. 호스팅 위치가 내부인가요? 아니면 클라우드인가요? 사용할 클라우드 계정은 무엇인가요? 데이터셋 권한 및 리소스는 어떠한가요?

질문 9: 서비스 수준 협약Service Level Agreement, SLA은 어떻습니까?

데이터셋이 실시간으로 생성되나요? 아니면 일괄적으로 생성되나요? 언제 고객에게 전달할 예정인가요?

질문 10: 이 프로젝트를 인수할 주체는 누구입니까?

다수의 프로젝트가 만든 사람과 유지하는 사람이 다릅니다. 관리할 사람들의 기술 수준과, 그 사람들이 데이터 파이프라인을 운영하는 데 필요한 문서 유형을 확인하세요.

67

데이터 파이프라인의 관건은 속도가 아니다

루스템 페이츠카노프(Rustem Feyzkhanov)

이전에는 속도가 데이터 처리 파이프라인의 관건이었습니다. 이제 우리는 퍼블릭public 클라우드 기술의 세상에 살고 있습니다. 모든 기업은 몇 초만에 추가 리소스를 제공할 수 있습니다. 이러한 사실은 데이터 처리 파이프라인이 구성되어야 하는 방식에 대한 관점을 바꿨습니다.

실제로 1분간 열 대의 서버를 사용하는 비용과 10분간 한 대의 서버를 사용하는 비용은 동일합니다. 그렇기 때문에 집중적으로 최적화할 대상이 실행 시간에서 확장성 및 병렬화로 바뀌었습니다. 완벽한 데이터 처리 파이프라인을 상상해 봅시다. 1,000개의 작업이 들어오고, 1,000개의 노드에서 병렬적으로 처리된 후 결과가 수집됩니다. 이는 데이터 규모와는 관계없이, 처리 속도는 작업의 개수가 아니라 하나의 작업의 속도와 같다는 것을 의미합니다.

오늘날에는 점점 더 대중화되고 있는 서버리스serverless 컴퓨팅 등의 퍼블릭 클라우드 기술로 이러한 파이프라인을 만들 수 있습니다. 클라우드 기술은 수천 개의 처리 노드를 병렬로 실행시킬 방법을 제공합니다. AWS 람다, 마이크로소프트 애저 펑션, 구글 클라우드 펑션과 같은 서버리스 구현을 사용하면 적은 노력으로도 확장 가능한 데이터 파이프라인을 구축할 수 있습니다. 라이브러리와 코드만 정의하면 됩니다. AWS 스텝 펑션AWS Step Functions이나 애저 로직 앱Azure Logic Apps 등의 확장 가능한 오케스트레이션 도구를 사용하면 수백 또는 수천 개의 작업을 병렬로 실행할 수 있습니다. AWS 배치AWS Batch 등의 서비스를 사용하면 저렴한 스폿Spot 가격으로 대규모 인스턴스 클러스터를 쉽게 시작하고, 필요한 만큼 작업을 처리하고, 클러스터를 종료할 수 있습니다.

또한, 점점 더 많은 공급업체가 컨테이너를 서비스로 도입하고 있습니다. 즉, 도커 등으로 컨테이너화한 엔터티를 정의한 후에는 엔터티가 병렬로 배포되고 실행되며, 비용은 처리 시간만큼만 지불하면 된다는 의미입니다. 확장성을 통해 처리 시간을 일 단위에서 시간 단위로, 시간 단위에서 분 단위로 단축할 수 있습니다.

그렇다면 완벽한 수평적 확장성을 달성한 후에는 다시 실행 시간에 집중해야 할까요? 네, 하지만 여기에는 다른 이유가 있습니다. 완벽한 수평적 확장성을 가정한다면 실행 시간이 배치 처리 속도에 미치는 영향은 미미하지만 비용에 미치는 영향은 상당합니다. 속도를 두 배로 올리는 최적화 작업을 하면 비용도 그만큼 최적화되기 때문에, 이는 속도를 최적화해야 하는 새로운 동기가 됩니다.

이렇게 하면 최적화에 대한 결정이 곧 비용에 대한 결정이 되어 투자자본수익률Return On Investment, ROI이 아주 명확해집니다. 게다가 알고리즘 최적화를 전혀 고려하지 않고 절대적으로 확장 가능한 데이터 파이프라인을 설계한다면, 파이프라인 비용이 매우 커질 수 있습니다. 이는 규모의 경제가 적용되지 않는 시스템이 가진 단점 중 하나입니다.

초기 단계부터 단위 비용을 최적화하고, 확장 가능한 데이터 파이프라인을 설계하는 것은 프로젝트 관리자나 데이터 과학자 등의 이해관계자와 데이터 엔지니어 사이의 투명한 의사소통을 구축할 새로운 기회입니다.

68

데이터 엔지니어링의 할 일과 하면 안 되는 일

크리스토퍼 버그(Christopher Bergh)

데이터 업계에 입문할 때 미리 알아 두면 유용할 몇 가지 조언을 소개합니다.

영웅이 되지 마세요

데이터 분석 팀은 기대치와 성과 사이의 격차를 보완하기 위해 장시간 일합니다. 결과물이 기대치를 충족하면 데이터 분석 팀은 영웅이 됩니다. 누구든 회사에서 공식적으로 상을 받고 싶어하지만, 사실 이러한 영웅 심리는 함정입니다.

영웅은 일과 삶의 균형을 포기합니다. 위기 상황이나 기대를 충족시킬 새로운 결과물이 등장하면 어제의 영웅은 빠르게 잊혀집니다. 긴 업무 시간은 번아웃과 불안, 우울증을 불러오기도 합니다. 영웅 심리를 장기간 유지하기는 어려우며, 결국에는 현재 수준의 리소스와 방법론으로 충분하다는 경영진의 잘못된 믿음만 강화합니다.

희망에 기대지 마세요

마감 기한을 눈 앞에 둔 상황에서는, 최소화의 테스트만으로 빠르게 솔루션을 만들어 사용자에게 배포하고 장애가 생기지 않기를 기도하고 싶을 겁니다. 하지만 이러한 접근 방식에는 내재된 위험이 있습니다. 결국 결과물에 오류가 포함되어 사용자를 화나게 하고, 데이터 분석 팀이 공들여 얻어낸 신뢰를 손상시킵니다.

다수의 데이터 전문가들이 이러한 상황을 이미 알고 있을 것입니다. 엔지니어가 우선순위가 높은 변경 작업을 마치기 위해 금요일 밤 늦게까지 일합니다. 영웅답게 엄청난 노력을 들여서 일을 마친 다음 귀가합니다. 토요일 아침에 눈을 뜬 영웅은 깜짝 놀랄 겁니다. "아, 그걸 확인했어야 했는데 깜빡했다. 분석을 망쳤나?" 엔지니어는 서둘러 일터로 달려가서 주말 내내 테스트를 하거나, 모든 것이 잘 돌아가기를 기도하며 가만히 있을 수밖에 없습니다. 이러한 맥락에서, 희망은 평판을 쌓기에 적절한 전략이 아닙니다. 몇 번은 이러한 방식으로도 문제를 회피할 수 있을지 몰라도, 결국에는 문제를 마주하게 될 겁니다.

신중함에 기대지 마세요

팀이 마침내 최종 테스트를 시작할 때 주로 저지르는 실수는 모든 것을 느리게 만드는 것입니다. 프로젝트 매니저는 데이터 분석 프로젝트에 더 긴 개발 및 테스트 일정을 부여합니다. 대체로 이러한 결정은 사용자에게 제공하는 기능의 품질을 높이기 위한 것이지만 동시에 제공하는 기능의 수를 줄이는 것이기도 합니다. 하지만 자칫하면 데이터 분석 팀이 관료적이며 효율적이지 못하다는 인상을 줄 수 있습니다. 곧 부사장이 직속 조직에 데이터 분석가를 배치할 것이며, 데이터 엔지니어가 정확히 무엇을 하고 있는지에 대한 의구심을 가질 것입니다.

데이터옵스를 수행하세요

제게는 수년에 걸쳐 데이터 전문가가 해야 할 업무로 받아들인 일이 있습니다. 그제서야 저는 업무가 그런 식으로 이루어질 필요가 없음을 알게 되었습니다. 소프트웨어 및 제조 산업에서도 수십 년 동안 이와 동일한 문제 때문에 어려움을 겪고 있다는 사실도 알게 되었고요. 그들의 방법론을 데이터 엔지니어링에 적용하고 나서, 팀의 분석 주기를 단축시키고 사실상 오류를 없앨 수 있었습니다.

이러한 새로운 접근 방식을 데이터옵스라고 부르며, 이는 기존 도구 체인과 동시에 구현할 수 있습니다.

- 데이터 과학자를 위한 데이터로 개발용 샌드박스(sandbox)를 자동적으로 생성합니다.
- 재사용을 단순화하는 컨테이너 및 기타 도구를 사용합니다.
- 환경 및 소스 제어에 맞춰 병렬적인 개발을 관리하고 도구 체인을 동일하게 맞춥니다.
- 데브옵스의 지속적 배포를 활용해서 새로운 분석을 운영에 적용합니다.
- 자동화된 영향 검토를 만들고 테스트를 반복합니다.
- 테스트를 포함하여 코드 배포와 데이터 작업 파이프라인을 오케스트레이션합니다.
- 신속한 변경과 빠른 중단 복구가 가능한 아키텍처를 만듭니다. 목표하는 주기에 맞춰 설계하세요.

파이프라인을 따라 흐르는 데이터를 테스트로 검증하고 새로 추가되거나 수정된 분석 품질을 보장하면, 기본적으로 오류가 제거될 때까지의 오류 발생 비율이 감소합니다. 데이터 파이프라인이 훨씬 더 견고해졌기 때문에 더 이상 영웅 심리에 기대어 해결하지 않아도 됩니다. 테스트를 통해 데이터와 분석이 올바르게 작동함을 입증했기 때문에 더 이상 문제가 없기를 희망할 필요도 없습니다. 가장 중요한 점은 분석이 예상대로 돌아가기 때문에 신뢰성이 유지되고, 동작이 예상을 벗어난다면 자동화된 알람을 통해 데이터 팀이 대응하게 된다는 것입니다. 데이터 팀이 사용자보다 먼저 문제를 알아차릴 것이며, 사용자에게 문제를 알리면 고마워할 것입니다.

우리는 영웅 심리보다 방법론과 도구가 더 중요하다는 결론을 얻었습니다. 자동화가 가능한 것은 모두 자동화하고, 사람의 손길이 필요한 창의적 요소에 주의를 기울이세요.

69

모두가 아는 ETL의 종말

폴 싱먼(Paul Singman)

"독자도 저만큼이나 이 세 글자짜리 용어가 지겹다면, 이 섹션을 통해 다른 방법을 알게 되어 기쁠 것입니다."

현재 데이터 분야에서 일을 하고 있다면, **ETL**이라는 약자를 어디서든 발견할 수 있을 겁니다.

누군가를 붙잡고 하는 일이 무엇이냐고 물어보면, 모든 사람의 대답이 'ETL'일 것입니다. 링크드인을 살펴보면 수천 명이 'ETL 개발자'라는 직함을 달고 있습니다. ETL은 명사이자 동사, 형용사, 때로는 전치사일 수 있습니다. (네, 심지어 생쥐도 집을 ETL할 수 있죠.)

추출extract, **변환**transform, **로드**load의 줄임말인 ETL은 데이터베이스 또는 애플리케이션에서 데이터 배치를 가져와서 다른 애플리케이션에 로드하는 일반적인 프로세스를 가리킵니다. 데이터 팀은 ETL의 달인입니다. 기업 데이터를 맞춤형 분석 용도에 맞춰 심층적으로 준비하기 위해 소프트웨어 엔지니어, 마케터, 운영자 등 다른 팀의 도구와 데이터베이스에 직접 손대야 하는 경우가 많기 때문입니다. 기쁜 소식이 있습니다. 데이터 팀에 약간의 선견지명만 있다면 ETL 때문에 생기는 부담을 완전히 제거할 수 있다는 것입니다. 어떻게 이런 일이 가능할까요?

ETL을 데이터의 의도적 전송 방식으로 대체하기

우리가 나아가야 할 방향은 **데이터의 의도적 전송**Intentional Transfer of Data, ITD입니다. 사용자 데이터베이스나 저작물 관리 시스템Content Management System, CMS을 구축할 때, 그 누구도 다운스트림 분석을 염두에 두지 않기 때문에 ETL이 필요합니다. 데이터 팀이 한 시간마다 select * from purchases_table where event_date > now() — 1hr 같은 쿼리를 수행하게 만드는 대신, 먼저 이벤트를 처리한 다음 발행/구독 모델(그림 참조)로 이벤트를 보내는 로직을 애플리케이션 코드에 추가할 수 있습니다.

쓸데없는 노력 없이 데이터 팀은 이벤트를 수신해서 실시간으로 처리하거나 차후 사용하기 위해 아마존 S3에 영구적으로 저장하는 구독 프로세스를 설정할 수 있습니다. 핵심 엔지니어링 팀에 이런 방식을 제안할 용감한 팀원 한 명만 데이터 팀에 속해 있으면 됩니다.

10년 전만 해도 데이터 팀이 능력과 요구 사항을 막 확립하기 시작했을 때였으므로 이러한 요청에 저항이 상당했을 수 있습니다. 그렇지만 이제 이러한 변명은 더는 통하지 않습니다. 소속된 데이터 팀이 내부 데이터셋을 전통적인 ETL로만 처리하고 있다면, 이제는 바꿔야 할 때입니다.

의도적 전송에는 주목할 만한 이점이 몇 가지 더 있습니다.

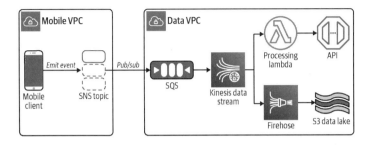

데이터 모델 계약 합의

한 팀에서 데이터베이스 테이블의 스키마를 변경했다가 나중에 그 변경으로 인해 다운스트림 분석 보고서가 망가졌다는 사실을 알 게 된 적이 몇 번이나 있나요? 데이터베이스 테이블에 직접 질의하는 ETL 스크립트를 사용한다면 이런 문제를 방지하는 데 필요한 팀 간 의사소통을 구축하기 어렵습니다.

의도적 전송을 사용하면 이벤트가 발생한 경우 과거에 합의해서 문서로 남긴 필드가 언제나 발행 메시지에 포함될 것입니다. 그리고 관련된 모든 사람은 이 JSON 계약을 변경하기 전에 먼저 논의를 수행해야 한다는 것을 알고 있습니다.

데이터 처리 지연 시간 제거

보통 현업에서는 매일 밤에 한 번씩 ETL 작업을 수행하는 것이 일반적입니다. 그렇지만 제 경우, 5분마다 증가분에 맞춰 점진적으로 실행되는 프로젝트 작업을 한 적도 있습니다. 실행 주기는 전적으로 데이터 소비자의 요구 사항에 달려 있습니다.

이벤트 발생 시점과 데이터 팀이 이벤트를 수신하는 시점 사이에는 항상 약간의 대기 시간이 있기 때문에 데이터 애플리케이션에 다루기 힘든 에지 케이스edge case가 생기기도 합니다.

그렇지만 의도적 전송을 사용하게 되면 이벤트는 발생 시점에 즉시 발행됩니다. 아마존 심플 노티피케이션 서비스Amazon Simple Notification Service, SNS 나 아마존 심플 큐 서비스Amazon Simple Queue Service, SQS, AWS 람다 등의 실시간 서비스를 사용하면 곧바로 이벤트를 보낼 수 있습니다.

첫걸음 내딛기

ETL에서 의도적 전송으로 옮겨가는 일은 모든 데이터셋을 하룻밤만에 변환하는 작업이 아닙니다. 그러나 시작할 데이터셋을 하나 정하고 게시/구독 메시징 패턴을 설정하는 작업은 할 만합니다. 사용자의 현재 위치나 취소 이벤트 등, 실시간으로 데이터를 처리해서 얻는 이점이 확실한 사용 사례를 찾은 다음 ETL에서 의도적 전송 패턴으로 전환하는 것이 좋습니다.

70

시조 작성 방식으로 소프트웨어 작성하기

미치 시모어(Mitch Seymour)

시조(時調)[1]는 한국 고유의 정형시로, 기본 형식(평시조의 경우)은 3장 6구 4보격 12음보 총 45자 내외입니다. 다음은 3장 6구를 정확히 지킨 작품입니다.

태산이 높다 한들 하늘 아래 뫼이로다
오르고 또 오르면 못 오를 리 없건마는
사람이 제 아니 오르고 뫼만 높다 하더라

– 양사언

소프트웨어 엔지니어로 경험을 쌓을수록 시조 방식으로 소프트웨어를 작성할 때 더 나은 결과를 내는 스스로를 발견했습니다. 그 과정에서 배운 교훈들은 다음과 같습니다.

---

1 역주 원문은 하이쿠(일본의 서정시)를 예시로 들고 있는데, 국내 상황에 맞게 시조로 변경하였습니다.

먼저 제약 조건을 이해하라

소프트웨어를 구축할 때는 제한된 제약 조건 속에서 작업해야 하는 경우가 많습니다. 제약 조건에는 비즈니스 요구 사항, 마음대로 고를 수 있는 기술, 팀의 기술 세트 혹은 사용 가능한 비용, 실제로 소프트웨어를 만드는 데 쓸 수 있게 주어진 시간이 포함됩니다.

작성하는 것이 시조든 소프트웨어든, 프로젝트의 제약 조건을 무시하거나 이해하지 못한다면 만드는 데 어려움을 겪을 것입니다. 제약 조건을 무시하는 대신, 제약 조건 속에서 강력하고 아름다운 결과를 내는 것을 목표로 삼으세요.

초기에 내린 결정이 최종 제품을 결정하므로 강력한 동기를 가지고 시작하라

프로젝트 초반에는 자유의 폭이 넓습니다. 많은 엔지니어가 새로운 프로젝트에 착수할 때 화가가 빈 캔버스를 다루듯이 행동합니다. 그들은 나중에 돌아와서 구조나 세세한 내용을 추가하려는 생각으로 초기 코드 베이스에 거칠게 붓질을 합니다. 이런 화가 스타일 방식이 항상 잘 적용되는 것은 아닙니다. 초반에 붓질한 결과가 코드로 쌓이는 것이 아니라, 나중에 할 일을 기록해 두는 TODO 스타일의 주석 형태로 코드 베이스에 영구적으로 고정되기 때문입니다.

시조 방식은 초반 결정을 신중하고 의도적으로 내려서 이후 모든 작업의 강력한 토대 역할을 하도록 만드는 것입니다. 즉, 소프트웨어에 다음과 같은 식으로 시조와 어울리지 않는 내용을 남기지 마세요.

```
태산이 높다 한들 어쩌고 저쩌고    // TODO
오르고 또 오르면 못 오를 리 없건마는
어쩌고 저쩌고 하더라              // TODO
```

가능한 한 단순하게 유지하라

프로젝트가 불필요하게 복잡해지면 망가지기 쉽습니다. 시조는 작업에서 군살을 모두 뺀 본체를 나타냅니다. 코드 베이스를 관리할 때도 마찬가지로 신중하게 접근해야 합니다. 복잡성 때문에 프로젝트의 장기적 유지 보수 용이성이 훼손되고 버그가 쉽게 숨겨지기 때문입니다.

단순함을 유지하는 일이 항상 쉽지는 않습니다. 사실 좀 더 단순하면서도 효율적인 구현을 찾아내기보다는 지나치게 많은 코드를 작성하는 일이 더 쉬울 때가 많습니다. 앞서 언급한 이유 때문에, 코드 베이스에서 군살을 제거하고 가능한 만큼 간결하고 단순한 상태를 유지하기 위해 노력하는 것은 그만한 가치가 있습니다.

두뇌의 창의적인 면을 활용하라

소프트웨어 작성은 예술 행위입니다. 창의성과 올바른 의사 결정, 많은 노력이 필요합니다. 프로젝트나 도구에 관심 없는 사람이 소프트웨어를 작성하면 최종 제품도 그 영향을 받습니다. 시조 작가처럼 창의적인 도전을 받아들인다면, 제품을 만들어서 고객과 비즈니스에 강력하게 영향을 줄 기회를 얻음과 동시에 이 과정을 즐길 수 있습니다.

71

데이터 입출력에 숨어 있는 비용

로힛 비자야레누(Lohit VijayaRenu)

데이터 엔지니어는 데이터를 읽고 쓸 때 라이브러리 및 도우미 함수를 사용할 수 있지만, 읽기 및 쓰기 작업의 세부 사항을 알고 있으면 애플리케이션을 최적화하는 데 도움이 됩니다. 주로 입출력과 연관된 다양한 옵션을 이해하고 구축할 수 있다면 데이터 집약적인 애플리케이션, 특히 대규모 애플리케이션을 다룰 때 유용합니다. 다음은 데이터 입출력과 연관된 숨겨진 세부 사항 몇 가지입니다.

데이터 압축

데이터를 압축하면 디스크 공간이 절약되고 네트워크 전송 비용이 줄어든다는 사실은 널리 알려져 있지만, 어떤 압축 알고리즘을 사용할지 선택할 때는 수많은 후보를 마주하게 됩니다. 압축 알고리즘을 고를 때는 항상 압축 속도 대 압축 비율을 고려해야 합니다. 압축 해제의 경우에도 마찬가지입니다. 예를 들어 이미 데이터의 양이 많다면 압축 해제가 빠른 알고리즘을 선택하고, 그 대신 더 많은 리소스를 사용하는 것을 감수하는 편이 효과적입니다.

데이터 형식

대부분의 비정형 데이터는 레코드의 집합이지만, 사용하는 방식에 따라 이러한 형식이 적합하지 않을 수 있습니다. 중첩 필드가 여러 개 있으면서 그중 몇 개만을 주로 사용한다면 저장하기에 가장 좋은 형식은 레코드 형식이 아니라 컬럼 기반 형식입니다. 효율적인 데이터 쓰기와 데이터 검색 작업을 위해서는 필드를 여러 수준으로 중첩되게 만들 것인지, 아니면 모두 컬럼으로 바꿀 것인지를 고려해야 합니다. 이러한 결정 역시나 데이터 저장 비용을 절감하는 데 도움이 됩니다.

데이터 직렬화

데이터는 대부분 다양한 형식의 레코드로 직렬화됩니다. 다양한 데이터 형식을 따르는 구조화된 데이터는 쓰는 중에는 직렬화되어야 하고, 다시 읽는 시점에는 매번 역직렬화되어야 합니다. 사용자는 이 과정을 대개 잘 모르지만, 라이브러리에서 효율적인 직렬화/역직렬화 옵션을 고르면 전체적으로 애플리케이션 성능이 크게 향상됩니다.

입출력 성능을 바라보는 다른 관점도 많지만, 몇 가지 세부 사항을 더 알아 둔다면 애플리케이션 성능을 전체적으로 개선할 수 있습니다. 데이터 엔지니어는 시간을 들여 데이터를 이해하고 애플리케이션을 프로파일링하여 숨겨진 입출력 비용을 분석해야 합니다.

72

독점 소프트웨어와 오픈 소스가 전쟁 중이라는 거짓말

페이지 로버츠(Paige Roberts)
버티카(Vertica)의 오픈 소스 릴레이션 매니저

"상상 속에나 있는 전쟁에서 어느 편을 들지 정할 필요는 없습니다. 오픈 소스 소프트웨어는 훌륭하며 독점 소프트웨어도 마찬가지로 훌륭합니다. 이 모든 것을 지배하는 1가지 지표는 가장 효과적인 것을 사용하는 겁니다."

많은 데이터 엔지니어와 아키텍트가 오픈 소스 소프트웨어와 독점 소프트웨어 사이에서 하나를 골라야 한다고 생각합니다. 하지만 아닙니다. 정말로, 편을 가를 필요가 없습니다.

독점 소프트웨어를 작성하는 엔지니어가 오픈 소스 코드도 작성하곤 합니다. 그렇다면 핵심 소프트웨어를 시작하기 적합한 건 어느 쪽일까요? 오픈 소스 구성 요소를 사용했거나, 내장시키거나 통합할 수 있는 독점 소프트웨어라면 어떨까요? 대체 왜 이런 걱정을 하고 있나요? 데이터 엔지니어가 걱정해야 할 것은 프로젝트를 프로덕션에 투입하는 가장 효율적인 방법뿐입니다.

오픈 소스는 개발자가 개발자를 위해 만든 것이고, 독점 소프트웨어 제품은 개발자가 고객을 위해 만든 것입니다. 이것이 둘 사이의 주된 차이점입니다. 고객은 사용 편의성과 신뢰성이 높기를 바라는 경향이 있습니다. 고객은 스스로가 세세한 조정을 할 수 없더라도 작업 결과를 프로덕션에 투입하는 시간이 빨라지고, 전문가를 고용하지 않아도 되며, 솔루션에만 의존할 수 있다면 만족할 것입니다. 반면에 개발자는 기능이 강력하고 세세한 조정이 가능하기를 바랍니다. 그래서 사용하기가 조금 어렵거나 안정성이 떨어지더라도 유연성이 향상된다면 만족할 겁니다.

강력한 기능, 유연성, 사용 편의성, 프로덕션 적용 속도, 안정성은 모두 중요합니다. 사용할 제품을 선택할 때는 현재와 머지않은 미래에 사용할 수 있는 기술을 고려하세요. 개발 단계에서 프로덕션 적용 속도와 유연성의 이점을 비교해보세요. 지속적인 유지 보수에 들어가는 부담과 프로젝트가 허용할 수 있는 가동 중단 시간 범위를 생각해보세요. 프로젝트에 상세한 조절 장치가 필요할지도 생각해봐야 합니다.

때로는 오픈 소스 소프트웨어가 적합할 수 있고, 때로는 독점 소프트웨어가 적합할 수 있습니다. 때로는 시간과 전문 지식 측면에서 가장 많은 비용이 들더라도 처음부터 구축해야 하는 경우도 있습니다. 이번에 어떤 선택을 하든, 다음 번에는 완전히 다른 선택을 할 수도 있습니다.

통합도 고려해야 합니다. 최고의 제품을 선택하는 것도 의미가 있지만, 별개의 소프트웨어 제품끼리 소통하게 만드는 데 대부분의 시간을 소비한다면 이는 성공이 아닙니다. 통합 기능은 오픈 소스와 독점 소프트웨어 중하나를 선택하는 것이 아닙니다. 어떤 팀에서 구축한 소프트웨어를 다른 팀의 것과 연결하는 것은 늘 어렵습니다. 심지어는 독점 소프트웨어조차 공급업체 내부의 여러 팀에서 만들어서 통합을 크게 고려하지 않고 추진하는 경우도 있습니다.

다른 제품과 같이 원활히 작동하면서 프로젝트 요구 사항으로 정해진 소프트웨어와 특히 잘 맞는 소프트웨어를 선택하세요. 그리고 단일 애플리케이션이 해낼 수 있는 작업량이 얼마나 되는지 살펴보세요. 하나의 제품으로 작업의 여러 부분을 수행할 수 있다면 통합 때문에 생기는 부담을 줄일 수 있습니다.

판단 기준을 요구 사항과 가용 리소스, 프로젝트 ROI의 극대화에 두는 걸 추천합니다.

73

CAP 정리의 영향

폴 도란(Paul Doran)

CAP 정리는 분산 데이터 시스템에서 일관성과 가용성, 분할내성 사이에서 타협해야만 한다는 내용입니다.

- **일관성**(consistency)은 모든 클라이언트가 쿼리에 대해 동일한 응답을 받는다는 의미입니다.
- **가용성**(availability)은 클라이언트가 모든 쿼리마다 응답을 받는다는 의미입니다.
- **분할내성**(partition tolerance)은 메시지가 손실되거나 시스템 일부가 망가져도 시스템이 계속 작동할 수 있다는 의미입니다.

데이터 엔지니어는 분산 데이터 시스템이 파티션으로 나뉜다는 사실을 받아들여야 하기 때문에, 일관성과 가용성 사이의 절충 지점을 이해해야 합니다. 견고한 데이터 파이프라인을 구축하려다가 무엇이 잘못될 수 있는지를 알아야 합니다. 기본적으로 데이터 파이프라인은 데이터를 한 곳에서 다른 곳으로 이동시켜야 합니다.

CAP 정리가 시스템 설계에 미치는 영향에서 주의할 점은 다음과 같습니다.

- 데이터 시스템을 CP나 AP로 분류하는 일은 의미가 없습니다. 작동시키는 방식이나 구성에 따라 다르게 분류할 수 있습니다. 시스템이 CAP 정리에서 정의한 대로 일관성과 가용성을 맞추지 못할 수 있습니다.

- 실제로 CAP 정리 때문에 제약을 받는 것 같지만 설계의 자유가 아주 조금 줄어들 뿐입니다. CAP 정리는 네트워크에 분산된 파티션이 있으면서 가용성과 일관성이 완벽한 시스템을 인정하지 않습니다.

- 고려되는 유일한 장애는 네트워크 파티션입니다. 경험상 실제 시스템에서는 더 많은 실패 방식을 고려해야 함을 알고 있습니다.

그렇더라도 CAP 정리는 우리가 데이터 시스템 설계에 대해 깊이 생각하게 합니다. 구축하고 사용할 시스템에서 문제를 찾아보도록 만듭니다. 또한, 필요한 요구 사항과 기대치를 충족하는지 확인하게 합니다.

그렇지만 CAP 정리에서는 일이 정상적으로 돌아갈 때 무엇을 해야 할지는 다루지 않습니다. CAP에 기반한 PACELC 정리는 파티션이 없다면 대기 시간과 일관성 사이에서 타협할 수 있음을 알려줍니다. 가용성이 높은 데이터 시스템을 구축하고 사용하려면 시스템이 노드 사이에서 데이터를 복사해야 합니다. 단일 노드는 단일 장애 지점입니다.

이러한 데이터 복제는 트레이드오프의 핵심입니다. 데이터 복제 대기 시간을 얼마나 둘 수 있을까요? 데이터를 사용 가능한 상태로 만들기 전에 모든 노드에 복제될 때까지 기다려서 일관성을 보장하거나, 데이터를 바로 사용 가능하게 하는 대신에 일부 사용자가 오래된 데이터를 보는 것을 감수할 수 있습니다.

데이터 파이프라인을 구축할 때 이와 같은 선택지를 알고 있어야 합니다. 이는 견고한 데이터 파이프라인을 구축하기 위한 중요한 단계입니다. 데이터베이스에서 데이터를 추출하는 작업에는 메시지 대기열에서 데이터를 사용하는 것과는 다른 방식이 필요할 수 있습니다.

CAP 정리는 중요한 성과이지만 전체 그림의 일부일 뿐입니다. CAP 정리를 통해 우리는 엔지니어가 사용하는 기술을 생각하고 이해하는 틀을 잡을 수 있습니다. 그러나 고객이 누구인지, 고객의 요구 사항이 무엇인지 생각하는 일을 멈춰서는 안 됩니다.

74

데이터 계보의 중요성

질리앵 르 뎀(Julien Le Dem)

데이터 엔지니어는 어떻게 보면 다양한 소스에서 유입되는 **데이터셋 수집가**와도 같습니다. 문제는 데이터셋이 벽면 보드에 고정되어 있지 않기 때문에 수집이 어렵다는 것입니다. 데이터셋은 때에 맞춰 유지 보수하고 업데이트해야 합니다. 또한, 다양한 사용 사례에 맞춰 변환하고 조정해야 합니다. 데이터셋은 시간이 지남에 따라 형태가 바뀌므로, 그 위에 구축된 모든 계층을 그에 맞춰 업데이트해야 합니다.

데이터 파이프라인이 쌓일수록 굉장히 복잡해지기 때문에 적시에 안정적으로 업데이트되는 상태를 유지하기 어려워집니다. 수집부터 머신 러닝, 비즈니스 인텔리전스, 전반적인 데이터 처리에 이르는 모든 변환 계층에서 데이터 **계보**lineage를 관측하면 가시성에 대한 중요한 자료를 얻을 수 있습니다. 이 정보를 통해 대기 중인 당직 엔지니어는 위기 상황을 파악하고 신속하게 문제를 해결할 수 있습니다.

데이터셋이 다른 데이터셋에서 어떻게 파생되었는지는 계보를 통해서 이해할 수 있습니다. **운영 중인 계보**는 여기서 한 걸음 더 나아가 그 데이터 변환이 언제 어떻게 일어났는지를 추적합니다. 이를 통해 다음과 같은 정보를 얻습니다.

- 사용된 입력 버전
- 읽어 들인 데이터 부분 집합
- 변환을 수행한 코드 버전
- 출력 정의 및 각 열이 입력에서 파생된 방법
- 완료까지 걸린 시간 및 성공 여부
- 생성된 출력 버전
- 출력 데이터 형태(스키마, 행 개수, 분포 등)

운영 중 계보를 시간의 경과에 따라 추적하면 데이터 연관 문제가 발생했을 때 신속하게 답하기 위해 알아야 하는 핵심 정보를 얻을 수 있습니다.

변환이 실패한다

업스트림에서 변경된 사항이 있나요? 입력 데이터의 형태가 달라졌나요? 이 변화는 어디서 시작되었나요? 데이터를 생성하는 변환 로직을 변경한 사람이 있나요?

데이터셋이 늦다

병목이 되는 업스트림이 어디인가요? 이 병목을 어떻게 설명해야 할까요? 최근에 속도가 느려졌나요? 그렇다면 데이터 정의와 입력에 대해 달라진 점이 무엇인가요?

데이터셋이 올바르지 않다

데이터 형태가 어떻게 달라졌나요? 이 컬럼의 분포가 흔들리기 시작한 곳은 어떤 업스트림인가요? 변환 로직의 변경 중 데이터 형태의 변화와 상관관계가 있는 부분은 어디인가요?

OpenLineage는 데이터 생태계 전반에 걸쳐 계보 및 메타데이터 수집을 표준화하는 오픈 소스 프로젝트입니다. 데이터 수집 플랫폼이 있으면 데이터 엔지니어는 문제를 빠르게 조치하고 수정할 수 있습니다. 새로 만드는 변경 사항이 문제를 일으키지 않도록 하기 위해 데이터 엔지니어는 다음과 같은 항목을 확인해서 영향도를 분석할 수 있습니다.

이번 스키마 변경이 다운스트림 소비자에게 영향을 미칠까요? 의미적 변경에 대해 누구에게 알려야 할까요? 이 데이터셋의 사용을 중단할 수 있나요?

또한, 계보는 더 많은 데이터 연관 요구 사항의 기초가 됩니다.

개인 정보

사용자의 개인 데이터를 사용하는 곳은 어디인가요? 사용자 동의 하에 사용되고 있나요?

발견

어떤 데이터셋이 있으며 어떤 방식으로 사용되고 있나요? 이 데이터셋이 다른 데이터셋에서 어떻게 파생되나요? 소유자는 누구인가요?

규정 준수

입력 데이터에서 파생된 보고서의 내용이 올바르게 생성되었음을 증명할 수 있나요?

거버넌스

데이터를 올바르게 사용하고 있나요?

조직 내의 데이터셋과 작업의 수가 증가함에 따라, 앞선 질문에 빠르게 답하려면 데이터 계보 메타데이터를 수집해야 합니다. 이 지식은 데이터를 규모에 맞게 관리하는 데 필수적이며 강력한 기반입니다.

75

데이터 누락이 갖는 여러 가지 의미

에밀리 리더러(Emily Riederer)

누락 데이터는 전통적인 데이터 관리에서 가장 잘 탐구된 주제 중 하나일 것입니다. 널null 값 방지는 데이터베이스 제약을 설명하는 교과서적 예제이며, 널 감지 또한 데이터 유효성 검사의 전형적 예제입니다. 그렇지만 누락 데이터를 단순히 회피해서는 안 됩니다. 누락 데이터가 갖는 여러 의미를 고려하여 데이터 엔지니어는 어떻게 이를 인코딩하고 사용자에게 전달할지를 보다 신중하게 결정할 수 있습니다.

누락을 이분법적으로 생각하여 데이터의 존재 유무로 나누는 것은 꽤나 그럴듯해 보입니다. 그렇지만 이러한 관점은 널이 잠재적으로 포함한 정보를 무시합니다. 다양한 이유로 데이터가 누락될 수 있으며, 각각의 이유마다 분석을 어렵게 만드는 고유한 요소가 있습니다. 이를테면 다음과 같은 이유로 관측 변수가 누락된 것처럼 보일 수 있습니다.

- 변수의 참 값(true value)이 존재하지만 잘못 로드되었습니다.
- 변수의 참 값이 존재하지만 수집에서 의도적으로 제외되었습니다.

- 변수의 참 값이 존재하지만 알려지지 않았습니다.

- 해당 변수에 대한 적합한 값이 없습니다.

- 해당 변수에 대한 적합한 값이 널입니다.

온라인 이커머스 플랫폼에 등록한 사용자의 데이터셋을 사례로 들어 설명해보겠습니다.

- 테이블 간에 계정 ID 형식이 일치하지 않거나, 널과 널이 아닌 필드 간 산술 연산을 수행한 결과로 인해 널 값이 발생할 수 있습니다.

- 사용자 중 일부를 임의로 선정해서 설문 조사를 수행하고, 해당 샘플에 속한 사용자에 대해서만 응답을 기록합니다.

- 사용자가 생년월일 수집에 대한 동의 여부를 선택할 수 있습니다. 모든 사용자가 생년월일을 가지고 있겠지만 일부만 기록됩니다.

- 모바일 사용자가 등록할 때 사용한 장치가 안드로이드인지 아이폰인지 기록할 수 있지만, 윈도우 폰에서 등록한 사용자에 대해서는 적합한 값이 없습니다.

- 소매업체는 종종 사용자가 유입된 참조 출처 URL에 사용자 트래픽을 귀속시키기를 원합니다. 그렇지만 사용자가 직접 URL을 입력했다면, 참조 사이트의 실제 값은 널입니다.

데이터를 사용하는 데이터 분석가와 과학자에게 이러한 차이는 그저 의미만의 문제가 아닙니다. 데이터 로드 문제를 나타내는 널은 전반적인 데이터 품질을 의심하게 합니다. 무작위 샘플링 때문에 발생한 널은 무시해도 안전할 것입니다. 사용자 피드백 측면을 나타내는 널은 그 자체로 모델이나 분석의 피처가 될 수 있습니다. 앞서 든 예시를 계속해보자면, 사용자가 생년월일 제공을 꺼린다는 사실이 이탈을 예측하는 요인이 될 수 있습니다.

엔지니어로서 여러분은 데이터 생성 시스템을 더 가깝게 접합니다. 그래서 근본적으로 누락이 발생하는 이유를 찾고 전달하는 데 더 뛰어난 능력과 통찰력을 발휘할 수 있습니다. 데이터가 누락되는 원인과 이를 데이터에 표현할 방법을 비판적으로 생각한다면 데이터 생성 프로세스에서 훨씬 더 많은 정보를 보존할 수 있습니다. 누락이 JSON 필드나 테이블 행이 없는 식으로 암시적으로 표현되어야 할까요? 아니면 명시적이어야 할까요? 값은 널이나 표지 값(생년월일에 사용하는 2000-01-01이나 소득을 999,999,999로 표현하는 등의 값)이어야 할까요? 아니면 주요 필드에 널을 두고 다른 필드로 누락 이유를 범주화한 정보를 제공해야 할까요? 모든 문제를 해결해주는 만능 해결책은 없지만, 이러한 미묘한 차이를 감지하고 구체적으로 설계한다면 공백인 정보에도 가치를 담을 수 있습니다.

76

경력을 망치는 한 문장

바르토스 미컬스키(Bartosz Mikulski)

데이터 엔지니어의 신뢰도를 망가뜨리고 경력을 위태롭게 만드는 문장이 하나 있습니다. "이 숫자가 정확하지 않은 것 같아요"라는 말이죠. 이 말을 들었을 때는 이미 늦었습니다. 사람들이 더 이상 엔지니어를 믿지 않고, 이제까지 했던 모든 일을 의심쩍게 여깁니다. 한순간에 수년 동안 잘못된 데이터를 제공했을지도 모르는 사람이 되어버립니다.

걱정해야 할 것이 무엇이냐고요? 혹시라도 타이밍이 끔찍해서, 하필이면 최근에 누군가 잘못된 결정을 내려서 회사가 막대한 손해를 봤다면 어떨까요? 갑자기 모든 결정을 데이터가 주도한 것이 되어버립니다. 수년 동안 데이터를 무시해왔던 사람조차도 데이터에 기반해서 결정하고 있다고 주장합니다. 문제는 그 데이터가 올바르지 않다는 것입니다.

데이터가 틀린 이유는 엔지니어가 실수했기 때문으로 여겨지고요. 축하합니다! 희생양으로 선정되었군요! 회사의 모든 사람이 여러분의 이름을 알게 될 것입니다. 모두가 올해의 변명거리로 여러분의 이름을 써먹을 것입니다.

이런 상황을 원하시나요? 당연히 아니겠죠. 그렇다면 여러분은 이러한 상황을 피하기 위해 무엇을 하고 있나요? 얼마나 자주 데이터 파이프라인에서 '희망'과 '운'이 중요한 역할을 하나요? 우리는 데이터 형식이 달라지지 않기를 희망합니다. 운이 좋다면 CEO 보고서를 생성하기 전에 파일이 업로드될 것입니다. 작업이 실패하더라도 수동으로 다시 시작해줄 사람이 있으니 아무도 문제를 인지하지 못합니다.

데이터 엔지니어링이라고 소프트웨어 개발의 다른 분야와 다를 이유가 없습니다. 함수형 프로그래밍 원칙을 적용해서 파이프라인을 함수와 유사하게 바꿀 수 있습니다. 물론 입력 값이 크고 함수를 실행하는 데 몇 시간이 걸리지만, 주어진 입력에 대한 올바른 출력이 단 하나뿐이며, 테스트를 작성해서 예상과 같은 결과를 얻는다고 확신할 수 있습니다. 사소하고 당연한 이야기처럼 느껴지지만, 실제로는 테스트 코드가 한 줄도 없는 데이터 파이프라인이 많다는 게 현실입니다.

사이트 신뢰성 엔지니어링Site Reliability Engineering, SRE 팀도 데이터 엔지니어링에서 따라할 만한 모범 사례입니다. 여기에는 집요한 자동화와 모니터링이 포함됩니다. 수동 구성 때문에 시스템은 취약해지고 예측할 수 없으며 고칠 수 없어집니다. 여러분이 어떤 것을 변경할 때 무슨 일이 벌어질지 결코 알 수 없습니다. 프로덕션 시스템의 현재 상태조차 모르기 때문에 테스트 환경을 만들 수도 없습니다. 악몽이 따로 없네요.

마찬가지로 모니터링이 부족하다면 한밤중에 비명을 지르며 깨어나게 될 겁니다. 파이프라인이 모든 데이터를 처리하는지 여부를 알고 있나요? 데이터의 3%가 누락되었는데 아무도 모른다면 어떻게 될까요? 실행하는 코드와 처리하는 데이터에 대한 계측 지표를 수집해야 합니다. 입력 값의 히스토그램histogram과 파이프라인 출력을 비교함으로써 알아차릴 수 있는 이슈가 얼마나 많은지를 안다면 아마 놀랄 겁니다.

물론 이 모든 것이 자동화되어 파이프라인에 포함되어야 하며, 유효성 검사에서 잘못된 값을 감지했다면 프로세스 전체를 실패로 간주해야 합니다. 그렇지 않으면 파이프라인은 아무도 사용하지 않고 아무도 신경 쓰지 않는 값비싼 장난감이 될 것입니다.

77

데이터 품질 테스트에 오픈 소스를 사용하여 얻는 3가지 이점

톰 베이엔스(Tom Baeyens)

저는 소프트웨어 엔지니어에서 데이터 엔지니어로 전향했기 때문에, 오늘 날의 조직에서 데이터가 얼마나 중요한지 증언할 수 있습니다. 단위 테스트 를 작성하고 애플리케이션을 모니터링하는 소프트웨어 엔지니어링 원칙을 데이터에 적용해야 한다는 것도 증언할 수 있습니다. 사람들은 데이터 테스 트가 필요하다는 것을 알고 있지만, 접근하는 데 필요한 모범 사례나 지식 은 부족한 경우가 많습니다. 오픈 소스를 시작하세요. 이번 섹션에서는 오 픈 소스 소프트웨어가 데이터 테스트에 제공하는 이점을 3가지 영역, 즉 데 이터 엔지니어, 기업 전반, 개발자가 만들고 사용하는 도구로 나누어 탐구 해보겠습니다.

오픈 소스 도구는 엔지니어에 의해, 엔지니어를 위해 개발됩니다. 워크 플로에 딱 맞는 데이터 테스트 도구로 작업을 시작하려 한다면 오픈 소스 로 시작해야 합니다. 오픈 소스 소프트웨어를 데이터 엔지니어링 파이프라 인에 쉽게 포함시킬 수도 있습니다. 이를 통해 데이터 엔지니어는 라이선스 제약이나 숨겨진 비용 등의 부담 없이 오픈 소스 도구가 쉽고 빠르게 작동한다고 확신할 수 있습니다.

기업에게 오픈 소스는 데이터 품질 이니셔티브initiative를 시작하는 데 있어 좋은 방법이 되었습니다. 단 며칠만에 기본 데이터 테스트를 구현하고 데이터 품질을 개선할 수 있으니 비즈니스 사례를 구축하는 데 도움이 되며, 늦지 않게 데이터 문제를 발견하여 번거로운 상황을 피할 수도 있습니다. 오픈 소스 프로젝트를 사용하면 마찰 없이 시작하여 빠르게 결과를 만들어낼 수 있습니다. 따라서 점점 더 많은 조직과 개인이 오픈 소스를 채택하고 있습니다. 결과적으로 누구든 데이터와 가까워질 수 있고, 데이터 팀은 품질이 높고 신뢰할 만한 통찰을 빠르게 제공할 수 있습니다.

오픈 소스 소프트웨어를 클라우드 기반 플랫폼과 결합하면 모든 사용자가 선호하는 방식으로 작업에 필요한 도구를 얻을 수 있습니다. 데이터 품질은 팀이 함께 하는 스포츠이며, 오픈 소스와 클라우드를 결합하면 현대적인 데이터 팀에게 통합적이고 협력적인 접근 방식을 제공하여 데이터 투명성과 신뢰를 구축하게 만들 수 있습니다. 제가 생각하는 오픈 소스의 모범 사례는 도구 개발부터 공통 기업용 솔루션까지를 공통 라이브러리가 모두 지원할 수 있으면서 그 모든 것에 조직 전체가 쉽게 접근할 수 있도록 만드는 것입니다.

또한, 실제로 참여하고 혁신하는 능력이야말로 오픈 소스 소프트웨어가 데이터 테스트에 가져오는 가장 큰 기회입니다. 아이 한 명을 기르는 데는 온 마을이 필요하다는 말이 있듯이 양질의 데이터를 만드는 일도 마찬가지입니다. 커뮤니티 참여와 코드 작성, 테스트를 통해 오픈 소스 개발의 속도와 창의성이 향상됩니다. 상용 데이터 테스트 제품은 소규모 팀이 검토하는 반면에 오픈 소스 프로젝트는 전담 데이터 분석가와 엔지니어로 구성된 전체 커뮤니티의 이점을 누릴 수 있습니다.

오픈 소스 소프트웨어는 개발 전문가 커뮤니티 안팎의 모두에게 더 나은 데이터 테스트를 제공하고 있습니다. 오픈 소스는 무료로 제공되며, 자유롭고 포괄적이며, 용도에 맞게 만들어졌으며, 커뮤니티가 주도하는 혁신에 열려 있습니다. 이 귀중한 장점들은 모든 분야에서 데이터 품질을 향상시키고 있습니다.

78

데이터 엔지니어링에서 중요한 3R

토비아스 메이시(Tobias Macey)

학교에서는 읽기reading, 쓰기writing, 산수arithmetic를 통틀어 학생들이 배워야 하는 세 개의 R이라고 합니다(물론 세 단어 중 R로 시작하는 것은 하나뿐이라 납득하긴 어렵네요!). 여러분이 데이터 엔지니어가 되었을 때 꼭 알아야 하는 R로 시작하는 단어 3가지를 살펴봅시다.

신뢰성

신뢰성reliability은 데이터의 가장 중요한 특징입니다. 세상의 그 어떤 멋진 머신 러닝이나 정교한 알고리즘이라도 너저분하고 일관적이지 않은 데이터를 제공한다면 아무런 소용이 없습니다. 데이터가 잘못되면 시스템은 정상적이고 아름다우며 가치 있는 제품이 아니라 시간과 야망을 좀먹는 무시무시한 괴물이 될 것입니다.

신뢰성이 의미하는 바는 여러 가지일 수 있지만, 여기서는 수행 중인 분석이 정확하다고 추정하기 위한 신뢰도를 높이는 데 기여하는 특성을 의미합니다. 신뢰할 수 있는 데이터 플랫폼의 몇 가지 요소는 다음과 같습니다.

- 일관적이고 검증된 스키마: 모든 레코드가 동일한 패턴을 따르며 분석 프로세스가 동일한 방식으로 레코드를 처리할 수 있습니다.
- 읽기 및 쓰기 작업 성공을 보장하는 시스템의 높은 가용성: 이를 위해서는 불가피한 서버와 네트워크 장애 상황에서 이중화를 제공하는 시스템이 필요합니다.
- 알기 쉽게 정의되고 제대로 유지 보수되는 메타데이터 저장소: 데이터가 무엇이고 출처는 어디이며 어떻게 생성되었는지에 대한 배경 지식을 제공합니다. 언젠가는 이에 대한 질문을 받게 되므로, 미리 답변을 받아 두는 것이 좋습니다.
- 접근 제어 및 감사 가능성: 이를 통해 데이터 수정 권한이 주어진 사람과 프로세스만 실제로 수정을 진행할 수 있습니다.

재현 가능성

재현 가능성reproducibility은 비즈니스 크리티컬 시스템business-critical system에서 작업하는 경우 중요한 역량입니다. 다른 팀 구성원이나 사업 부서에서 독립적으로 데이터셋 및 분석을 검증하거나 다시 생성할 수 없다면, 원본 결과가 유효한지 확인할 방법도 없습니다. 재현 가능성은 신뢰성에도 영향을 미칩니다. 주어진 데이터셋을 일관적으로 재현할 수 있다면, 데이터셋을 신뢰할 수 있으며 가용성이 높다고 확신할 수 있기 때문입니다.

반복 가능성

서버가 모두 중단되거나, 자연 재해 때문에 시스템이 실행되는 데이터 센터가 파괴되거나 사용할 수 없게 되었다면 복구 계획을 세워야 합니다. 여기서 **반복 가능성**repeatability이 활약하게 됩니다. 스파크 클러스터를 구축하거나 PostgreSQL 데이터베이스를 설치할 수 있다면 좋겠지만, 빠르고 반복적으로 설치할 수 있을까요? 데이터 인프라 설치와 배포를 반복하기 위한 구성 및 절차는 데이터의 재현 가능성과 분석의 신뢰성에 영향을 미칩니다.

결론

데이터 엔지니어링의 3R을 모두 배웠습니다. 따라서 이제는 작업 결과물에 따라 팀과 시스템이 그 결과에 만족하고 행복할 거라고 확신할 수 있습니다. 이러한 결과를 얻기 위해 여러분이 얼마나 노력했는지 알린다면, 고객은 여러분의 헌신과 인내에 충분히 감사할 겁니다.

79

두 부류의 데이터 엔지니어링과 데이터 엔지니어

제시 앤더슨(Jesse Anderson)

데이터 엔지니어링에는 2가지 유형이 있습니다. 그리고 데이터 엔지니어라는 직함에도 2가지 유형이 있습니다. 데이터 엔지니어링에 대해 새롭게 알아보는 동안, 조직과 개인은 종종 혼란을 겪습니다. 이런 혼란 때문에 여러 팀의 빅데이터 프로젝트가 실패하곤 합니다.

데이터 엔지니어링의 유형

데이터 엔지니어링의 첫 번째 유형은 SQL 중심 엔지니어링입니다. 주로 관계형 데이터베이스에서 데이터 작업을 수행하고 저장합니다. 모든 데이터 처리는 SQL이나 SQL 기반 언어로 수행됩니다. 때로는 ETL 도구로 데이터 처리를 수행할 때도 있습니다.

두 번째 유형은 빅데이터 중심 엔지니어링입니다. 데이터 작업을 수행하고 주로 저장하는 곳은 아파치 하둡이나 아파치 카산드라Apache Cassandra, 아파치 HBase 등의 빅데이터 기술입니다. 데이터 처리는 모두 맵리듀스

MapReduce, 스파크, 아파치 플링크 등의 빅데이터 프레임워크에서 수행됩니다. SQL이 사용되는 동안 처리는 주로 자바, 스칼라Scala, 파이썬 등의 프로그래밍 언어로 이루어집니다.

데이터 엔지니어의 유형

데이터 엔지니어의 유형은 데이터 엔지니어링의 유형과 거의 비슷합니다.

첫 번째 유형의 데이터 엔지니어는 SQL로 데이터를 처리합니다. ETL 도구를 사용하기도 합니다. 이 유형에 속하는 엔지니어가 갖는 직함은 데이터베이스 관리자Database Administrator, DBA거나 SQL 개발자, 때로는 ETL 개발자가 됩니다. 이들은 프로그래밍 경험이 적거나 거의 없습니다.

두 번째 유형의 데이터 엔지니어는 빅데이터 기술을 전문적으로 다루는 소프트웨어 엔지니어입니다. 이들은 폭넓은 프로그래밍 기술을 가지고 있으며 SQL 쿼리를 작성할 수 있습니다. 프로그래밍과 SQL 기술을 모두 가지고 있으며, 둘 중 하나를 선택할 수 있다는 점이 주된 차이점입니다.

두 유형의 차이가 중요한 이유

관리자는 2가지 유형의 데이터 엔지니어링 팀의 차이를 알아야 합니다. 때때로 조직에서 SQL 중심의 데이터 엔지니어링 팀이 빅데이터 프로젝트를 시도합니다. 하지만 이 방식은 성공한 적이 거의 없습니다. 빅데이터 프로젝트에는 두 번째 유형의 데이터 엔지니어 및 빅데이터 중심의 엔지니어링 팀이 필요하기 때문입니다.

개인의 경우, 빅데이터를 다루기 위해 어떤 기술부터 사용해야 할지를 알고 있어야 합니다. 빅데이터에 사용할 수 있는 SQL 인터페이스가 있지만, 데이터를 쿼리 가능한 상태로 만들기 위해서는 프로그래밍 기술이 필요합니다. 이전에 프로그래밍을 해보지 않은 사람이라면, 배우기가 매우 어렵습니다. SQL을 주로 사용했던 사람이라면, 프로그램을 짜는 방법을 배우는 데 걸리는 시간과 그와 연관된 어려움부터 이해할 것을 권장합니다.

여기서 설명한 2가지 정의를 이해해야만 빅데이터 프로젝트에서 성공할 수 있습니다. 업무와 잘 맞는 인재를 확보하기 위해 반드시 두 유형의 차이를 이해해야 합니다.

80

빅데이터 확장성의 음양

폴 브레브너(Paul Brebner)
수석 테크 어반젤리스트, Instaclustr.com

아파치 카산드라나 아파치 카프카 등 최신 빅데이터 기술은 여러 노드(서버)를 클러스터로 묶어 **수평 확장성**을 제공함으로써 대규모 확장을 달성합니다. 수평적 확장은 데이터를 파티셔닝하여 각각의 노드가 데이터의 하위 집합을 갖도록 해서 클러스터에 있는 모든 노드에서 워크로드를 공유하는 방식으로 동작시킵니다. 단순히 노드를 추가하고 안정성과 가용성, 내구성의 요구에 맞게 하나 이상의 노드로 데이터를 복제하기만 하면 처리량이 증가합니다.

카산드라와 카프카는 본질적으로 확장 가능하기 때문에 대기 시간이 짧고 처리량이 높으며 데이터 규모가 크면서 쉽게 확장 가능한 애플리케이션을 운영하는 데 널리 사용되는 오픈 소스 제품입니다. 최근 제가 속한 팀에서는 이상 감지 애플리케이션의 설계와 테스트 그리고 확장을 하면서 카산드라를 스토리지 계층 용도로, 카프카를 스트리밍 계층 용도로, 쿠버네티스를 애플리케이션 확장 용도로 사용했습니다. 이상 감지 파이프라인의 애플리케이션 설계와 클러스터, 조정 가능한 옵션은 다음 그림과 같습니다.

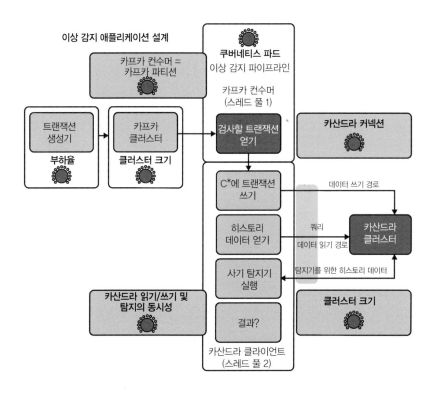

이상 감지 애플리케이션 설계

노드를 증가시키면서 선형적 확장에 가까운 효과를 얻기 위해서는 여러 가지 소프트웨어 리소스를 조정해서 하드웨어 리소스가 효율적으로 활용되도록 만들어야 했습니다. 조정 전에는 시스템이 하루 70억 건을 검사할 수 있었지만, 조정 후에는 2.5배 향상되었습니다.

조정용 손잡이knobs 같은 구성 옵션을 통해 하드웨어(클러스터 크기)와 소프트웨어 리소스를 제어합니다. 카산드라와 카프카 클러스터에서의 노드 수 혹은 쿠버네티스 클러스터의 파드pod 개수와 같은 하드웨어 리소스를 증가시킴으로써 최종적으로는 매일 190건의 이상 감지 검사를 수행하도록 확장할 수 있었습니다. 이 예시는 더 이상 확장하지 않을 수 있는 임의의 규모로, 이론적으로 정해진 최대치는 없습니다. 이를 달성하는 데 사용된 CPU 코어는 전체 574개로, 코어 72개를 사용하는 카프카 노드 9개, 코어 118개를 사용하는 100개 이상의 쿠버네티스 파드, 코어 384개를 사용하는 카산드라 노드 48개로 구성되었습니다. 하드웨어만 추가해 쉽게 확장 가능한 것처럼 보이지만, 이것만으로는 전부 설명할 수 없습니다.

가장 중요한 매개변수는 카프카의 파티션 개수였습니다. 카프카의 파티션을 통해 높은 소비자 동시성을 얻을 수 있으므로 파티션 수는 많을수록 좋다고 가정했습니다. 그렇지만 어떤 한계치 이상으로 파티션을 늘리면 카프카 클러스터의 처리량이 크게 감소하는 것을 발견했습니다.

이어진 벤치마크에서 카프카 클러스터의 처리량은 최적의 파티션 개수일 때 최대화되고, 파티션이 너무 많아지면 복제 비용 때문에 처리량이 크게 떨어진다는 사실을 확인했습니다. 따라서 직관적인 판단과는 다르게 확장 프로세스에서 결정적인 부분은 처리량을 최대화한다는 목표를 달성하기 위해 카프카 소비자 및 파티션 개수를 최소화하도록 애플리케이션 파이프라인을 최적화하는 것이었습니다.

또한, 카산드라와 카프카에 모두 적합한 데이터 모델을 사용하는 것도 중요합니다. 카산드라 용도로는 카디널리티cardinality가 높은 키와 제한된 파티션을 사용하세요. 카프카의 경우 파티션 개수보다 키의 카디널리티가 훨씬 높은지 확인하고(커누스Knuth의 주차 문제를 방지하기 위함), 동시에 시작시키는 소비자 수가 지나치게 많지 않도록 하세요. 그렇게 하지 않으면 리밸런싱rebalancing이 폭풍처럼 몰아칠 수 있습니다.

81

데이터 프로세싱에서의 스레드 사용 및 동시성

매튜 허슬리(Matthew Housley) 박사

오늘날 전형적인 환경에서 데이터는 파이프라인의 단계별로 복잡한 분산 시스템을 거쳐 흐르기 때문에 서버는 수많은 상대와의 연결을 안정적으로 유지해야 합니다. 2020년에 일어난 아마존 키네시스Amazon kinesis 중단 사건은 동시성 문제를 무시했을 때 발생하는 결과를 잘 보여줍니다.

2020년 11월 25일에 발생한 중단 때문에 인터넷의 많은 부분이 마비되었습니다. 여기서는 독자가 아마존의 공식 보고서를 이미 읽었다고 가정하겠습니다. 보고서에서 엔지니어링의 몇 가지 실수를 밝혔지만, 앞으로는 주로 스레드 기반 동시성의 제약에 집중해서 살펴보겠습니다.

운영 체제 스레드

프런트엔드 서버는 각 프런트엔드 플리트fleet의 다른 서버마다 운영 체제 스레드를 생성합니다.

리눅스 포함 대부분의 최신 운영 체제에서 스레드는 CPU가 사용 가능한 CPU 코어 개수를 훨씬 초과하는 여러 작업을 동시에 실행할 수 있도록 하는 메커니즘입니다. 스레드는 할당된 시간만큼 CPU 코어를 활용합니다. 할당된 시간이 지나면 시스템 메모리에 스레드 상태가 덤프되며 다음 스레드가 코어에 로드됩니다. 빠른 사이클로 인해 운영 체제는 모든 스레드가 동시에 실행되는 것 같은 느낌을 줄 수 있습니다. 스레드는 다수의 네트워크 연결을 관리하기 편한 메커니즘을 제공합니다.

스레드 사용에 따르는 간접 비용

새로 정한 수용량 때문에 플리트에 속하는 모든 서버에서 운영 체제 구성이 허용하는 최대 스레드 수를 초과하게 되었습니다.

스레드는 비용이 큽니다. 스레드마다 자체적인 스택을 유지하기 때문에 수천 개의 연결이 상당히 많은 시스템 메모리를 소비합니다. 스레드 전환은 몇 마이크로초 정도의 코어 시간을 소모하는 느린 작업이며, 스레드 개수가 많으면 컨텍스트 전환 속도가 빨라질 수 있습니다. 리눅스는 스레드 간접 비용 때문에 시스템 동작이 원활하지 않거나 중단되지 않도록 스레드에 제한을 둡니다.

C10K로 문제 해결

다행스럽게도 몇 년 전, 엔지니어링 커뮤니티가 스레드의 동시성 제한을 극복했습니다. 2004년에 처음 출시된 Nginx는 처음부터 각 스레드가 각자 많은 수의 연결을 관리하도록 작업을 할당하여 만 개 이상의 동시 클라이언트$_{C10K}$를 지원합니다. Go 프로그래밍 언어는 고루틴$_{goroutine}$이라는 동시성 기본 요소 기반으로 소프트웨어를 구축합니다. 고루틴은 사용할 수 있는 코어 개수에 최적화된 적은 수의 스레드에 자동으로 다중화됩니다.

확장은 마법의 총알이 아니다

클라우드 네이티브 엔지니어는 확장과 동시성으로 모든 문제를 해결할 수 있다는 생각이 몸에 배어 있습니다. 이제 기술 기반 회사는 정기적으로 수천 개의 인스턴스로 구성된 클러스터를 가동하고, 천만 개 이상의 단일 서버 연결을 관리할 수 있습니다. 그러나 아마존 키네시스 중단은 건전한 동시성 엔지니어링을 기반으로 구축한 경우에만 확장에 성공할 수 있음을 다시금 일깨워줍니다.

추가로 읽기 좋은 자료

- AWS의 〈Summary of the Amazon Kinesis Event in the Northern Virginia (USEast-1) Region〉

  https://aws.amazon.com/ko/message/11201/

- 사이먼 샤우드(Simon Sharwood)의 〈AWS Reveals It Broke Itself〉

  https://www.theregister.com/2020/11/30/aws_outage_explanation/

- 스택 오버플로(Stack Overflow)의 〈Maximum Number of Threads per Process in Linux?〉

  https://stackoverflow.com/questions/344203/maximum-number-of-threads-per-process-in-linux

- 마크 브루커(Marc Brooker)의 〈Make Your Program Slower with Threads〉

  https://brooker.co.za/blog/2014/12/06/random.html

- 앤드루 알렉시브(Andrew Alexeev)의 〈nginx〉

  https://aosabook.org/en/v2/nginx.html

- 토드 호프(Todd Hoff)의 〈The Secret to 10 Million Concurrent Connections: The
  Kernel Is the Problem, Not the Solution〉

  http://highscalability.com/blog/2013/5/13/the-secret-to-10-million-
  concurrent-connections-the-kernel-i.html

82

분산 프로그래밍에서 중요한 개념 3가지

아디 폴락(Adi Polak)

많은 데이터 엔지니어가 ETL이나 ELT 작업을 위한 파이프라인을 만듭니다. 변환(T) 작업 중에는 컴퓨터 하나의 메모리에 맞는 데이터로 작업할 수 있습니다. 그렇지만 데이터는 종종 목표하는 바를 이루기 위해 분산 병렬 계산을 이용하는 프레임워크나 솔루션을 이용해야 하는 경우가 많습니다. 이런 요구에 맞추기 위해 많은 연구자가 아파치 스파크, 아파치 카산드라, 아파치 카프카, 텐서플로 등과 같은 알려진 프레임워크에 구현된 분산 프로그래밍 및 계산 모델을 개발했습니다. 지금부터 데이터 분석 및 분산 머신 러닝에 널리 사용되는 분산 프로그래밍 모델 3가지를 살펴보겠습니다.

맵리듀스 알고리즘

맵리듀스는 구글이 2004년에 개발한 분산 계산 알고리즘입니다. 개발자는 map 함수와 reduce 함수를 지정해야 합니다. map 함수는 키/값 쌍을 처리해서 중간 결과로 여러 개의 키/값 쌍을 생성하며, reduce 함수는 중간 결과에서 동일한 키를 가진 모든 값을 병합합니다. 이 방식은 데이터 분석에서의 분리−적용−결합split-apply-combine 전략을 확장한 것입니다.

실제로 모든 작업은 여러 개의 map 함수와 reduce 함수로 나뉩니다. 데이터는 여러 노드 및 장비에 분산되어 노드에서 나누어진 덩어리 데이터를 처리합니다. 논리 함수는 해당 노드의 데이터에 적용되며, reduce 연산은 셔플 메커니즘을 통해 데이터를 결합합니다. 이 과정에서 노드는 map 함수 키의 결과에 기반해서 데이터 분산 상태를 조정합니다.

그다음 결합된 데이터에 더 많은 로직을 적용하거나 필요한 경우 분리−적용−결합 단계를 다시 거칠 수 있습니다. 이 개념을 구현한 오픈 소스 솔루션에는 아파치 스파크, 하둡 맵리듀스, 아파치 플링크 등이 있습니다.

분산 공유 메모리 모델

공유 메모리 모델은 POSIX와 마이크로소프트 윈도우 등의 운영 체제에서 유래했으며, 이러한 운영 체제에서는 동일한 장비에서 실행되는 프로세스가 공유된 주소 공간을 통해 통신해야 했습니다. **분산 공유 메모리 모델** 역시나 동일한 요구 사항을 충족시키려고 합니다. 분산 환경에서 여러 노드나 사용자는 네트워크를 통해 통신하며 다양한 장비에서 동일한 데이터에 접근해야 합니다.

최근에는 분할된 전역 주소 공간을 두는 경우가 없습니다. 그렇지만 인메모리 데이터베이스는 다양한 데이터 일관성 수준을 준수함으로써 이러한 요구에 대한 해결책을 제공합니다. 이를 통해 데이터에 대한 분산 프로그래밍 작업이 가능해지며 프로세스가 해당 데이터를 읽고 쓸 수 있습니다. 인메모리 데이터베이스 기능을 제공하는 오픈 소스 솔루션에는 레디스Redis, 아파치 이그나이트Apache Ignite, 헤이즐캐스트Hazelcast 등이 있습니다.

메시지 전달/액터 모델

액터actor는 상태와 동작을 캡슐화하는 스레드 혹은 객체입니다. 액터는 수신자의 메일함에 저장된 메시지를 비동기적으로 주고받아 배타적으로 통신하며, 잠금과 차단이 없는 통신 혹은 메시지 흐름을 허용합니다. 이 모델에 기반해서 분산 계산 시스템을 구축하면 잠금이 없어 편리합니다.

　오픈 소스 솔루션을 선택하려 한다면 메시지 보장을 확인하세요. 메시지가 딱 한 번만 전달될 것이라고 보장할 수 있나요? 최소 한 번은 어떨까요? 아니면 정확히 한 번은 어떨까요? 이 특성은 시스템 동작에 영향을 줍니다. 메시징을 구현하는 오픈 소스 솔루션에는 아파치 카프카, 아파치 펄사 등이 있습니다.

결론

이번 섹션에서 소개한 개념에 익숙해진다면, 더욱 전체적인 관점에서 데이터 아키텍처의 그림을 이해하고 어디에 각 개념이 적용되었는지를 이해할 수 있습니다.

83

의미론적인 시간은 기다려주지 않는다

마르타 파에스 모레이라(Marta Paes Moreira),
파비안 휴스케(Fabian Hueske)

데이터 파이프라인은 끊임없이 도착하는 데이터를 저장하고 정해진 범위의 배치로 처리하는 것에서, 제한 없는 데이터 스트림을 지속적으로 수집하고 처리하는 방식으로 진화하고 있습니다. 일반적인 목표는 데이터의 도달 시점과 처리 시점 사이의 대기 시간을 줄이는 것입니다.

배치 처리와 스트림 처리는 완전성 개념에서 중요한 차이를 보입니다. 배치 처리에서 데이터는 입력이 정의한 것에 따라 언제나 완전하다고 간주됩니다. 반면 스트림 처리 애플리케이션은 제한 없는 데이터 스트림을 수집할 때 입력이 완전한지를 판단해야 합니다. 이를테면 일반적인 작업에는 시간당 클릭 수 계산처럼 정기적인 시간 간격에 대한 데이터의 집계 연산을 수행하는 것이 있습니다. 이를 스트림 처리 애플리케이션으로 구현하는 경우, 계산의 시작 시점과 중단 시점, 즉 이벤트가 어떤 계산 결과를 증가시켜야 할지 결정해야 합니다.

가장 간단하게는 계산을 실행하는 장비의 시스템 시간 기반으로 이벤트를 계산하는 방식이 있습니다. 일반적으로 이런 방식을 처리 시간이라고 합니다. 구현하기는 쉽지만, 다음과 같이 바람직하지 않은 속성을 가집니다.

- 결과는 비결정적이며 데이터를 처리하는 장비의 부하나 수집 속도, 데이터 입력 속도를 처리 속도가 따라가지 못하는 상황 등의 외부 요인에 따라 달라집니다.
- 처리 시간은 분산 환경에서 항상 그렇듯이, 이벤트의 발생 순서와 도착 순서가 일치하지 않는다는 사실을 감안하지 않습니다.

처리 시간의 대안으로 이벤트 시간을 사용할 수 있습니다. 이벤트 시간 방식에서는 각 이벤트마다 연결된 타임스탬프가 있습니다. 시간당 클릭 수 계산 예제에서, 클릭 이벤트는 각각의 클릭이 일어난 시간을 나타내는 타임스탬프를 가지고 있으며, 스트리밍 애플리케이션은 이벤트의 타임스탬프를 통해 이벤트가 어떤 계산 값을 증분할지 판단합니다. 이벤트 시간 방식은 결정론적 결과를 생성하며 순서가 잘못된 데이터를 올바르게 처리합니다.

처리 시간과 이벤트 시간의 차이를 잘 보여주는 예시로는 〈스타워즈Star Wars〉 영화의 순서가 있습니다. 개봉연도는 처리 시간, 플롯에서 사건이 실제로 일어난 시점은 이벤트 시간에 해당됩니다.

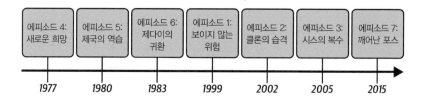

그러나 '입력 완전성 판단'이라는 어려운 문제는 이벤트에 타임스탬프를 붙이는 것만으로는 해결할 수 없습니다. 이벤트 시간 애플리케이션은 시간에 따른 진행 상황을 추적하는 메커니즘이 필요합니다. 구글 클라우드 데이터플로Google Cloud Dataflow, 아파치 빔Apache Beam, 아파치 플링크를 비롯한 여러 스트림 프로세서는 워터마크를 추적 메커니즘으로 활용합니다.

워터마크watermark는 애플리케이션의 시간을 앞당기는 메타데이터 메시지입니다. 연산자는 언제까지 계산을 수행할 수 있을지 결정하기 위해 워터마크를 활용합니다. 워터마크가 멋진 이유는 대기 시간과 완성도 사이에서 균형을 잡는 데 사용할 수 있기 때문입니다. 워터마크를 보수적으로 넓은 간격으로 잡을수록 대기 시간이 길지만 결과는 완전해지며, 좁은 간격으로 잡을수록 결과는 불완전할 수 있지만 대기 시간이 짧습니다.

결국 스트리밍 처리 애플리케이션에 대한 이러한 의미론적인 절충에는 옳고 그름이 없습니다. 그저 시간은 데이터를 기다리지 않는다는 사실만 기억해 두세요. 여러분이 그렇게 만들지 않는다면 말이죠.

84

도구가 아니라 패턴과 관행이 중요하다

바스 기어딩크(Bas Geerdink)

데이터 엔지니어링 세상에 무턱대고 뛰어든다면 기술 용어와 프레임워크에 압도되기 쉽습니다. 빅데이터를 설명하는 대부분의 글이나 책은 시작부터 아파치 하둡, 스파크, 카프카를 폭넓게 설명합니다. 소프트웨어 개발 및 데이터 과학이라는 비슷한 분야로 조금 더 깊숙이 들어가면, 프로그래밍 언어와 도구 목록은 끝도 없이 쌓이는 이상한 용어 더미가 됩니다. 그리고 여러분은 이 모두를 반드시 조사해야 한다고 여기게 됩니다.

제가 알고 있는 많은 엔지니어가 일단 살펴봐야 한다고 마음먹은 프레임워크와 도구를 기록해 두고 추적하고 있습니다. 그렇지만 이런 방식은 이제 막 데이터 엔지니어링을 시작하는 사람에게는 맞지 않습니다. 프레임워크나 제품, 언어, 엔진 등의 도구를 배우기보다는 공통 패턴과 모범 사례, 기술 등의 개념에 집중해야 합니다. 공부하고 나서 새롭게 눈에 띄는 방법을 발견한다면, 간단한 조사만으로도 전체적인 관점에서 어디에 배치해야 할지 빠르게 알 수 있을 겁니다.

어쩌면 추상적 개념이 학문적이고 높은 수준으로 느껴질 수 있습니다. 학습 비결은 좋은 예제가 있는 학습 자료를 찾는 것입니다. 소스 코드로 바로 들어가기 전에, 보편적인 개념과 아키텍처를 설명하는 책, 블로그, 기사를 찾아보세요.

낯설지만 흥미로워 보이는 기술이나 용어를 접했을 때, 스스로 이유를 생각해보는 것도 좋은 방법입니다. 시스템이 분산되어야 하는 이유는 무엇일까요? 데이터 거버넌스는 왜 필요할까요? ETL만 수행하는 팀과 제품이 있는 이유는 무엇일까요? 구글 검색이나 쿼라Quora에 이 질문을 입력하면 공급업체나 프레임워크에 대한 세부 정보 없이도 탁월한 답을 얻을 수 있습니다. 그 다음에는 방법과 내용으로 주의를 옮길 수 있습니다. 프레임워크의 작동 방식은 어떻게 되나요? 어떤 사용 사례를 지원하나요? 어떤 식으로 다른 기술과 상호작용하나요? 운용에 드는 비용은 얼마인가요?

다음은 데이터 엔지니어링을 멋지게 실습하는 데 도움이 되는 몇 가지 실용적 조언입니다. 데이터 스트리밍이나 NoSQL, 함수형 프로그래밍 등 관심이 가는 개념을 정한 다음, 재빨리 인터넷 검색을 통해 기본적인 지식을 학습하세요. 위키피디아Wikipedia는 훌륭한 출발점입니다. 다음으로 조사 중인 개념의 사례 중에 주의를 끄는 도구를 선택하세요. 이를테면 플링크, 카산드라, 스칼라 등이 있습니다. 하루쯤 오후를 비워 학습할 시간을 낸 다음, 터미널과 선호하는 편집기를 켜고 튜토리얼을 따라해보세요. 그러나 튜토리얼을 따라할 때도 도구 자체를 익히는 것보다 개념 학습에 중점을 두어야 한다는 것을 염두에 두세요. 언어 구문이나 제품 구성 같은 세부 사항에 집중하시 말고 스스로에게 계속 '왜?'라는 질문을 던져보세요. 그럼, 행운을 빕니다.

85

총 소유 기회비용

조 라이스(Joe Reis)

적절한 기술을 선택하면 대개 비용, 즉 들여야 하는 시간과 금전적 비용이 줄어듭니다. 총 소유비용Total Cost of Ownership, TCO이라는 개념은 기업용 소프트웨어만큼이나 오래되었습니다. 총 소유비용이 수십 년 동안 주류에 자리 잡았지만, 이보다 더 부담스러우면서도 덜 논의되는 **총 소유 기회비용**total opportunity cost of ownership이라는 용어도 있습니다. 새로운 기술과 패러다임이 등장하고 사라지는 속도가 급격히 빨라짐에 따라, 기업은 선택지를 열어두고 새롭고 개선된 방식을 이용하여 작업을 수행해야 합니다.

총 소유비용은 크게 자산의 구매 비용과 자산의 수명이 다하기 전까지의 운영 비용이라는 2가지 영역으로 구성됩니다. 기업은 관리형 솔루션을 구매하거나, 오픈 소스 솔루션을 구현하고 관리하거나, 자체 솔루션을 구축할 수 있습니다. 어떤 결정이든 그에 따른 장단기적 트레이드오프가 존재합니다.

총 소유비용 외에도 기술 선택에는 기술 자체와 기술이 대표하는 패러다임이라는 2가지 측면이 있습니다. 여러분은 패러다임 Y의 일부인 기술 X

에 투자할 수 있습니다. 예를 들어 2010년대 초의 온프레미스와 하둡(기술 X)은 새로운 빅데이터 운동(패러다임 Y)의 일부였습니다. 2010년에 온프레미스와 하둡에 대규모 투자를 했다면 이는 현명한 결정으로 여겨졌을 겁니다.

2023년으로 빠르게 돌아와봅시다. 이제는 온프레미스나 하둡이 모두 구닥다리 같아 보입니다. 2010년 이후로 클라우드의 시대가 도래했고 하둡을 대체할 훌륭한 제품들이 출시되었습니다. 한편, 이 와중에도 데이터 팀은 기존 시스템을 지원하느라 상당한 시간과 정신력을 들이고 있습니다. 최신 솔루션으로 다시 플랫폼을 바꿀지 고려할 시간이나 에너지가 거의 남아 있지 않습니다.

총 소유 기회비용은 기술 X와 패러다임 Y에 묶여 새로운 기술과 플랫폼의 혜택을 더 이상은 얻을 수 없어서 들어가는 비용입니다. 기술 X와 패러다임 Y에 전력을 다했고 이로 인해 새로운 패러다임으로 전환하지 못하기 때문에 지불하는 대가입니다. 아마존 창립자인 제프 베이조스Jeff Bezos는 '양방향으로 열리는 문'을 갖는 의사결정을 하라고 강력히 권합니다. 양방향으로 열리는 문이란 방향을 뒤집거나 바꿀 수 있음을 의미합니다. 총 소유 기회비용을 낮추면 비즈니스를 크게 개선해줄 수 있는 새로운 기술 및 패러다임으로 빠르게 이동할 수 있으며, 새로운 것을 테스트하고 도입할 수 있습니다. 다음은 총 소유 기회비용을 낮추기 위한 몇 가지 제안입니다.

- 특정한 기술이나 패러다임을 숭배하지 마세요. 상황은 빠르게 변합니다. 해가 뜨고 지듯이 여러분이 숭배하던 기술이나 패러다임도 결국에는 한물간 구닥다리가 될 것입니다.
- 컴퓨팅과 스토리지를 분리하세요. 데이터를 아마존 S3, 애저 BLOB 스토리지, 구글 클라우드 스토리지와 같은 오브젝트 스토리지에 보관하세요.
- 컨테이너를 사용하세요. 그렇게 하면 플랫폼과 클라우드 간에 코드를 이식할 수 있습니다.

- 핵심 역량에 집중하고, 차별화되지 않는 힘든 업무는 피하세요. 가능하다면 관리형 서비스에 투자하세요. 시간을 확보해서 조직의 상황을 크게 바꿀 만한 일에 투자하세요.
- 계속 배우세요. 더 나은 업무 수행 방법이 있는지를 항상 살펴보세요.

기술과 패러다임은 빛의 속도로 변화합니다. 언제나 선택의 여지를 열어 두세요.

86

가지각색의 데이터 도메인에서 문제를 해결하는 방법

매튜 실(Matthew Seal)

일반적으로 기술 조직은 동시에 동작해야 하는 데이터 연관 작업에서 사용할 병렬 트랙을 개발합니다. 따라서 기술 조직에는 데이터 엔지니어링, 머신 러닝, 데이터 인프라를 포함하는 여러 팀이 혼합되어 있는 경우가 종종 있습니다. 그러나 이런 그룹은 서로 다른 설계 방식을 사용하므로 상대방이 내리는 결정이나 트레이드오프를 이해하는 데 어려움을 겪습니다. 성공적인 데이터 중심 기업이 되려면 여러 팀이 상대방의 결정에 관한 이유와 함께 받는 압력에 대해 서로 공감하고 이해해야 합니다.

특히 앞서 언급한 세 그룹 사이에서 몇 가지의 사고 방식이 많은 초기의 가정을 결정하며, 결정의 이유를 알면 이를 지지하거나 반대하는 데 도움이 된다는 사실을 발견했습니다. 이를테면 데이터 과학과 머신 러닝 팀은 종종 문제를 해결하기 위해 개발하는 도구에 복잡성을 노입합니다. 대부분의 경우 더욱 정확하고 정밀하며 구체적인 답을 얻기 위해 기존 프로세스에 데이터를 추가하거나 복잡하게 변경하는 작업을 해야 합니다. 따라서 이들에게는 프로세스를 복잡하게 만드는 것이 가치를 높이는 합리적 절충안이 되곤 합니다. 또한, 데이터 과학자는 최종 결과를 얻기 위해 탐색 모드에 있는 경향이 있습니다. 수단을 최적화하는 데 초점을 맞추는 경우, 결국 대부분의 것이 유지되지 않을 때는 탐색 속도만 느리게 만들 뿐입니다.

데이터 인프라의 경우에는 성공을 향한 올바른 방향이 다른 팀과는 반대인 경우가 많습니다. 시스템이 복잡하면 안정성이 떨어지며, 가동 상태를 유지하기 위해 유지 보수 부담은 커집니다. 최종 목표에 최적화된 구성 요소를 선택해야 비용을 맞추면서 안정적으로 확장 목표에 도달할 수 있습니다. 또한, 데이터 인프라 팀은 데이터와 비즈니스 요구 사항의 규모에 맞춰 인력을 비선형적으로 확장해야 하는 과제를 안고 있습니다. 이러한 조합으로 인해 인프라 팀은 항상 기존 시스템에 직접적으로 주의를 기울이는 비용과 맞서고 있으며, 데이터 유입에 앞서 지속적으로 성장할 수 있는 패턴으로 중요한 시스템을 재설계하는 시간을 찾아야 합니다. 이와 같이 두 그룹의 작업 방식이 극명한 대조를 이루기 때문에, 공유하는 문제를 해결하는 최선의 방법이 무엇인지에 대해 논의하는 과정에서 언제나 갈등을 겪곤 합니다.

마지막으로 데이터 엔지니어는 보통 데이터 테이블을 생성하는 정밀하고 개별적인 작업을 맡습니다. 이러한 작업은 일반적으로 상대 팀이 가지고 있는 문제보다 더 잘 정의된 결과와 좀 더 명확한 조직의 요구 사항을 가지고 있습니다. 테이블은 정확하고 깔끔하며 스키마가 있어야 합니다. 다운스트림 소비자를 위해 계약을 제대로 정의하는지에 따라 성공 여부가 결정됩니다. 게다가 보통 다운스트림 팀의 요구를 충족시키기 위해 엄청난 시간 제약을 받고 있습니다. 따라서 이들이 제공하는 솔루션은 보통 즉각적인 작업 요구 사항에 초점이 맞춰져 있으며 그 작업을 다음 작업으로 넘어가기 전에 가능한 한 잘 수행하기 위해 노력합니다. 데이터 엔지니어링 워크플로 설계의 목표는 일반적으로 반복적인 작업을 정확하고 효율적인 방식으로 해결하는 데 있습니다. 이런 문제에서는 정확성과 계약이 장기적 설계보다 중요한 경우가 많습니다. 그러나 장기적인 문제 인식은 여전히 관심을 가져야할 유의미한 일이고, 때로는 평상시의 반복 주기로 돌아가기 전에 특정 데이터 문제를 위한 새로운 패턴을 설계하는 데 영향을 줍니다.

여기서 중요한 점은 한 그룹의 초점이 다른 그룹보다 낮다는 것이 아니라, 여러분이 이러한 그룹 중 하나의 일원이라면 스스로 가진 설계 편향을 인식해야 한다는 점입니다. 그날그날 데이터에 들이는 노력의 성공 여부를 정하는 기준은 인접한 문제를 바라보는 방식에 영향을 미칩니다. 때로는 솔루션에 대한 다른 사고방식에 기대는 것이 향후 문제를 해결하는 더 나은 설계로 이어질 수 있지만, 문제와 어울리지 않는 곳에 초점을 맞추고 있음을 알아차리는 데에도 유용합니다.

87

데이터 엔지니어란 어떤 직종인가?
힌트: 데이터 과학의 조력자

루이스 개빈(Lewis Gavin)

데이터 엔지니어란 직함이 항상 데이터 과학자처럼 흥미로운 의미를 담고 있는 것은 아닙니다. 인기도를 겨룬다면 머신 러닝이나 인공지능 같은 주제에게 언제나 질 것입니다. 하지만 이러한 멋진 개념 뒤에 숨은 작업의 상당 부분은 데이터 엔지니어링으로부터 생겨난 것입니다. 저는 최근에 이 점에 대해 이야기하는 많은 기사를 보았습니다. 바로 데이터 과학자의 작업 중 80%는 데이터 준비 및 클렌징이라는 점입니다.

인공지능과 머신 러닝 모델에는 데이터가 필요하다

데이터 과학자와 이야기를 나눠보면, 특히 자신의 모델에 필요한 모든 것을 포함하고 있는 소스에서 데이터를 얻는 것이 허황된 꿈과 같은 이야기라고 말할 겁니다. 이것이 바로 데이터 엔지니어가 잘 나가는 이유입니다.

데이터 엔지니어가 주는 이점은 바로 엔지니어링입니다. 데이터 엔지니어는 서로 다른 소스의 데이터를 제공할 수 있을 뿐만 아니라, 반복 가능하고 최신의 방식으로, 심지어 실시간으로 데이터를 제공할 수 있습니다.

깔끔한 데이터는 더 나은 모델로 이어진다

2016년의 한 설문 조사에 따르면 데이터 과학 작업의 80%가 데이터를 준비하는 일이며, 데이터 과학자의 75%가 데이터 준비를 일에서 가장 지루한 부분으로 여긴다고 합니다.

알지도 모르겠지만, 이것 역시 데이터 엔지니어가 잘 나가는 이유입니다. 데이터 결합과 정리, 조작, 집계에 능숙한 사람들이기에 모든 일이 반복 가능한 방식으로 수행될 것이며 새롭고 깔끔한 데이터가 나오는 일관적인 소스가 제공될 것입니다. 이를 통해 데이터 과학자는 모델을 개선하는 데 더 많은 시간을 할애할 수 있습니다. 또한, 지루한 업무가 사라졌기 때문에 의욕이 높아집니다.

최종적인 모델 구축

모델을 구축하는 동안에도 선행하는 단계의 이터레이션이 여러 번 반복되기 때문에 데이터 엔지니어의 작업은 이 시점에도 끝나지 않습니다. 그러나 이 부분은 반복 주기 중 데이터 과학자가 특히 돋보이는 부분이며, 여기서 데이터 과학자가 자신의 일을 자신 있게 수행하도록 만드는 것이 얼마나 중요한지는 아무리 강조해도 지나치지 않습니다.

지금까지 제가 설명한 모든 것은 데이터 엔지니어의 업무가 더 낫다거나 더 큰 가치가 있다는 의미가 아닙니다. 데이터 과학자가 핵심을 파악할 수 있도록 도와주는, 좀 더 효율적인 워크플로를 사용할 수 있게 만들 수 있음을 보여주기 위한 이야기입니다.

모델은 사용자가 있는 경우에만 유용하다

모델은 실제 애플리케이션에 구현되어야 합니다. 몇 달 후에 모델이 구식으로 여겨질까 걱정하지 마세요. 훌륭한 데이터 엔지니어는 데이터 과학자와 협력하여 구식 작업물을 새 데이터를 소화할 수 있는 것으로 바꾸고 모델을 재구축한 후 자동으로 배포할 수 있어야 합니다.

이제 무엇을 해야 할까?

데이터 엔지니어링은 분명히 고려해야 하는 중요한 분야입니다. 데이터 엔지니어가 데이터 모델을 구축하고 배포하는 데 필요한 작업 중 얼마나 많은 것을 해낼 수 있는지 알 수 있습니다.

효율성이 향상됨에 따라 데이터 과학자가 모델을 수정하고 개선하는 데 더 많은 시간을 할애할 수 있기에, 모델 구축 시점은 빨라지고 당연히 모델은 더 나아질 겁니다.

88

데이터 메시와 메시를 망치지 않을 방법

바 모지스(Barr Moses),
리오르 개비시(Lior Gavish)

우리는 소프트웨어 엔지니어링 팀이 어떻게 모놀리식 애플리케이션에서 마이크로서비스 아키텍처로 전환했는지를 목격했습니다. 데이터 메시는 여러 가지 면에서 마이크로서비스의 데이터 플랫폼 버전으로 볼 수 있습니다.

이 용어를 최초로 설계한 세막 데그하니Zhamak Dehghani가 처음 정의한 바에 따르면, 데이터 메시는 도메인 지향의 셀프 서비스 설계를 활용해서 기업 데이터가 어디에나 있다는 특징을 수용하는 일종의 데이터 플랫폼 아키텍처입니다. 이는 에릭 에반스Eric Evans의 도메인 중심 설계 이론을 차용한 것으로, 원래의 이론은 코드 구조와 언어를 대응되는 비즈니스 도메인에 맞추는 유연하고 확장 가능한 소프트웨어 개발 패러다임에 관한 것입니다.

하나의 중앙 데이터 레이크에서 데이터를 소비, 저장, 변환, 출력하는 전통적인 모놀리식 데이터 인프라와 달리 네이터 메시는 분산된 도메인별로 특화된 데이터 소비자를 지원합니다. 여기서 데이터는 도메인마다 자체적인 데이터 파이프라인을 갖는 제품으로 취급됩니다. 세막 데그하니가 작성한 획기적인 내용을 담은 기사 〈How to Move Beyond a Monolithic

Data Lake to a Distributed Data Mesh(모놀리식 데이터 레이크를 넘어 분산 데이터 메시로 이동하는 방법)〉를 읽지 않았거나 잘란도~Zalando~가 데이터 메시로 전환한 이유를 설명하는 막스 셜트~Max Schulte~의 기술 강연을 보지 않았다면, 꼭 한번 살펴보기를 강력히 추천합니다. 후회하지 않을 겁니다.

데이터 메시를 사용하는 이유

요즘 가장 인기가 좋은 아키텍처는 실시간 데이터 가용성과 스트림 처리를 제공하는 데이터 레이크입니다. 중앙 집중식 데이터 플랫폼에서 데이터의 수집, 강화, 변환, 제공을 수행하는 것을 목표로 합니다. 이러한 유형의 아키텍처는 많은 조직에서 사용하기에는 몇 가지 부족한 면이 있습니다.

- 중앙 ETL 파이프라인을 사용하면 팀이 규모가 증가하는 데이터를 제어하기가 어려워집니다.
- 모든 기업이 데이터 기업이 됨에 따라, 다양한 데이터 사용 사례에 맞춰 다양한 데이터 변환이 필요해지기 때문에 중앙 플랫폼에 큰 부담이 됩니다.

이러한 데이터 레이크에서 데이터 생산자는 단절되며 데이터 소비자는 조급해집니다. 최악의 경우에는 백로그된 데이터 팀이 비즈니스 요구를 맞추기 위해 몸부림치지만 마치지 못한 작업만 점점 쌓여가는 결과를 초래합니다.

대신, 데이터 메시와 같은 도메인 지향 데이터 아키텍처는 팀에게 중앙 집중식 데이터베이스(또는 분산 데이터 레이크)와 자체 파이프라인을 처리하는 도메인(또는 비즈니스 영역)이라는 2가지 장점을 모두 제공합니다.

최종적인 연결 고리인 관측 가능성

데이터 메시 아키텍처를 사용하는 데서 오는 어마어마한 잠재력은 흥미로우면서도 위협적으로 여겨집니다. 실제로 일부 고객은 데이터 메시의 특성인 예측되지 않는 자율성과 민주화로 인해 데이터 발견, 상태, 관리에 이르기까지 새로운 위험에 노출될 수 있다고 걱정하기도 합니다.

데이터 메시의 상대적인 참신성을 감안하면 타당한 우려이지만, 저는 세세한 부분에 호기심을 가지기를 권합니다. 데이터 메시는 이런 위험을 초래하는 대신에 실제로는 데이터에 확장 가능하며 셀프 서비스 방식으로 제공되는 관측 가능성을 강제합니다.

실제로 관측 가능성에 도달하지 못하면 도메인이 데이터를 진정으로 소유할 수 없습니다. 세막 데그하니의 주장에 따르면 모든 훌륭한 데이터 메시에 내장된 셀프 서비스 기능에는 다음 항목이 포함됩니다.

- 저장되어 있거나 이동 중인 데이터에 대한 암호화
- 데이터 제품 버전 관리
- 데이터 제품 스키마
- 데이터 제품 발견, 카탈로그 등록 및 발행
- 데이터 거버넌스 및 표준화
- 데이터 프로덕션 계보
- 데이터 제품 모니터링, 알람, 로깅
- 데이터 제품 품질 지표

데이터 메시는 이러한 기능과 표준화를 일괄로 묶어서 파이프라인에 견고한 가시성 계층을 제공합니다.

89

빅데이터란 무엇인가?

아미 레빈(Ami Levin)

여러분도 아마 **빅데이터**라는 용어를 셀 수 없이 많이 들어봤을 겁니다. 빅데이터에 대한 기사와 책이 수만 번 작성되어 왔으며, 빅데이터라고 주장하는 제품을 직접 사용하고 있을지도 모릅니다. 심지어 빅데이터라는 단어를 여러분의 이력서에 넣었을 수도 있습니다. 지금부터 잠시 멈춰서 빅데이터가 실제로 의미하는 바가 무엇인지 생각해봅시다.

빅데이터에 대한 표준적이면서 명확하고 합의된 정의는 없습니다. 어떤 이는 데이터 규모를 설명하는 데 사용하며, 다른 이는 데이터 속도나 다양한 데이터를 나타내는 지표로 사용합니다. 이 중 어떤 것에도 데이터셋의 크기가 크거나 작다고 분류할 수 있는 정량적 지표가 없습니다. 어떤 사람들은 빅데이터라는 말을 하둡 등의 특정 기술을 가리키는 데 사용하며, 어떤 사람들은 소셜 미디어나 IoT 장치 등 특정 소스에서 오는 데이터 또는 **비정형** 데이터를 가리키는 데 사용합니다.

빅데이터에 대한 여러 상충되고 모호한 정의들이 존재하지만 그중 어떤 것도 데이터 또는 데이터의 용도를 명확히 설명하지 않습니다. 누구든 자신의 제품이나 서비스, 기술, 데이터셋이 빅데이터라고 주장할 수 있으며 그 주장에 반박할 근거도 없습니다.

사실, 빅데이터 같은 것은 없습니다. 크기가 크며 속도가 빠르고 다양한 소스에서 오는 데이터는 언제나 가치를 만들어내는 능력을 시험해왔습니다. 빅데이터라는 새로운 용어를 정당화하는 근본적인 변화는 지난 10년간 일어나지 않았습니다.

데이터 관리는 언제나 의사 결정의 품질을 향상시키는 통찰력을 얻기 위해 분석 방식을 적용하는 것이었습니다. 그 이상도 그 이하도 아닙니다. 지금쯤이면 도대체 왜 똑똑하고 정직하고 선의를 가진 데이터 실무자들이 빅데이터가 실제로 존재한다고 믿는지 궁금할 겁니다.

빅데이터란 마케팅 분야에서 기존 제품에 대한 관심을 다시 끌어오고 판매를 촉진하기 위해 고안한 리브랜딩일 뿐이고, 이런 리브랜딩은 이번이 처음이 아니며 아마 마지막도 아닐 것입니다. 토마스 대븐포트Thomas Davenport 는 하버드 비즈니스 리뷰 프레스Harvard Business Review Press의 〈Big Data at Work(업무용 빅데이터)〉에서 "공급업체나 컨설턴트가 핫한 용어라면 그게 무엇이든지 가져와서 기존 제품에 써먹는 일은 널리 알려진 현상이며, 이미 빅데이터 용어에도 이런 일이 광범위하게 발생했다"고 언급했습니다.

근본적인 원인을 찾으려면 돈의 흔적을 따라가면 됩니다. 빅데이터는 모든 것을 저장하고 영원히 남겨 두어야 한다고 주장합니다. 최신 기술을 사용하지 않는 조직은 뒤처진다고 믿게 만듭니다. 이제는 여러분도 무슨 일이 일어나고 있는지를 이해했을 것입니다.

빅데이터를 추구하는 것은 헛된 일입니다. 빅데이터라는 용어는 데이터에서 가치를 발견하기 위해 실제로 필요한 부분에 집중하지 못하게 합니다. 데이터의 품질과 의사 결정을 개선하는 대신 스토리지와 최신 기술에 투자하도록 부추깁니다. 그러나 데이터 품질과 의사 결정은 도메인 전문 지식과 모델링 기술, 비판적 사고, 의사소통을 통해서만 개선됩니다. 교육시키고 연습하고 시간을 들여야 합니다. 불행히도 이런 일은 빅데이터가 데이터와 관련된 어려운 문제를 모두 풀어줄 마법같은 수단이라는 헛된 약속보다 쉽지도, 흥미롭지도, 매력적이지도 않습니다.

우리는 다시 노력으로 초점을 돌리고, 수십 년간 반복해온 최신 유행 추구를 그만두어야 합니다. 새로운 기술에 의지하거나 오래된 기술을 리브랜딩하는 일은 실패하기 마련입니다. 25년간 데이터 관리 분야에서 일하면서, 좋지 않은 설계를 이길 수 있는 기술을 본 적은 아직까지 없습니다.

90

인정받지 못할 때 해야 할 일

제시 앤더슨(Jesse Anderson)

현실을 직시해봅시다. 데이터 엔지니어는 종종 인정받지 못합니다. 데이터 과학자에게는 찬사가 비처럼 쏟아지지만, 데이터 엔지니어는 그 무엇도 받지 못합니다. 황폐한 사막과도 같죠.

이는 불공평하지만 실제로 흔한 일이기에 데이터 엔지니어로부터 지속적으로 듣는 불평이기도 합니다. 어떤 이들은 인정받지 못해 화를 내며 낙담합니다. 어떤 이들은 경력에 진전이 없다고 여기거나 승진하지 못할까봐 두려워하고 때로는 그만둘 준비를 합니다.

먼저 몇 가지의 가혹한 현실부터 살펴봅시다. 최고 경영진이나 부사장, 비즈니스 담당자는 데이터 엔지니어가 최신 기술을 사용하든 단위 테스트를 하든 확장 가능한 시스템을 준비하든 그다지 관심이 없습니다. 그들은 데이터를 통해 창출해내는 비즈니스 가치만을 중요하게 여깁니다(문제가 발생한 경우에만 세부적인 내용에 다소 관심을 갖습니다).

아마도 여러분은 '데이터는 새로운 금'이라는 말을 들어봤을 것입니다. 저도 이 말에 동의합니다. 문제는 '데이터 그 자체'만이 가지고 있는 가치가 상대적으로 낮다는 점입니다. 데이터는 비즈니스 수익을 창출하거나 결정을 내릴 수 있도록 돕는 '결과'로 변환된 다음에야 황금과 같은 가치를 갖습니다.

데이터 가치 사슬을 생각해보면, 데이터 엔지니어링은 보통 사업적으로 가치를 창출하기보다는 가치 창출을 촉진하는 역할을 합니다. 데이터 과학자와 데이터 분석가는 비즈니스 가치를 창출하기 위해 분석력과 통찰력을 보여줄 때 가장 눈에 띄는 자리를 차지하는 사람들입니다.

그렇다면 데이터 엔지니어는 조직에서 자신의 업무를 인정받기 위해 어떻게 해야 할까요? 데이터 엔지니어로서 우리는 경영진이 조직에서 사용하는 기술에 관심을 가져야 한다고 생각합니다. 하지만 경영진들은 우리 뜻대로 움직이지 않습니다. 달라질 리도 없습니다.

그 대신, 데이터 엔지니어로서 우리는 비즈니스에서 사람들이 관심을 갖는 것들에 집중해야 합니다. 비즈니스 담당자가 이해하고 관심을 가지는 방식으로 말하는 습관을 들여야 합니다. 분석은 데이터 엔지니어가 만든 파이프라인에서 직접 결과를 내는 방식으로만 가능하다고 설명해야 합니다.

데이터 엔지니어로서 우리는 스스로 경적을 울리며 존재감을 키워야 합니다. 어쩌면 데이터 과학자들도 우리와 함께 경적을 울려줄지도 모릅니다. 비즈니스 관점의 언어를 보다 적절히 사용한다면, 여러분에게는 곧 찬사와 연봉 인상, 승진이 비처럼 쏟아질 것입니다.

91

데이터 과학 팀이 가치를 창출하지 못했다면

조엘 난타이스(Joel Nantais)

제가 상사의 사무실에서 새로운 대시보드에 대해 브리핑하고 있는 상황을 떠올려봅시다. 이 대시보드를 통해 조직의 모든 사람이 데이터에 접근할 수 있습니다. 상사는 작정했다는 듯 여러분의 데이터 팀이 의미 있는 데이터를 전혀 얻지 못했다며 면박을 주었습니다. 이 말이 저를 당황하게 만들었다고 말한다면 굉장히 절제된 표현일 겁니다. 저는 팀이 열심히 일했음을 알고 있습니다. 수년에 걸쳐 여러 개의 복잡한 프로젝트를 설계했으며 출시했습니다. 그런데도 상사는 팀의 데이터와 팀에서 제공할 수 있는 가치를 믿지 못했습니다.

정말로 혼란스러웠던 저는 상사의 경험과 사고방식을 이해해보려고 이리 저리 수소문했습니다. 상사는 데이터 요청에 대해 즉각적인 응답을 얻기 원했습니다. 그러나 그는 팀에서 데이터를 제공할 수 없다는 답을 거듭 들었던 겁니다. 데이터 팀의 우선순위는 비즈니스 인텔리전스나 머신 러닝, 예측 도구에 집중되었습니다. 조직이 필요로 하는 것이라며 리소스 증가를 정당화했습니다. 젠장, 우리는 5개년 계획을 따르고 있었다고요!

돌이켜보니, 저는 팀이 정한 흥미로운 장기 이니셔티브의 진행 상황에 지나치게 집중했습니다. 그때그때 들어오는 데이터 요청은 뒤로 미뤄졌습니다. 쉽게 접근할 수 있는 데이터에 대한 요청만 처리했습니다.

반응이 빠른 조직에 속해 있다면 그때그때 들어오는 임무를 위해 자원을 투입해야 합니다. 저는 데이터 팀의 유용성에 대한 인식을 바꾸기로 결심했습니다. 일이 쉽든 어렵든 문제 해결을 위해 "예스!"라고 대답하는 새로운 문화를 정착시키기 위해 노력했습니다. 프로젝트의 우선순위를 재조정하고 서로에게 책임을 부여했습니다.

이런 경험을 하기 전에는 탐색적 사고방식을 가지고 있지 않았습니다. 제 잘못이었습니다. 기대치를 설정하는 데 시간을 들이지 않고 특정한 작업과 요청만을 위임했습니다. 저는 팀원의 전문 지식을 신뢰했지만(이건 잘한 일입니다만) 요청을 거부하는 이유를 정확히 알아보지 않았습니다(이건 잘못한 일입니다).

리더라면 올바른 팀을 구축하는 것만으로는 충분하지 않습니다. 올바른 태도와 문화를 만들어야 합니다. 조직의 요구 사항에 따라 우선순위를 정해야 합니다. 어떻게 바꿀 수 있을까요? 앞서 설명한 상황이 지금 여러분이 일하는 조직과 비슷하게 들린다면 다음과 같은 방법을 추천합니다.

5 why 기법

제가 선호하는 기법입니다. 이 기법을 통해 팀이 진정한 한계를 이해하도록 몰아붙일 수 있습니다.

이해관계자 참여

요구 사항을 이해하기 위해 요청한 사람과 이야기하는 데 긴 시간을 투자하세요. 더 큰 이해관계자 그룹을 참여시켜 불편한 데이터를 확보하세요.

도메인 지식

팀이 주제별 전문가에 기대도록 지원하고, 양방향 토론을 진행하세요. 전문가에게 데이터를 보여주고 그들의 프로세스를 팀에 안내하게 하세요.

외부 관점 인식

사무실 밖으로 나가세요. 다른 사무실의 사람들과 이야기를 나누세요. 그 사람들이 원하는 바를 이해하기 위해 노력하세요.

데이터 과학에 맞춰 구축되지 않은 조직이라면 팀의 작업이 조직의 전반적인 사명에 어떻게 기여하는지를 알아야 합니다. 지원 역할을 한다면 조직의 요구와 문제에 진심으로 관심을 기울이세요.

사용하는 도구가 해결책을 제시하는 방법을 이해하세요. 장기적인 해결책과 단기적인 요구 사항 사이에서 균형을 잡으세요. 일반적으로 오늘 당면한 문제가 내년의 문제보다 중요합니다.

92

잘 모르면서 대충 접근하지 말아야 하는 경우

님로드 파라솔(Nimrod Parasol)

모두가 과잉 엔지니어링을 피해야 한다고 말합니다. 프로젝트를 방금 시작했으며 앞으로 어떤 일이 생길지 알 수 없기 때문에 가능한 한 간단하게 만들어야 한다고들 합니다. 아직 생기지 않은 문제를 해결하려고 하지 말라고도 말합니다. 하지만 때로는 문제를 뒤로 미뤄서 생기는 비용이 너무 클 수 있습니다.

대량의 데이터를 다루다 보면 데이터 마이그레이션 프로세스가 복잡하며 비용도 많이 든다는 사실을 알게 됩니다. 새로운 형식으로 이전 데이터를 변환하는 코드를 작성한 다음 기존 데이터 전체에 대해 변환 코드를 실행시켜야 하며, 마지막으로 사용자가 달라진 점을 인식하지 못하도록 이전 데이터셋과 새 데이터셋을 실시간으로 완벽하게 동기화해야 합니다. 이런 프로세스는 인력과 컴퓨팅 자원을 많이 소모하며 생산 시스템에 버그를 만들 위험을 내재하고 있습니다.

데이터 저장소를 설계할 때는 향후 데이터 마이그레이션을 피할 방법까지 생각해봐야 합니다. 주로 고려해야 할 2가지 요소는 다음과 같습니다.

첫 번째는 데이터 저장 **형식**입니다. 데이터베이스일 수도 있고, 데이터 레이크에서 사용하기로 정한 파일 형식일 수도 있습니다. 한쪽을 선택하고 나면 변경하기가 어렵습니다. 이전 형식과 새로운 형식을 모두 지원하도록 복잡한 시스템을 구축하거나 데이터 마이그레이션을 수행해야 합니다. 아마 둘 다 원치 않을 겁니다.

두 번째는 파티션의 **스키마**입니다. 오늘날 대부분의 데이터 저장소는 일종의 스키마 진화를 지원합니다. 따라서 필드를 쉽게 추가하거나 제거할 수 있습니다. 그렇지만 파티셔닝의 기준이 되는 필드를 변경하는 경우에는 데이터를 새로운 파티션으로 마이그레이션해야 합니다.

처음에는 파티셔닝하지 않고 회사의 기본 데이터베이스 기술을 사용해도 충분하다고 여길 수 있습니다. 그럴 수도 있겠지만, 앞에서 언급한 2가지 요소를 미리 고려한다면 향후 수행해야 할 최적화를 미리 발견할 수 있습니다. 그렇다면 즉시 제거하는 편이 좋지 않을까요?

세상의 모든 일이 그렇듯이 단 하나의 보편적 진리란 존재하지 않습니다. 최적화되지 않은 데이터 저장소를 사용하는 편이 타당할 수도 있습니다. 어쩌면 프로젝트가 영원히 프로덕션 단계에 이르지 못할 수도 있습니다. 쿼리 패턴을 예상할 만한 정보가 없지만 빠르게 프로토타입을 만들어야 할지도 모릅니다.

일단 나이브하게 접근해보기로 한 경우, 최적화하기 전에 너무 많은 데이터가 축적되면 나중에 최적화하는 비용이 커진다는 점을 알아야 합니다. 이런 상황이라면 너무 늦기 전에 데이터 볼륨 기준이나 비즈니스 상태에 따라 설계를 재검토하기 좋은 지점을 표시해 두는 것이 가장 좋습니다.

93

데이터 공유에 주의해야 하는 경우

토마스 닐드(Thomas Nield)

제가 경영대학원을 갓 졸업했을 무렵, 데이터 사일로는 조직에 나쁘고 독이 된다고 배웠습니다. 직원과 부서가 지나치게 고립되어 내부에만 집중하면 온갖 종류의 기업 기능 장애를 겪게 됩니다. 작업 중복이 일상화되고, 서로 상충되며, 경쟁적인 목표 때문에 조직의 효율성이 나빠지고, 누구나 손쉽게 활용해서 득을 봐야 하는 귀중한 데이터는 꺼내기 힘든 상태로 소유자의 손에 남게 됩니다.

이런 우려는 타당하며 실제로도 종종 일어나는 일이지만, 저는 때때로 관료주의와 사일로가 적합한 상황이 있음을 배웠습니다. 데이터를 사용할 수 있는 주체가 너무 많아지면 데이터는 정치적이고 조직적인 골칫거리가 될 수 있기 때문입니다. 깜짝 놀라셨을 수도 있고 투명성과 공개 데이터가 분석과 혁신을 주도하는 것이 아니냐고 묻고 싶기도 할 것입니다. 물론 그렇습니다. 하지만 데이터를 사용 가능하게 만드는 작업은 균형을 유지하려는 행동이며 상황에 따라 다릅니다.

먼저 이상한 데이터를 공유하지 말아야 하는 분명한 이유부터 살펴보겠습니다. 민감한 데이터의 경우, 꼭 알아야 하는지의 여부를 기준으로 접근 권한을 부여하는 것이 최선입니다. 데이터베이스가 과도한 트래픽과 값비싼 분석 SQL 쿼리에 취약하다면, 이는 접근을 허용하지 않을 이유가 됩니다. 일반적으로 이러한 상황에서는 복제된 데이터베이스를 분석 용도로 제공하기 때문에 프로덕션 데이터베이스에는 영향을 미치지 않습니다.

이제 보다 분명하지 않은 이유를 설명하겠습니다. 때로는 도메인 전문가에게 데이터에 대한 독점적 접근 권한을 부여하여 데이터베이스의 문지기로 삼아야 합니다. 물론 관료적이고 끔찍하게 들리겠지만, 저 역시나 전문가에게 맡기라는 말을 싫어하지만, 그래도 참아주세요.

특화된 데이터를 올바르게 탐색하고 해석하는 일은 엄청난 양의 도메인 지식을 요구하기 때문에 어렵습니다. 수익 예측에 대해 전혀 아는 바가 없다면 수익 예측 데이터베이스를 거쳐 업무를 진행하는 게 옳은 일일까요? 수익 예측 담당자에게 무엇이 필요한지를 직접 물어보는 것이 좋습니다. 담당자들은 해당 데이터와 데이터가 반영한 비즈니스, 조회하기 위해 WHERE 조건이 필요한 필드가 무엇인지 알고 있습니다.

포춘지가 선정한 500대 기업에서 일하는 조Joe가 한 부서에서 다른 부서로 팀을 옮겼다고 가정해봅시다. 새로운 부서에서는 조에게 이전 소속 부서의 예측 데이터에 접근할 수 있도록 도와줄 수 있냐고 묻습니다. 조는 새로운 부서의 요구에 대해 데이터는 복잡하고 해석하는 데는 전임 전문가의 전문 지식이 필요하다고 설명합니다. 이 데이터는 아무렇게나 탐색이 가능한 유형의 데이터베이스가 아니며 쿼리를 잘못 만들기 쉽다고도 이야기합니다.

말할 것도 없이, 조가 새로운 부서에서 이전 부서의 작업을 수행하기 시작한다면 조직이 복잡해지며 타 부서의 영역을 침범할 수 있습니다. 예측 작업과 관련하여 예산과 인재를 배치해야 하는 곳은 어디일까요? 두 부서 모두일까요? 최선의 경우라고 할지라도 조직적 변화를 요구하게 될 것이고, 최악의 경우에는 불필요하고 격렬한 정치 싸움으로 번질 수 있습니다.

조직에서 책임과 그에 수반되는 데이터를 위임하는 것은 쉽지 않습니다. 데이터를 중앙 집중화하고 가능한 한 많은 이해관계자가 데이터에 접근하게 만들겠다는 목표는 웅장하지만 항상 실현 가능하지는 않습니다. 어떤 데이터는 보다 공개적으로 공유해야 하고, 또다른 데이터는 데이터를 올바르게 활용할 만큼 데이터를 잘 알고 있는 전임 전문가가 독점적으로 보관해야 합니다.

94

발언할 때와 경청할 때

스티븐 핑켈스타인(Steven Finkelstein)

현재 진행 중인 디지털화 프로젝트 1주년을 앞두고, 이 경험에서 무엇을 배웠는지 되돌아보려 합니다. 프로젝트 스위프트SWIFT의 목표는 제품 개발자들이 전 세계 사업체의 제조 공장에 대한 정보를 개발 프로세스 초반에 접할 수 있게 만들자는 것이었습니다. 프로젝트의 결과물은 데이터 수집 도구와 태블로Tableau의 비즈니스 인텔리전스 보고서가 되었습니다. 목표는 아주 단순했지만, 진행 과정에서 끊임없이 거시적이거나 미시적인 수준의 문제를 겪었습니다.

거시적으로는 조직에 엄청난 변화가 일어나고 있었습니다. 제가 소속된 부서는 클라우드로의 전략적 전환이라는 변화와 함께 데이터 기반의 조직이 되어가고 있었습니다. 제 자리를 흡수한 데이터 분석 팀이 새로 만들어지는 등 조직 구조가 크게 개편되었고요. 스위프트와 같은 새로운 프로젝트의 경우, 이전 몇 년간과 달리 IT 부서가 아니라 제가 속한 팀에서 기술 측면을 주도했습니다. 조직 변화 때문에 중요한 설계를 결정하는 리더십에 공백이 생겼습니다. 저는 이러한 거시적 수준의 조직 변화가 프로젝트에 풀기 어려운 몇몇 문제를 야기했다고 생각합니다.

미시적 수준에서는 모든 요구 사항 논의의 중심에 제가 있었습니다. 최종 보고서에 필요한 데이터가 없었으므로, 초반에는 어떤 데이터를 얻어야 하는지와 모델링할 엔터티 사이의 관계에 대해 논의했습니다. 초반 요구 사항을 맞추는 데 35개의 데이터 필드가 필요했습니다. 저는 즉시 이런 요구 사항에 반발했습니다. 우리는 이 프로젝트를 최대한 빠르게 실행하기 위해 애자일 방법론을 도입했습니다. 그렇지만 필드를 줄이자고 합의하자마자 큰 문제가 생겼습니다.

프로젝트에 좀 더 전문적인 지식을 갖춘 많은 주제별 전문가가 새롭게 참여했습니다. 이로 인해 과거의 요구 사항에 의문이 생겼습니다. 이어지는 회의마다 10명 이상의 전문가들이 참석했습니다. 어떤 질문을 할 것인지와 어떻게 요구 사항을 명확히 전달할 것인지를 신중히 따져봐야 했습니다. 어떤 데이터 필드 쌍이 다대다 관계를 맺는지 알아내려고 끊임없이 접근 방식을 수정했던 기억이 납니다. 때로는 다른 참여자가 제 요청을 잘못 해석하곤 했지만, 대화에 언제 껴들어야 할지 도저히 알 수 없었습니다. 할 수 있었던 최선의 방식은 귀기울여 들으면서 흐름을 바로잡기 위해 적절한 타이밍을 기다리는 것뿐이었습니다.

오늘도 여전히 프로젝트는 진행 중이지만, 이제는 가동 상태라고 말할 수 있어서 기쁩니다. 아직 해결할 문제가 남아 있지만 상당한 진전이 있었습니다. 프로젝트의 범위를 필드 9개로 줄였으며 비즈니스에 최대한 유연하게 대응하기 위해 데이터 모델을 제3정규형으로 설계했습니다. 프로젝트가 복잡해지는 상황을 막으려고 팀에서 끊임없이 반발하지 않았다면 프로젝트는 가동 상태 근처에도 가지 못했을 것입니다.

프로젝트를 진행하며 귀중한 교훈을 얻었습니다. 반드시 모든 토론에서는 단순함을 지향해야 한다는 것입니다. 그렇지만 발언할 때와 경청할 때를 알아내는 것은 아주 주관적인 일입니다. 스티브 잡스Steve Jobs는 "먼저 그들이 무엇을 원하는지 파악하는 것이 우리의 일이다"라고 말했습니다. 데이터 엔지니어는 다양한 이해관계자가 요구 사항을 해결하면서 기술을 단순화하는 올바른 길로 나아갈 수 있도록 스티브 잡스처럼 생각해야 합니다.

95

데이터 과학 팀에 전문가 대신 제너럴리스트가 필요한 이유

에릭 콜슨(Eric Colson)

애덤 스미스Adam Smith는 〈국부론〉에서 핀을 만드는 공장의 조립 라인을 예로 들어 분업이 생산성을 향상시키는 데 근본이 된다는 사실을 생생히 보여주었습니다. "첫 번째 사람은 철사를 뽑고, 두 번째 사람은 곧게 펴고, 세 번째 사람은 자르고, 네 번째 사람은 뾰족하게 깎고, 마지막 사람은 연마합니다." 기능 중심의 전문화를 진행하면 작업자는 각기 좁은 영역의 작업에 고도로 숙련되므로 프로세스의 효율은 올라갑니다.

이런 효율성의 매력에 이끌려 데이터 과학 팀도 데이터 엔지니어, 머신 러닝 엔지니어, 연구원, 인과 추론 과학자 등 전문 기능에 따라 구성되었습니다. 제품 관리자가 전문가의 작업을 조정하며, 핀 공장과 비슷한 방식으로 기능 사이의 핸드오프handoff를 수행합니다. "첫 번째 사람은 데이터를 제공하고, 두 번째 사람은 모델로 만들고, 세 번째 사람이 구현하며, 마지막 사람이 측정합니다."

이 접근 방식의 문제점은 데이터 과학 제품과 서비스를 미리 설계하기가 매우 어렵다는 점입니다. 제품과 서비스를 이터레이션하는 과정을 통해 학습하고 개발해야 합니다. 그러나 개발을 전문가 여러 명이 나누어 하게 되면 여러 요인으로 인해 반복 주기가 어지러워집니다. 변경이 생길 때마다 알리고 논의하고 정당화하는 데 시간이 소요되며 이러한 조정 비용은 관련된 사람 수에 따라 증가합니다.

전문가가 몇 명만 있더라도 작업을 조정하는 데 들이는 비용이 분업에서 얻는 이득을 순식간에 초과할 수 있습니다. 이보다 더 끔찍한 점은 전문가가 수행하는 작업 단위 사이에 발생하는 대기 시간입니다. 전문가의 일정을 맞추기가 어렵기 때문에 프로젝트는 전문가의 리소스를 기다리면서 아무 일도 하지 않는 상태로 유지되곤 합니다. 이 2가지 요인은 데이터 과학 제품을 개발하는 데 중요한 이터레이션을 망가뜨릴 수 있습니다. 'ETL 변경 대기 중' 혹은 '머신 러닝 엔지니어 구현 대기 중' 등의 상태 업데이트는 지나친 전문화가 진행되었음을 나타내는 반증입니다.

전문 기능별로 데이터 과학자를 편성하는 대신 서로 다른 비즈니스 기능이 각자 처음부터 끝까지 소유권을 갖도록 하세요. 이를테면 어떤 데이터 과학자는 제품 추천 기능을 구축하고, 다른 데이터 과학자는 고객 예측 기능을 구축할 수 있습니다. 그다음 각각의 데이터 과학자가 모델 훈련부터 ETL, 구현, 측정에 이르기까지 기능 개발에 필요한 모든 역할을 수행합니다.

물론 이런 데이터 과학자 제너럴리스트generalist는 작업을 병렬적보다는 순차적으로 수행해야 합니다. 그렇지만 작업에 걸리는 시간은 보통 별도의 전문가 리소스가 활용 가능해질 때까지 대기하는 시간보다 아주 작을 겁니다. 따라서 이터레이션과 개발에 드는 시간은 줄어들고 학습과 개발은 더 빨라집니다.

많은 사람이 풀스택 데이터 과학 제너럴리스트라는 개념에 겁을 먹습니다. 특히 데이터 과학자 다수가 소프트웨어 엔지니어로서 훈련되지 않았기 때문에 전문적인 기술을 습득하기가 매우 어렵다고 생각합니다. 그렇지만 기술적인 복잡성의 대부분은 강력한 데이터 플랫폼을 통해 상당 부분 추상화될 수 있습니다. 데이터 과학자는 컨테이너화 혹은 분산 처리, 자동 장애 조치처럼 깊은 부분의 작업에서 보호받을 수 있습니다. 이를 통해 데이터 과학자는 이터레이션을 통해 솔루션을 학습하고 개발하는 과학적인 측면에 좀 더 집중할 수 있습니다.

96

엄청난 데이터에 따르는 엄청난 책임

로힛 비자야레누(Lohit VijayaRenu)

지난 10년간 데이터가 폭발적으로 증가했고, 이는 다양한 조직에서 데이터를 수집하고 처리하고 분석하고 이를 통해 고객 서비스를 개선하는 방식에까지 영향을 미쳤습니다. 많은 기업에서 변화를 받아들였고 데이터를 우선하게 되었습니다. 하드웨어와 소프트웨어 시스템 모두가 빅데이터 시스템을 지원할 수 있게 진화했고, 따라서 데이터 엔지니어가 이전에는 발견할 수 없었던 귀중한 통찰을 쉽게 끌어낼 수 있게 되었습니다. 데이터 중심 애플리케이션이 사용자 경험을 개선했지만, 동시에 사용자 정보가 애플리케이션과 사용자가 통제할 수 없는 곳에 노출될 수 있습니다. 이제 데이터 엔지니어는 더 큰 책임감을 가지고 정보를 다루어야 합니다.

사용자 입장에 서라

여러 시스템이 사용자에 대한 다양한 유형의 개인 정보를 수집합니다. 사용자 정보를 항상 본인의 정보처럼 다루세요. 때때로 데이터 엔지니어는 데이터 애플리케이션을 설계하는 동안 데이터를 보호하는 역할도 해야 합니다. 항상 보안 및 개인 정보 보호에 대한 사내 표준이나 업계 표준을 지켜야 합니다. 조직에는 보안 정책 시행을 도우면서 새로운 위협에 대해 최신 상태를 유지할 전담 인력이나 팀이 있어야 합니다.

사용자 정보를 활용할 때는 반드시 윤리를 지켜라

보안 정책을 모두 시행했더라도 사용자 데이터가 윤리적으로 활용되는지 확인하는 일은 데이터 엔지니어의 책임입니다. 고급 머신 러닝이나 인공지능 알고리즘을 사용하면 사용자 행동과 의도를 쉽게 예측할 수 있습니다. 엔지니어는 더 많은 시간을 들여 이러한 알고리즘의 의미와 사용자의 경험과 감정에 미치는 영향을 생각해봐야 합니다.

데이터 발자국을 주시하라

데이터를 사용하는 애플리케이션을 만든다면 애플리케이션의 결과물이 어떻게 활용되는지를 관찰해야 합니다. 생성된 데이터가 어디서 어떻게 사용되는지, 데이터에 접근할 수 있는 사람은 누구인지, 어떤 유형의 다운스트림 애플리케이션이 데이터를 활용해 구축되는지를 알아 두는 것 역시 데이터 엔지니어의 직무입니다. 다른 애플리케이션에서 비롯된 데이터를 사용하는 경우에도 마찬가지입니다. 의도된 사용 방식을 이해하고 데이터의 원래 생산자에게 데이터 이용에 대해 알리세요.

조직에서 사용자 정보가 사용되는 방식, 정보에서 파생되는 산출물, 정보에 접근할 수 있는 관계자에 대한 전체적인 관점을 가지는 것이 그 어느 때보다 중요합니다.

97

데이터 검증 실패! 그 다음은?

샘 베일(Sam Bail) 박사

축하합니다! 파이프라인에 데이터 테스트를 성공적으로 구현했군요. 구매한 도구를 사용했든 직접 만든 검증 코드를 사용했든 관계없이 고품질의 데이터 통찰을 얻기 위한 필수적인 단계를 밟았습니다. 그렇지만 여러분은 테스트가 실제로 실패했을 때 일어나는 일에 대한 계획도 가지고 있나요? 이번 섹션에서는 데이터 검증에 실패했을 때 대응하는 몇 가지 주요 단계와, 조직을 위해 데이터 품질 전략을 개발하는 경우 확인해야 할 중요한 사항에 대해 설명합니다.

시스템 응답

자동화된 시스템 응답은 데이터 테스트가 실패했을 때 처음 대응하는 단계입니다. 이 단계에서는 불량 데이터를 격리한 다음 파이프라인을 마저 진행하거나, 파이프라인을 중지하거나, 아무것도 하지 않을 수 있습니다.

로깅 및 알림

어떤 오류를 바로 알리고 어떤 오류를 차후 활용할 용도로 로그에 남겨야 할까요? 알림을 확실히 받기 위해 이메일, 슬랙, 페이저듀티PagerDuty 등의 여러 매체 중에서 무엇을 선택하실 건가요? 알림은 언제 전송해야 할까요? 곧바로? 파이프라인 실행 종료 시점에? 혹은 정해진 시간에? 마지막으로 대응하는 사람이 어떤 일이 일어났는지, 그 사건이 얼마나 심각한지를 곧바로 이해할 수 있을 만큼 알림 내용이 명확한가요?

알림 대응

알림을 보고 대응할 사람은 누구인가요? 돌아가며 비상 당번 역할을 수행하나요? 합의된 응답 시간은 어느 정도인가요? 누가 응답에 대한 책임을 질 것인지를 모든 관계자가 알고 있나요?

이해관계자 간 소통

엔지니어는 데이터 소비자가 눈치채기 전에 "데이터에 문제가 있다"는 사실을 알리고 싶어합니다. 문제를 조사하는 동안에는 이해관계자와 열린 커뮤니케이션을 유지하여 문제 해결 과정의 최신 소식을 제공하는 것이 좋습니다.

근본 원인 식별

데이터 문제의 근본 원인을 식별하는 핵심은 다음 사항을 체계적으로 확인하는 것입니다.

- 실제 일어나는 정확한 문제 식별
- 문제의 원인 식별

테스트 실패를 곧이곧대로 받아들이지 않는 편이 좋습니다. 일부 행에 대한 널 값 테스트가 실패하는 이유는 일부 행에 실제 널 값이 있기 때문이거나 그 컬럼이 더 이상 존재하지 않기 때문일 수도 있습니다. 먼저, 실제 문제를 확인한 다음에 문제 원인을 파헤치는 편이 타당합니다.

이슈 해결

데이터 테스트 실패의 원인이 되는 문제를 다음과 같은 카테고리로 나눌 수 있습니다.

- 데이터는 실제로 올바르지만 테스트를 조정해야 합니다. 이런 상황은 보통 발생하지 않지만 올바른 이상 값이 있을 때 발생할 수 있습니다.
- 데이터가 손상되었지만 복구가 가능합니다. 이를테면 전화번호 형식이 잘못되었을 수 있습니다. 이 경우, 권한이 있다면 업스트림 데이터를 각기 변경할 수 있으며 파이프라인 코드에 로직을 추가해서 문제를 처리할 수 있습니다.
- 데이터가 손상되었으며 복구할 수 없습니다. 값이 누락되었거나 소스 데이터에 접근할 수 없는 경우 발생할 수 있습니다. 이런 경우 손상된 레코드를 격리한 다음 파이프라인을 계속 실행하거나, 데이터의 다운스트림 사용을 조정해서 문제를 처리할 수 있습니다.

저자 소개

아디 폴락

 아디 폴락은 마이크로소프트 애저 엔지니어링 조직에서 시니어 소프트웨어 엔지니어 및 디벨로퍼 애드버킷Developer Advocate으로 일하고 있습니다. 주된 업무는 분산 시스템과 빅데이터 분석, 머신 러닝 파이프라인입니다. 그녀는 폭넓은 업계 리서치와 엔지니어링 경험을 활용하여 조직이 확장성과 팀 전문성, 비즈니스 목표에 중점을 두고 소프트웨어 및 인프라 솔루션을 비용효율적으로 설계하고 구성할 수 있도록 돕습니다. 새로운 소프트웨어 아키텍처 코드를 작성하거나 생각해내지 않을 때는 하이킹이나 캠핑을 즐기고는 합니다.

분산 프로그래밍에서 중요한 개념 3가지
빅데이터 세상의 작은 파일

아만다 톰린슨

 아만다 톰린슨은 6년 전에 소프트웨어 개발 업무로 경력을 전환했으며, 이후로는 데이터 엔지니어링 분야에서 일하고 있습니다. 그녀는 데이터 엔지니어링 프로세스에 제품 중심 사고를 적용하는 데 관심이 있어서 제품 담당자로 직무를 변경했으며, 지금은 영국의 통신 회사 BT그룹BT Group에서 광대역 서비스 데이터에 대한 제품 오너가 되었습니다. 아만다는 배우자인 닐Neil, 자녀인 소피아 Sophia, 피비Phoebe와 함께 벨파스트Belfast에 살고 있습니다.

사용자 의견을 듣되 지나치게 따르지 말라

아멜리아 윙

아멜리아 윙은 알루시오 사의 공동 창업자입니다. 알루시 오를 설립하기 전에는 교육 및 의학 연구 발전에 중점을 둔 민간 재단을 공동으로 설립하고 관리했습니다. 실리콘 밸 리 소셜 벤처 펀드Silicon Valley Social Venture Fund 및 자신이 설립한 재단의 이 사회 이사로서 비영리 부문에서도 여전히 활동하고 있습니다. 캘리포니아 대학교 버클리University of California, Berkeley 법학전문대학원 과정에 있으며, 같은 대학의 학사 학위를 받았습니다.

데이터 사일로를 받아들여라

아미 레빈

아미 레빈은 관계형 데이터 모델 및 SQL 분야의 열정적인 실무자이며 교육자입니다. 커뮤니티에서 활발히 활동하고 있으며, 실리콘 밸리 데이터 플랫폼 사용자 그룹Silicon Valley Data Platform User Group을 공동으로 이끌고 있습니다. 여러 사용자 그룹과 컨 퍼런스에서 종종 발표와 강의를 진행하며, 링크드인 러닝LinkedIn Learning, 오라일리, 플루럴사이트Pluralsight 등 저명한 학습 플랫폼의 비디오를 제자 합니다. 아미는 마이크로소프트 백서와 AWS 오로라AWS Aurora 마이그레이 션 가이드 등 여러 백서와 기사, 책을 냈습니다. 이에 더해 데이터 설계자 및 모델러, 데이터베이스 설계자, SQL 개발자로서도 광범위한 실무 경험을 가지고 있습니다. 세계에서 가장 크고 까다롭고 미션 크리티컬한 데이터 환경을 설계, 검토, 최적화했습니다. 그는 데이터베이스 성능을 자율적으로 최적화하는 기술에 대한 미국 발명 특허를 가지고 있습니다.

빅데이터란 무엇인가?

앤드루 스티븐슨

앤드루 스티븐슨은 데이터옵스를 아파치 카프카 등의 실시간 데이터 기술에 도입하는 Lenses.io의 CTO이자 공동 설립자입니다. 앤드루는 세계적 수준의 Lenses.io 엔지니어링 팀과 기술 전략을 이끌고 있습니다. 20년 넘게 실시간 데이터를 다룬 경험을 바탕으로 은행, 소매업, 에너지 부문의 Eneco, Barclays, ING, IMC 등의 회사에서 빅데이터 프로젝트를 이끌고 설계했습니다. 또한, 선도적인 오픈 소스 기여자이기도 합니다.

데이터 프로젝트를 성공시키려면 기술이 뒤로 물러서야 한다

앤서니 부르디

앤서니 부르디는 데이터 품질, 교육 기술, 차량 안전, 재생 에너지, 하이브리드 차량, 국방 등 다양한 분야에서 엔지니어링 경험을 쌓았습니다. 스탠퍼드 대학교Leland Stanford Junior University에서 석사를, 메사추세츠 공과대학교Massachusetts Institute of Technology, MIT에서 학사 학위를 받았고 리커스 센터Recurse Center에서 컴퓨터 과학을 공부했습니다. 슈퍼컨덕티브Super-conductive에 합류하기 전까지 앤서니는 개별 기여자와 다양한 분야의 팀 리더를 모두 경험했습니다. 그가 이끈 팀에는 세계 최대의 영구 자석 직접 구동 풍력 터빈을 런칭한 곳도 있습니다. 슈퍼컨덕티브에서는 오픈 소스 도구인 그레이트 익스펙테이션즈 구축을 돕고 프리펙트Prefect와 다그스터Dagster와 같은 파트너와 함께 통합 제품을 구축했습니다.

로봇을 이용해서 규칙을 강제하라

아리엘 샤케드

 아리엘 샤케드는 트리버스Treeverse의 소프트웨어 엔지니어입니다. 오픈 소스 프로젝트인 lakeFS와 같이 데이터 레이크에 최신 트랜잭션 모델을 지원하기 위한 최신 도구를 만듭니다. 2기가바이트가 대규모 취급을 받던 오래전부터 빅데이터를 만들기 시작했으며, 유전체학부터 네트워크 추적에 이르는 거의 모든 분야의 크고 작은 회사에서 일했습니다. 일을 하지 않을 때는 배우자 및 세 아이와 함께 시간을 보내거나 종종 달리기를 합니다.

늦게 도달하는 데이터

아툴 구프테

 아툴 구프테는 페이스북 오큘러스 VROculus VR 팀의 제품 관리자입니다. 우버에서는 제품 플랫폼 팀의 제품 관리자를 맡았습니다. 데이터 과학 팀이 우버의 글로벌 비즈니스를 강화하기 위한 기본 인프라와 고급 소프트웨어를 제공함으로써 잠재력을 최대한 발휘할 수 있도록 제품 결정을 이끌었습니다. 일리노이 대학교 어배너−샘페인University of Illinois at Urbana-Champaign에서 컴퓨터 과학 학사 학위를 받았습니다.

제품처럼 데이터 플랫폼을 구축하는 방법

바 모지스

바 모지스는 액셀Accel과 같은 실리콘 밸리의 최상위 투자자들이 지원하는 데이터 신뢰성 회사인 몬테 카를로Monte Carlo의 CEO이며 공동 창업자입니다. 그 전에는 게인사이트Gainsight의 고객 운영 부사장, 베인&컴퍼니Bain&Company의 관리 컨설턴트, 이스라엘 공군의 정보 데이터 분석 부대의 지휘관으로 일했습니다. 바는 스탠퍼드 대학교에서 수학 및 계산 과학 학사 학위를 받았습니다.

데이터 엔지니어를 위한 관측 가능성
제품처럼 데이터 플랫폼을 구축하는 방법
데이터 메시와 메시를 망치지 않을 방법

바르토스 미컬스키

바르토스 미컬스키는 10년간 다양한 산업 분야에서 데이터 집중식 백엔드 애플리케이션 및 데이터 파이프라인 개발 경험을 쌓았습니다. 그는 데이터 엔지니어이자 트레이너, 컨퍼런스 강연자 블로거이기도 합니다. 네트워크 스니퍼network sniffer, 통화 녹음 장비, 투자 은행, 여행 산업체, 위키 호스팅 서비스, 공급망 위험 관리 등을 위한 다양한 소프트웨어 업무를 수행했습니다. 그는 신뢰할 만한 데이터 파이프라인과 MLOps, 데이터 엔지니어링에서의 자동화된 테스트 구축에 대한 글을 씁니다.

경력을 망치는 한 문장

바스 기어딩크

바스 기어딩크는 인공지능 및 빅데이터 분야의 테크 리더로 일하고 있습니다. 그는 인공지능과 정보학에 대한 학문적 배경을 갖고 있습니다. 바스는 C++부터 프롤로그Prolog, 스칼라에 이르는 광범위한 기술 관점을 갖추고 있으며, 소프트웨어 개발, 디자인 및 아키텍처에 대한 배경 지식을 가지고 있습니다. 그는 글을 쓰며, 컨퍼런스와 비공식 미팅에서 종종 발표합니다. 발표할 때는 비즈니스 사례와 아키텍처, 소스 코드를 열정적으로 소개하곤 합니다.

도구가 아니라 패턴과 관행이 중요하다

빌 프랭크스

빌 프랭크스는 케네소 주립 대학교Kennesaw State University의 통계 및 분석 연구 센터의 디렉터입니다. 〈빅데이터에서 천금의 기회를 캐라〉(에이콘출판사, 2014), 〈The Analytics Revolution〉(Wiley, 2014)를 집필했으며, 〈97 Things About Ethics Everyone In Data Science Should Know〉(O'Reilly, 2020)의 편집자입니다. 빌은 인기 있는 연사이며 자주 글을 쓰는 블로거입니다. 그는 포춘지가 선정한 100대 기업부터 소규모 비영리 조직에 이르기까지 다양한 산업 분야의 고객사를 대상으로 일했으며, 여기에는 테라데이터(NYSE: TDC)의 최고 분석 책임자 역할도 포함됩니다. 더 자세한 정보는 www.bill-franks.com을 참고하세요.

데이터 과학자 관점에서 보는 데이터 엔지니어링

빈 판

빈 판은 알루시오 사의 오픈 소스 부문 부사장입니다. 알루시오에 창업 멤버 엔지니어로 합류하기 전에는 구글에서 차세대 스토리지 인프라 구축 업무를 수행했습니다. 빈은 카네기 멜런 대학교Carnegie Mellon University에서 분산 시스템의 설계 및 구현에 대해 컴퓨터 과학 박사 학위를 받았습니다.

데이터 사일로를 받아들여라

밥 하프너

밥 하프너는 데이터 엔지니어링 솔루션에 특화된 컨설턴트입니다. 그는 20년 이상 현업에 종사하며 다양한 산업 분야의 여러 가지 역할을 도맡았습니다. 밥은 2017년에 배우자 애나Anna와 함께 인벤티브 데이터 솔루션즈Inventive Data Solutions를 창업했습니다. 그는 ETL부터 클라우드 기반 서버리스 파이프라인까지 다양한 데이터 엔지니어링 프로젝트를 개발했습니다. 밥의 트위터 ID는 @bobhaffner입니다.

완벽함은 적절함의 적이다

보리스 루블린스키

보리스 루블린스키는 노련한 엔터프라이즈 아키텍트이며 개발자입니다. IBM 양자 컴퓨팅 연구소에서 에반젤리스트 및 아키텍트로 일하고 있습니다. 과거에는 라이트밴드 Lightbend의 수석 아키텍트로, 인기 있는 오픈 소스 도구와 함께 쓰이는 스트리밍 데이터 애플리케이션을 위한 통합 시스템인 라이트밴드 클라우드플로

Lightbend Cloudflow 개발에 적극적으로 참여했습니다. 보리스는 존 와일리&선즈John Wiley&Sons와 오라일리에서 여러 권의 책을 썼으며 여러 오픈 소스 프로젝트에 기여했습니다. 그는 종종 컨퍼런스에서 발표하고 튜토리얼을 진행하며, 시카고의 여러 사용자 그룹을 공동으로 관리합니다. 보리스는 국립 상트페테르부르크 폴리테크닉 대학교Saint Petersburg State Polytechnic University에서 제어 시스템 분야의 박사 학위를 받았습니다.

로그 중심 아키텍처에서의 메시지 정의 및 관리 방식

크리스 모라디

크리스 모라디는 관리하기 쉬운 데이터 파이프라인 및 서비스 구축을 즐기는 풀스택 데이터 과학자입니다. 저소득층 고등학생의 대학 진학을 돕는 작업부터 신용카드 사기를 식별하는 작업까지 다양한 프로젝트에 참여했습니다. 스티치 픽스Stitch Fix에서는 차세대 의상 제작 및 개인화 알고리즘을 구축하는 업무를 맡고 있습니다.

유지 보수에 집중하고 ETL 작업을 분리하라

크리스티안 하인즈만

크리스티안 하인즈만은 필라델피아Philadelphia에서 활동하는 결과 중심의 실용주의 리더이자 기술자입니다. 실시간 작업이 요구되는 민첩한 스타트업부터 대규모 작업이 요구되는 대기업까지 다양한 곳에서 수십 년의 경험을 쌓아왔습니다. 복잡한 시스템을 손댈 곳 없이 만들어서 사업체가 비즈니스 문제에 집중하도록 돕는 일에 열정적입니다. 소프트웨어 엔지니어링 기술과 최신 데이터 스택에서

비롯되는 모든 통찰을 즐깁니다. 그가 컴퓨터 앞에 앉아 있지 않을 때는 아마도 사워 도우 빵을 완벽하게 만들기 위해 애쓰고 있을 겁니다.

데이터 파이프라인의 진화

크리스천 라우어

크리스천 라우어는 데이터 및 분석 분야에서 IT 프로덕트 매니저로 일하고 있습니다. 스스로를 함부르크Hamburg와 키엘Kiel 지역의 빅데이터 애호가라고 소개합니다. 가장 큰 관심사는 데이터 엔지니어링이며, 그 분야의 많은 프로젝트를 진행합니다.

안정적인 데이터 처리를 위한 5가지 모범 사례

크리스티아노 앤더슨

크리스티아노 앤더슨은 셰어 나우SHARE NOW의 시니어 데이터 엔지니어입니다. 이전에는 빅데이터와 클라우드 컨설턴트로 일했습니다. 데이터 파이프라인, 클라우드 컴퓨팅, 파이썬, 스칼라, 아파치 스파크, 인프라 자동화 업무를 열정적으로 수행하며 전 세계에서 열리는 기술 컨퍼런스에서 종종 발표합니다. 공개 표준과 프리 소프트웨어의 지지자로서 20년 동안 여러 프로젝트 및 그룹에 기여했습니다. 그의 트위터 ID는 @dump입니다.

인프라스트럭처를 자동화하라

크리스토퍼 버그

크리스토퍼 버그는 데이터키친DataKitchen의 CEO이자 수석 셰프입니다. 크리스는 25년 이상의 연구와 소프트웨어 엔지니어링, 데이터 분석, 임원 경력이 있습니다. 그동안 COO, CTO, VP, 엔지니어링 디렉터를 역임했습니다. 크리스는 분야에서 인정받는 전문가입니다. 〈The DataOps Cookbook〉(DataKitchen, 2020)과 〈The DataOps Manifesto〉 선언문의 공동 저자이며, 다수의 산업 컨퍼런스에서 데이터옵스 관련 내용을 발표했습니다. 크리스는 컬럼비아 대학교Columbia University에서 석사 학위를, 위스콘신 대학교 매디슨 University of Wisconsin-Madison에서 학사 학위를 받았습니다.

데이터 엔지니어링의 할 일과 하면 안 되는 일

딘 왐플러 박사

딘 왐플러는 확장성 있는 스트리밍 데이터 시스템과 머신 러닝 및 인공지능 애플리케이션을 위한 데이터 엔지니어링 전문가입니다. 도미노 데이터 랩Domino Data Lab에서 수석 소프트웨어 엔지니어를 맡고 있습니다. 딘은 〈What is Ray? Distributed Computing Made Simple〉(O'Reilly, 2020), 〈Fast Data Architectures for Streaming Applications〉(O'Reilly, 2018), 〈Programming Scala〉(O'Reilly, 2021)의 저자이며 그 외에도 오라일리의 다양한 책과 보고서를 썼습니다. 그의 트위터 ID는 @deanwampler입니다.

스트리밍은 배치와 다르다

데니즈 쾨슬러 고스넬 박사

 데니즈는 데이터 업무를 즐기며, 그 상호 연결성을 탐색하는 일은 더더욱 즐깁니다. 데니스는 저자, 엔지니어, 데이터 애호가로서 10년 넘게 그래프 산업의 경계를 넓혀 왔습니다. 박사 학위 연구에서 그래프 알고리즘을 적용해서 통신 상호작용에서 사용자 아이덴티티를 예측하는 '소셜 핑거프린팅social fingerprinting' 개념을 만들었습니다. 졸업 후에는 전 세계의 거의 모든 산업 분야에서 그래프 프로젝트를 설계하고 구현하고 조언해주었습니다. 그녀가 그래프나 데이터에 집착하지 않을 때는 아마도 산을 오르고 있을 것입니다.

서점 재고관리 시스템으로 알아보는 최종 일관성

디프티 보카르

 디프티 보카르는 프레스토DBPrestoDB 제공 업체인 아하나Ahana의 공동 창업자이자 최고 제품 책임자입니다. 15년 이상의 관계형/비관계형 데이터 및 데이터베이스 기술 분야에 대한 경험을 가지고 있습니다. 아하나 이전에는 알루시오에서 제품&마케팅 부사장을 맡았으며, 키네티카Kinetica와 카우치베이스Couchbase에서 제품 마케팅 부사장을 맡았습니다. 카우치베이스에서는 글로벌 기술 영업 책임자, 제품 관리 책임자 등 여러 역할을 거쳤습니다. 경력 초기에는 IBM DB2 개발 팀을 관리했으며, 데이터베이스 소프트웨어 엔지니어로서 시작했습니다. 그녀는 캘리포니아 대학교 샌디에이고University of California, San Diego에서 컴퓨터 과학 석사를, 캘리포니아 대학교 버클리의 Haas 경영 대학원에서 MBA를 취득했습니다.

클라우드 세상의 효율적인 데이터 엔지니어링

드루바 보타쿠르

 드루바 보타쿠르는 록셋Rockset의 CTO이자 공동 창업자로서 회사의 기술 방향을 책임지고 있습니다. 페이스북의 데이터베이스 팀에서 엔지니어로 일했으며 RocksDB 데이터 스토어를 처음 만든 엔지니어입니다. 이전에 야후에서는 하둡 분산 파일 시스템을 만들었습니다. 아파치 HBase 오픈 소스 프로젝트의 기여자이기도 합니다. 드루바는 과거에 베리타스 소프트웨어Veritas Software에서 다양한 역할을 맡았고, 전자상거래 스타트업인 Oreceipt.com을 설립했으며 IBM-Transarc 연구소에서 앤드루 파일 시스템Andrew File System에 기여했습니다.

처리 지연 속도를 의식하라
관리하는 데이터의 바이트당 가격을 파악하라

아이나트 오어

 아이나트 오어는 데이터 레이크에 ACID를 보장하는 오픈 소스 프로젝트인 lakeFS를 지원하는 트리버스의 CEO이자 공동 창업자입니다. 텔아비브 대학교Tel Aviv University에서 그래프 이론의 최적화 분야의 수학 박사 학위를 받았습니다. 그는 이전에 여러 엔지니어링 조직을 이끌었으며, 가장 최근에는 시밀러웹SimilarWeb의 CTO를 맡았습니다.

데이터 레이크는 ACID를 제공하지 않으므로 조심하라

엘리아스 네마

엘리아스 네마는 10년 이상의 경력을 가진 데이터 관리자입니다. 최근에는 개인화 및 추천 분야에서 데이터 집중식 팀을 이끌고 있습니다. 사용자의 문제를 데이터를 활용해서 해결하고, 엔지니어링 문화를 분석 중심으로 구축하며, 의사 결정을 더 빠르고 나아지게 하는 실험에 매료되어 있습니다. 그의 트위터 ID는 @EliasNema이며 블로그 주소는 eliasnema.com입니다.

분석: 마이크로서비스 아키텍처의 숨겨진 접착제
구조화를 SQL로 되돌리기

에밀리 리더러

에밀리 리더러는 캐피털 원Capital One의 시니어 분석 매니저입니다. 캐피털 원에서 에밀리는 비즈니스 분석가 및 경영진을 위한 데이터 마트, 분석 도구, 대시보드를 포함하는 데이터 제품을 개발하고 유지하는 팀을 이끌고 있습니다. 오픈 소스 도구와 문화를 업계에 도입하고 조직 내 실천 커뮤니티를 강화하는 것에 특히 열정을 쏟고 있습니다. 그녀는 emilyriederer.netlify.com에서 데이터의 모든 것에 대한 블로그 글을 작성하고, 모임과 컨퍼런스에서 발표하고, 매년 열리는 satRdays 시카고 컨퍼런스를 공동 조직합니다. 〈R Markdown Cookbook〉(Routledge, 2020)의 기여 저자이자 projmgr 및 convo R 패키지의 개발자이기도 합니다.

계약으로 기능하는 컬럼 이름
요약 통계 이상의 데이터 유효성 검증
코드뿐만 아니라 커뮤니티를 개발하라
데이터 프로덕트에 잠재적인 문서를 포함한 프런트엔드를 제공하라
데이터 누락이 갖는 여러 가지 의미

에릭 콜슨

에릭 콜슨은 스티치 픽스Stitch Fix의 명예 최고 알고리즘 책임자로서 150명이 넘는 데이터 과학자 팀을 구성했습니다. 그는 연구 프로젝트를 수행하고 멘토링을 제공하며 기술 브랜드를 관리합니다. 에릭은 이전에 넷플릭스의 데이터 과학 및 엔지니어링 부문의 부사장이었습니다. 야후, 블루 마티니Blue Martini, 프록시컴 Proxicom, 인포메이션 리소스Information Resources에서도 유관 업무를 수행했습니다. 샌프란시스코 주립 대학교에서 경제학 학사, 골든게이트 대학교 Golden Gate University에서 정보 시스템 석사, 스탠퍼드 대학교에서 경영 과학 및 공학 석사를 취득했습니다.

데이터 과학 팀에 전문가 대신 제너럴리스트가 필요한 이유

파비안 휴스케

파비안 휴스케는 아파치 플링크의 커미터이자 PMC 멤버입니다. 또한, 아파치 플링크로 포크된 Stratosphere 연구 시스템을 작성한 원저자 중 하나입니다. 파비안은 현재는 버버리카Ververica로 이름을 바꾼 데이터 아티장스Data Artisans의 공동 창업자로, 이 회사는 베를린Berlin에 기반을 두고 아파치 플링크와 그 커뮤니티를 키우는 데 전념하고 있습니다. 베를린 공과대학교Technische Universität Berlin에서 컴퓨터 과학 박사 학위를 받았으며 〈아파치 플링크로 하는 스트림 데이터 처리〉(에이콘출판사, 2020)의 공동 저자입니다.

의미론적인 시간은 기다려주지 않는다

글렙 메찬스키

글렙 메찬스키는 데이터 관측 플랫폼인 데이터폴드Datafold의 CEO 겸 공동 창업자입니다. 데이터폴드는 기업이 분석 데이터를 보다 효과적이고 안정적으로 사용하여 성장할 수 있도록 지원합니다. 오토데스크Autodesk와 리프트Lyft의 데이터 팀을 만든 원년 멤버이자 팬텀 오토Phantom Auto의 제품 책임자로서 그는 세계에서 가장 크고 정교한 데이터 플랫폼을 구축했습니다. 또한, 수백 명의 데이터 사용자가 있는 조직에서 생산성 및 데이터 품질을 개선하는 도구를 개발했습니다.

분석용 데이터 웨어하우스 선택을 보는 6가지 관점

군나르 모링

군나르 모링은 소프트웨어 엔지니어이자 오픈 소스 애호가입니다. 현재는 변경 데이터 캡처를 위한 분산 플랫폼인 디비지움Debezium 프로젝트를 이끌고 있습니다. 군나르는 자바 챔피언이자 Bean Validation 2.0(JSR 380)의 사양 책임자입니다. 또한 JfrUnit, Layrry, 맵스트럭트MapStruct 등 여러 오픈 소스 프로젝트를 만들었습니다. 그는 블로그 작성에 열심이며 QCon, 자바원Java One, Devoxx, 자바존JavaZone 등 다양한 컨퍼런스에서 발표했습니다. 현재는 독일 함부르크에 살고 있습니다. 그의 트위터 ID는 @gunnarmorling이고 블로그 주소는 morling.dev입니다.

동료에게 이중 기록을 권하지 마라

하이다르 하디

하이다르 하디는 인튜이트Intuit의 데이터 엔지니어로서 중소기업의 재정을 지원하는 대규모 데이터 시스템을 구축하는 일을 합니다. 그는 플랫폼 구축에서 20년의 경력이 있으며 그중 최근 10년 동안에는 대규모 데이터 프로젝트에 집중했습니다. 그는 사건과 의사결정의 과거 패턴을 분석하고 미래 시장 동향 및 기업 성과를 예측하는 데이터 제품을 개발하는 전문가입니다. 하이다르는 스칼라, 다이나모디비DynamoDB, TDD, 확장 가능한 고성능 시스템 구축, 소프트웨어 아키텍처, 대중 강연을 좋아합니다. 현재까지도 실리콘 밸리의 소프트웨어 커뮤니티에서 활발하게 활동하고 있습니다.

데이터 엔지니어링 프로젝트에서 필수적으로 확인해야 하는 10가지

이도 슐로모

이도 슐로모는 핀테크 산업 분야에서 데이터 과학 및 MLOps 분야의 리더이자 실무자, 국제적인 발표자로 활동하고 있습니다. 10년 이상의 경력이 있으며 현재는 블루바인BlueVine의 DS 팀 책임자입니다. 이전에는 텔아비브 대학교의 에이탄 버글라스 경제대학원Eitan Berglas School of Economics 경제학과에서 거시경제 연구원으로 일했습니다. 이도는 재무 위험, 사기 탐지, 사용자 수명 주기 관리에 대한 종단간 인공지능/머신 러닝 솔루션을 제공하는 데이터 팀을 전문적으로 구축하고 확장합니다. 개인적으로는 복잡한 비정형 데이터를 소비하는 참신한 NLP 솔루션을 찾아내는 데 열정적입니다. 그의 트위터 ID는 @idoshlomo85이며 깃허브 주소는 https://github.com/idoshlomo입니다.

데이터 소비자와 원활한 업무 관계를 구축하라

제임스 덴스모어

제임스 덴스모어는 허브스팟HubSpot의 데이터 인프라 책임자이자 데이터 리프트오프Data Liftoff를 설립한 수석 컨설턴트입니다. 웨이페어Wayfair, 오라일리, 허브스팟HubSpot, 디그리드Degreed에서 10년 넘게 데이터 팀을 이끌고 데이터 인프라를 구축했습니다. 제임스는 노스이스턴 대학교Northeastern University에서 컴퓨터 과학 학사 학위를, 보스턴 칼리지Boston College에서 경영학 석사를 취득했습니다.

과거에도 현재에도 미래에도 존재하는 데이터 웨어하우스

제프 마그누슨

제프 마그누슨은 10년 이상 빅데이터 및 데이터 인프라 분야에 종사했습니다. 넷플릭스와 스티치 픽스Stitch Fix에서 엔지니어이자 팀 리더로 일하면서, 알고리즘 및 데이터 과학자가 조직에 미치는 영향을 극대화하기 위한 민주화된 셀프 서비스 데이터 환경의 지지자로서 이를 직접 만들었습니다.

자율성 및 신속한 혁신을 돕는 데이터 엔지니어링

제시 앤더슨

제시 앤더슨은 빅데이터 인스티튜트Big Data Institute의 데이터 엔지니어이자 크리에이티브 엔지니어 및 매니징 디렉터입니다. 스타트업부터 포춘지 선정 100대 기업에 이르기까지 전 세계의 기업들에게 빅데이터에 대한 멘토링을 제공합니다. 멘토링은 아파치 카프카, 아파치 하둡, 아파치 스파크 등 최첨단 기술을 사용하는 프로젝트를 포함합니다. 그는 이 분야의 전문가이며 참신한 멘토링 방식으로 업계에서 널리 인정받고 있습니다. 에이프레스Apress, 오라일리, 프래그머틱 프로그래머스Pragmatic Programmers에서 책을 냈습니다. 또한, 월스트리트 저널, 하버드 비즈니스 리뷰, CNN, BBC, NPR, 엔가젯Engadget, 와이어드Wired 등 저명한 매체에서 그에 대한 주제를 다루기도 했습니다.

데이터 엔지니어링은 스파크와 같지 않다
두 부류의 데이터 엔지니어링과 데이터 엔지니어
인정받지 못할 때 해야 할 일

조 라이스

조 라이스는 데이터 산업에서 20년간 일해 온 리커버링 recovering 데이터 과학자이자 비즈니스 관점을 가진 데이터 너드nerd입니다. 통계 모델링부터 예측, 머신 러닝, 데이터 엔지니어링, 데이터 아키텍처까지 그 사이에 있는 거의 모든 일을 맡은 경험이 있습니다. 조는 데이터 엔지니어링 및 아키텍처 컨설팅 회사인 터너리 데이터Ternary Data의 CEO이자 공동 창업자입니다. 여러 기술 그룹에서 자원 봉사를 하고 있으며 유타 대학교University of Utah에서 강의도 합니다. 여가 시간에는 암벽을 등반하거나 전자 음악을 제작하거나 아이들과 함께 모험을 떠나기를 즐깁니다.

총 소유 기회비용

조엘 난타이스

조엘 난타이스는 연방 정부의 최고 책임자로서 15년 이상 데이터 과학 솔루션 통합을 포함하는 복잡한 다국적 운영을 주도하여 수많은 정책 및 운영 문제를 해결해왔습니다.

지금은 박사 과정을 밟으며 공공 부문에 고급 데이터 과학 기법을 적용하는 법을 연구하고 있습니다.

데이터 과학 팀이 가치를 창출하지 못했다면

존 살리나스

존 살리나스는 USAAUnited Services Automobile Association의 스태프 데이터 엔지니어입니다. 존은 2001년부터 애플리케이션과 웹 사이트, 도구를 개발해왔습니다. 존은 영어 커뮤니케이션 학위와 컴퓨터 공학 석사 학위가 있습니다. 또한, 애플리케이션 및 웹 서비스 구축, 콘텐츠 관리 시스템 유지 관리, 실시간 스트리밍 시스템 구축 경험이 있습니다. 지금은 클라우드상의 데이터 엔지니어링에 대해 생각하고, 데이터 엔지니어링 모범 사례를 통해 팀이 성공하도록 돕고, 업무에서 가장 어려운 문제를 해결하도록 기여하는 데 시간을 쓰고 있습니다.

소프트웨어 엔지니어링에서 데이터 엔지니어링으로 전환하기

조나단 시드만

조나단 시드만은 엔터프라이즈 데이터 분야에서 소프트웨어 개발자와 솔루션 아키텍트, 커뮤니티 운영자, 저자, 연사로서 10년 이상 일했습니다. 현재 조나단은 데이터브릭스Databricks의 테크니컬 라이터입니다. 이전에는 클라우데라Cloudera에서 소프트웨어 엔지니어이자 솔루션 아키텍트로 일했습니다. 클라우데라 전에는 오르비츠Orbitz의 빅데이터 팀에서 리드 엔지니어였습니다. 조나단은 시카고 하둡 사용자 그룹 및 시카고 빅데이터 밋업Chicago Big Data Meetup을 공동으로 세운 사람이며, 산업 컨퍼런스에서 자주 발표하며, 〈Foundations for Architecting Data Solutions〉(O'Reilly, 2018)와 〈Hadoop Application Architectures〉(O'Reilly, 2015)의 공동 저자입니다.

데이터 그 이상의 메타데이터

조완자 조셉

조완자 조셉은 피니시티Finicity의 스태프 소프트웨어 엔지니어이며 오픈 뱅킹 이벤트 메시의 개발을 이끌고 있습니다. 이전에는 플루럴사이트에서 대규모 아파치 카프카, Akka, 쿠버네티스를 사용하여 스트리밍 데이터 플랫폼을 개발했습니다. 더 이전에는 아파치 펄사를 사용해서 하루에 수십억 개의 메시지를 처리하는 완전 관리형 메시징 및 스트림 처리 플랫폼을 구축했습니다. 그는 분산 시스템 및 메시징 시스템에 열정을 가지고 주제와 관련된 글을 블로그에 작성합니다. 여러 해에 걸쳐 스트레인지 루프Strange Loop, 앱스트랙션스Abstractions, 오라일리 스트라타 콘퍼런스O'Reilly Strata Conference, 오픈 소스 서밋Open Source Summit, 리드 데브Lead Dev에서 강연했습니다.

메시징 시스템에서 사용자 경험의 우선순위 높이기

질리앵 르 뎀

질리앵 르 뎀은 데이터킨Datakin의 CTO이자 공동 창업자입니다. 질리앵은 아파치 파케이의 창시자 중 하나이며 오픈 리니지, 마케스Marquez, 아파치 애로우Apache Arrow, 아파치 아이스버그 등 여러 오픈 소스 프로젝트에도 참여하고 있습니다. 이전에는 위워크Wework에서 시니어 프린시펄senior principal, 드레미오Dremio에서 수석 아키텍트, 트위터에서 데이터 처리 도구의 테크 리더를 역임했습니다. 트위터에서 일하면서 2글자짜리 트위터 계정(@J_)을 얻기도 했습니다. 또한, 야후에서 콘텐츠 플랫폼의 수석 엔지니어이자 테크 리드로 일하면서 하둡에 입문했습니다. 질리앵의 프랑스어 억양 때문에 그의 연설은 굉장히 매력적으로 들립니다.

스토리지 계층에 대하여
데이터 계보의 중요성

캐서린 자멀

캐서린 자멀은 암호화된 머신 러닝 플랫폼인 케이프 프라이버시Cape Privacy의 제품 책임자입니다. 캐서린은 국제적으로 인정받는 열정적인 데이터 과학자이자 프로그래머, 강사입니다. 이전에는 미국과 독일에 있는 대기업과 스타트업에서 다양한 역할을 맡아 신뢰성과 테스트 가능성, 프라이버시, 보안에 중점을 두고 데이터 처리 및 머신 러닝 시스템을 구현했습니다. 캐서린은 오라일리의 저자이며 종종 국제 소프트웨어 및 인공지능 컨퍼런스에서 기조 연설자로 발표합니다.

합의된 개인 정보 보호 데이터 수집
데이터 엔지니어를 위한 데이터 품질
데이터 엔지니어를 위한 데이터 보안

커크 키코넬

커크 키코넬은 AWS에서 아마존 다이나모DB의 시니어 디벨로퍼 애드버킷을 맡고 있습니다. 커크는 20년 넘게 고성능 NoSQL 및 관계형 데이터베이스를 개발하고 관리하고 설계한 경험이 있습니다. 그는 성과를 극대화하는 콘텐츠 생산을 지향하며 개발자가 신속하게 작업을 수행하도록 돕는 데 열정적입니다. 다양한 데이터베이스 및 산업 컨퍼런스에서 발표 경력을 쌓았으며 트위터 @NoSQLKnowHow 에서도 그를 찾아볼 수 있습니다. 일하지 않을 때는 스스로 식량을 재배하거나 숲과 농장 보호 활동을 하거나 하이킹이나 사진 촬영을 즐깁니다.

RDBMS와는 다른 NoSQL 데이터베이스 사용법을 배워라

발리아파 락 락쉬마난

 락쉬마난은 구글 클라우드에서 데이터 분석 및 인공지능 솔루션 디렉터를 맡고 있습니다. 그의 팀은 구글 클라우드의 데이터 분석 및 머신 러닝 제품을 사용하여 비즈니스 문제를 해결하는 소프트웨어 솔루션을 구축합니다. 그는 구글의 어드밴스드 솔루션 랩Advanced Solutions Lab에서 머신 러닝 이머전 프로그램ML Immersion program을 만들었으며, 오라일리에서 세 권의 책을 내고, 여러 개의 코세라Coursera 강좌를 낸 저자입니다. 구글 이전에는 클리메이트 코퍼레이션Climate Corporation에서 데이터 과학 디렉터로, 미국 해양대기청(NOAA)에서 연구 과학자로 일했습니다. 그의 트위터 ID는 @lak_gcp입니다. 그가 쓴 기사를 읽어보고 싶다면, 자세한 내용은 www.vlakshman.com에서 확인하세요.

데이터 파이프라인을 보여주는 비즈니스 대시보드

루이스 개빈

 루이스 개빈은 데이터 아키텍트로, 데이터 커뮤니티 내부의 기술에 대한 글을 개인 블로그와 웹사이트에 4년간 작성해왔습니다. 컴퓨터 과학 학위를 위해 공부하는 동안에는 군용 헬리콥터 시뮬레이션 소프트웨어를 개선하는 에어버스 헬리콥터 Airbus Helicopter 팀에서 일했습니다. 그다음 캡제미니Capgemini에서 일하면서 영국 정부의 빅데이터 세계 진출을 도왔습니다. 현재는 그의 다양한 경험을 활용해 밑바닥부터 데이터 웨어하우징 및 보고 기능을 만드는 것을 도움으로써 온라인 기부 캐시백 사이트인 easyfundraising.org.uk의 데이터 환경을 개선하고 있습니다.

데이터 엔지니어란 어떤 직종인가? 힌트: 데이터 과학의 조력자

리오르 개비시

리오르 개비시는 액셀 및 기타 실리콘 밸리의 최상위 투자자들이 지원하는 데이터 관측 가능성 회사인 몬테 카를로의 CTO이자 공동 설립자입니다. 이전에는 사이버 보안 스타트업인 수카사Sookasa를 공동으로 세웠는데, 이 회사는 2016년에 바라쿠다Barracuda에 인수되었습니다. 바라쿠다에서는 엔지니어링 시니어 VP였으며, 사기 방지 용도의 머신 러닝 제품을 출시했습니다. 그는 스탠퍼드 대학교에서 경영학 석사를, 텔아비브 대학교에서 컴퓨터 과학 석사 학위를 받았습니다.

데이터 메시와 메시를 망치지 않을 방법

로힛 비자야레누

로힛 비자야레누는 트위터 데이터 플랫폼 팀에서 일합니다. 온프레미스와 클라우드 환경 모두에서 규모 확장에 대응하는 스토리지, 컴퓨팅, 로그 파이프라인 연관 프로젝트에 집중하고 있습니다. 트위터에서 일하기 전에는 여러 스타트업에서 근무했습니다. 스토니브룩 대학교Stony Brook University에서 컴퓨터 과학 석사 학위를 받았습니다.

데이터 입출력에 숨어 있는 비용
데이터 플랫폼의 핵심 요소인 메타데이터 서비스
엄청난 데이터에 따르는 엄청난 책임

마르타 파에스 모레이라

마르타 파에스 모레이라는 버버리카의 디벨로퍼 애드버킷이자 아파치 플링크 프로젝트 기여자입니다. 오픈 소스에 이끌린 다음부터, 데이터 엔지니어링의 부산물을 활용하는 사람들의 관점으로 엔지니어링을 이해하는 데 전념하고 있습니다. 마르타는 바이오메디컬 공학 석사가 있으며 그 과정에서 다차원 데이터 시각화에 대한 특별한 감각을 개발했습니다. 그리고 이전에는 잘란도와 액센츄어Accenture에서 데이터 웨어하우스 엔지니어로 일했습니다.

의미론적인 시간은 기다려주지 않는다

매튜 허슬리 박사

매튜 허슬리는 데이터 엔지니어링 컨설턴트이며 클라우드 전문가입니다. 로고Logo, 베이직Basic, 6502 어셈블리로 처음 프로그래밍을 경험한 다음, 유타 주립 대학교에서 수학 박사 과정을 마쳤습니다. 이후 데이터 과학 분야에서 일하기 시작했으며, 클라우드 기반 데이터 엔지니어링에 대한 전문성을 갖게 되었습니다. 조 라이스와 함께 터너리 데이터Ternary Data를 세웠으며, 그는 그곳에서 강의 경험을 활용하여 데이터 엔지니어 지망자를 교육하고 견고한 데이터 아키텍처에 대해 조직에 조언합니다. 매튜와 조는 팟캐스트와 유튜브에서

'Monday Morning Data Chat'이라는 채널을 통해 데이터의 모든 것에 대해 이야기합니다.

데이터 프로세싱에서의 스레드 사용 및 동시성

매튜 실

매튜 실은 과거 넷플릭스에서 산업을 주도했던 경험을 기반으로 스타트업 노터블Noteable을 공동으로 창업하고 CTO를 맡고 있습니다. 매튜는 OpenGov에서 일을 시작해 데이터 플랫폼 구축을 도왔고 빠르게 수석 아키텍트로 승진했습니다. 그런 다음 넷플릭스로 이직한 그는 다양한 최첨단 기술과 거대 규모의 아키텍처를다뤘습니다. 매튜는 스탠퍼드 대학교에서 머신 러닝/인공지능 분야의 석사 학위를 받았으며 주피터 노트북 커뮤니티의 선도적 리더입니다. 또한, 페이퍼밀papermill, 최근에는 테스트북testbook 등 여러 주피터 노트북 및 nteract 프로젝트의 핵심 관리자이기도 합니다.

가지각색의 데이터 도메인에서 문제를 해결하는 방법

메건 콰틀러

메건 콰틀러는 2008년부터 IT 컨설턴트로 일하고 있습니다. 그녀는 제조업과 마케팅, 물류, 금융 서비스 분야에 걸친 다양한 이력을 쌓았으며, 소프트웨어 솔루션을 설치하고 비즈니스 프로세스를 정의하여 효율성을 개선하는 일을 도왔습니다. 메건은 기술 구현과 고위 리더십 전략이 빈번히 교차하는 지점에서 일합니다. 그녀는 보스턴Boston 지역에서 활동하며, 무료 소프트웨어로 조직 행동을 개선하는 데 열정적입니다. 그리고 데이터캠프DataCamp에서 SQL

Server의 함수 및 저장 프로시저 작성Writing Functions and Stored Procedures in SQL Server 과정을 개설했습니다. 또한, 웰빙 피트니스Well-Being Fitness의 요가 프로그래밍 디렉터이기도 합니다. 그녀는 심적외상을 겪은 사람들에게 요가를 가르치며, 모두에게 요가의 치유력을 나누기 위한 프로그램을 개발합니다.

데이터 생성 과정 정보를 파악해서 파이프라인을 이해하기 쉽게 하라

티안후이 마이클 리

 마이클 리는 데이터 과학 훈련 및 취업 연계 회사인 데이터 인큐베이터The Data Incubator의 설립자입니다. 마이클은 회사를 초기 성장시켜서 프래그머틱 인스티튜트Pragmatic Institute에 성공적으로 매각시켰습니다. 이전에는 포스퀘어Foursquare에서 수익화 데이터 과학을 이끌었고, 구글과 앤드리슨 호로위츠Andreessen Horowitz, JP 모건JP Morgan, DE 쇼DE Shaw에서 일했습니다. 월 스트리트 저널The Wall Street Journal과 테크 크런치Tech Crunch, 와이어드, 패스트 컴퍼니Fast Company, 하버드 비즈니스 리뷰Harvard Business Review, MIT 슬론 매니지먼트 리뷰MIT Sloan Management Review, 안트러프러너Entrepreneur, 벤처 비트Venture Beat, 테크타깃TechTarget, 오라일리 등에 정기적으로 기고합니다. 그는 코넬 테크Cornell Tech에서 박사 후 과정, 프린스턴 대학교Princeton University에서 박사 과정을 밟았으며 케임브리지 대학교University of Cambridge의 마셜 장학생이었습니다.

재현 가능한 데이터 과학 프로젝트 엔지니어링

미치 시모어

미치 시모어는 작가이자 연사, 소프트웨어 엔지니어, 음악가입니다. 미치는 실시간 데이터 시스템 구축을 즐기며 〈카프카 스트림즈와 ksqlDB 정복〉(에이콘출판사, 2022)을 썼습니다. 업무 외적으로는 배우자와 딸과 함께 시간을 보내고, 펍리프트Puplift라는 애견 비영리 단체를 운영하며 웨이브셰이퍼 컨설팅Waveshaper Consulting이라는 그의 컨설팅 회사에서 다른 회사들이 제품과 제품 마케팅을 개선하도록 돕습니다.

시조 작성 방식으로 소프트웨어 작성하기

무쿨 수드

무쿨 수드는 데이터 및 분석 분야에 대한 깊이 있는 배경 지식을 갖추고 있으며 15년 이상 여러 산업 분야에서 혁신 이니셔티브를 주도한 경험이 있습니다. 그는 데이터 웨어하우스 재설계 및 플랫폼 이전, 성능 및 확장성 분석, 데이터 엔지니어링을 활용한 거버넌스, 클라우드 서비스, 머신 러닝, 데브옵스에 열정적입니다. 또한, 고향인 저지시티Jersey City의 주니어 리그 축구 코칭에 관심이 많으며 가족과 같이 하이킹, 자전거 타기, 캠핑 등 야외 활동을 즐깁니다.

재사용 및 확장 가능한 코드를 만드는 데이터 파이프라인 디자인 패턴

님로드 파라솔

님로드 파라솔은 10년 넘게 대규모 데이터 솔루션 설계 및 구현을 경험한 구글의 시니어 소프트웨어 엔지니어입니다. 그는 여러 플랫폼에서 지식을 공유하며, 모든 데이터 문제를 하나의 일반적 솔루션으로 풀 수 없다는 관점을 지지합니다. 그는 '그러니 당신의 무기고를 확장하라!'고 주장합니다.

잘 모르면서 대충 접근하지 말아야 하는 경우

페이지 로버츠

페이지 로버츠는 지난 24년간 엔지니어이자 트레이너, 지원 기술 담당자, 테크니컬 라이터, 마케터, 제품 관리자, 컨설턴트로 일했습니다. 페이지는 데이터 엔지니어링 파이프라인 및 아키텍처를 구축했고, 오픈 소스 분석 구현을 문서화하고 테스트했으며, 하둡 클러스터를 가동하고, 데이터 분석 분야에서 최고의 지도자를 뽑고, 다양한 산업 분야와 협업하고, 수많은 가설을 의심했습니다. 그녀가 근무했던 회사에는 데이터 정크션Data Junction, 퍼베이시브Pervasive, 블루어 그룹Bloor Group, 호튼웍스Hortonworks, 싱크소트Syncsort, 버티카Vertica가 있습니다. 지금은 버티카에서 분산 데이터 처리, 오픈 소스, 대규모 데이터 엔지니어링, 분석 혁명이 세상을 바꾸는 방법을 이해하도록 돕고 있습니다. 그녀의 트위터 ID는 @RobertsPaige입니다.

독점 소프트웨어와 오픈 소스가 전쟁 중이라는 거짓말

폴 브레브너

폴 브레브너는 VAX 11/780 시스템 프로그래밍을 배운 이래로 분산 시스템, 소프트웨어 아키텍처 및 엔지니어링, 소프트웨어 성능과 확장성, 그리드와 클라우드 컴퓨팅, 데이터 분석과 머신 러닝 등 광범위한 분야에서 R&D를 경험했습니다. 폴은 인스타클러스터Instaclustr의 테크 에반젤리스트입니다. 지금까지 그는 새롭고 확장 가능한 기술을 배우면서 현실적인 문제를 해결하고 애플리케이션을 구축해왔으며, 아파치 카산드라, 아파치 스파크, 아파치 제플린Apache Zeppelin, 아파치 카프카, 일래스틱서치Elasticsearch, 레디스 등 오픈 소스 기술에 대한 블로그 글을 작성했습니다. 근무한 곳에는 뉴사우스웨일스 대학교The University of New South Wales와 여러 기술 스타트업, 호주 연방과학산업연구기구The Commonwealth Scientific and Industrial Research Organisation, CSIRO, 유니버시티 칼리지 런던University College London, NICTANational Insurance Crime Training Academy가 있습니다. 폴은 컴퓨터 과학 석사 학위와 컴퓨터 과학 및 철학 전공 학사 학위를 취득했습니다.

빅데이터 확장성의 음양

폴 도란

폴 도란은 10년이 넘는 경력을 가진 테크 리더이며 최근에는 데이터 엔지니어링에 집중하고 있습니다. 폴은 린과 애자일 원칙을 빅데이터와 분석, 머신 러닝에 적용합니다. 리버풀 대학교University of Liverpool에서 컴퓨터 과학 박사 학위를 받았습니다. 그의 트위터 ID는 @dorzey입니다.

CAP 정리의 영향

폴 싱먼

폴 싱먼은 이퀴녹스 피트니스Equinox Fitness의 분석 팀에 몇 년간 몸담았으며 지금은 lakeFS 프로젝트의 디벨로퍼 애드버킷으로 일하고 있습니다. 특정 도구를 과대 포장하는 대신 최신 데이터 동향과 기술에 대한 맥락을 밝히는 블로그 글을 씁니다.

PostgreSQL 콘퍼런스 및 AWS re:Invent 등 다양한 콘퍼런스와 밋업에서 발표했습니다. 일하지 않을 때는 달리거나 골프를 치거나 밀린 잠을 잡니다.

모두가 아는 ETL의 종말

페드로 마르셀리노

페드로 마르셀리노는 새로운 머신 러닝 아키텍처를 개발해서 운송 관리 시스템 분야의 문제를 예측 모델 중심으로 해결하는 과학 연구자입니다. 페드로는 그의 박사 논문 〈A New Approach to the Management of Transportation Infrastructure Maintenance Using Machine Learning〉으로 Instituto Superior Técnico에서 우등 박사 학위PhD with distinction and honor를 받았습니다. 또한, 캐글Kaggle 및 Towards Data Science 등 잘 알려진 사이트와 더불어 피어 리뷰를 받는 과학 저널에 머신 러닝에 대한 기사를 여럿 게재했습니다. 여가 시간에는 머신 러닝과 인간에 대해 읽거나 쓰기를 즐깁니다.

기본 지식

시바난드 프랍훌랄 구네스 박사

프랍훌랄 구네스는 소프트웨어 엔지니어, 연구 과학자, 학자로서 20년 이상의 경력이 있습니다. 그는 컴퓨터 비전 및 머신 러닝에 열정적입니다. 그는 켄트 대학교University of Kent에서 전기 공학 박사 학위를 취득했습니다. 현재 보조 기술과 인간–컴퓨터 상호 작용, 머신 러닝 분야를 연구하고 있습니다. 그의 주된 작업 동기는 실제 세계의 도전적 문제를 해결하는 데 필요한 알고리즘 및 소프트웨어 도구 등의 솔루션을 개발하는 것입니다. 프랍훌랄은 보안, 보조 장치를 위한 프라이버시 고려사항의 상태, 머신 러닝 애플리케이션과 연관된 프라이버시 문제에 관심이 있습니다. 그는 비전(카메라 및 센서)과 머신 러닝을 활용해서 인간과 기계 사이의 상호작용을 자연스럽고 직관적으로 만들고자 노력합니다.

저가형 센서와 데이터 품질

프루칼파 산카르

 프루칼파 산카르는 개발 팀이 사용하는 깃허브와 같이, 최신 데이터 팀을 위한 협업 워크스페이스인 아틀란Atlan 을 창업했습니다. 아틀란은 데이터옵스에서 가트너 쿨 벤더Gartner Cool Vendor로 인정받았습니다. 프루칼파는 데이터로 사회를 돕는 (data-for-good) 글로벌 기업인 소셜콥스SocialCops를 설립했습니다. 이 회사는 세계경제포럼World Economic Forum의 기술 파이오니어technology pioneer 상을 수상했으며, UN과 파트너십을 맺고 인도의 국가 데이터 플랫폼이나 글로벌 SDG 모니터링 등의 주요 프로젝트를 지원했습니다. 그녀는 포브스 선정 30세 이하의 영향력 있는 기업인 30인, 포춘지 선정 40세 이하 성공한 기업인, CNBC 선정 10대 젊은 여성 기업인 목록에 이름을 올렸으며 TED에서도 연설했습니다.

모던 데이터 스택을 위한 모던 메타데이터

라고담 머시

라고담 머시는 20여 년간 데이터 인프라를 확장해왔습니다. 페이스북에서 100페타바이트 규모의 데이터까지 확장되는 다중 테넌트 지원 다중 데이터 센터 기반 분석 인프라를 구축했으며, 와이어드는 그를 페이스북의 성공을 이끈 데이터 브레인 중 한 명으로 소개했습니다. 이후로 그는 구글이 인수한 기업용 애플리케이션 플랫폼인 비밥Bebop에서 엔지니어링을 이끌었습니다. 라고담은 소셜 캐피털Social Capital의 사내기업가Entrepreneur in Residence, EIR로서 데이터 팀이 데이터 파이프라인 작업 대신 데이터에서 인사이트를 만들어내는 데 집중할 수 있도록 돕는 단순화된 데이터 인프라가 광범위하게 필요하다는 사실을 알게 되었습니다. 이 문제를 해결하기 위해 선언형 데이터 파이프라인 플랫폼인 데이터코럴Datacoral을 시작했습니다.

데이터 파이프라인의 배치 모델을 신중히 검토하라
변경 데이터 캡처

루스템 페이츠카노프

루스템 페이츠카노프는 인스트루멘탈Instrumental에서 제조업에 쓰이는 분석 모델을 만드는 머신 러닝 엔지니어이며 AWS 머신 러닝의 영웅입니다. 그는 서버리스 인프라와 그 기빈의 인공지능 배포에 열정적이며, 팩트Packt에서 〈Serverless Deep Learning with TensorFlow〉 책과 〈Practical Deep Learning on the Cloud〉 강의를 낸 저자입니다. 또한, 서버리스 패키지를 위한 오픈 소스 저장소와 AWS 배치, AWS 파게이트AWS Fargate, 아마존 세이지메이커

Amazon SageMaker를 사용한 서버리스 워크플로 배포를 위한 저장소의 주된 기여자입니다.

데이터 파이프라인의 관건은 속도가 아니다

샘 베일 박사

샘 베일은 고품질의 데이터를 가치 있는 인사이트로 바꾸는 데 열심인 데이터 전문가입니다. 샘은 지식 표현과 자동 추론, 시맨틱 웹에 중점을 둔 컴퓨터 과학 박사 학위가 있습니다. 최근 몇 년간 데이터 중심의 스타트업 몇 군데에서 일하면서 실제 의료 데이터와 데이터 품질 인프라를 깊이 있게 경험했습니다.

데이터 검증 실패! 그 다음은?

선딥 우탐찬다니 박사

선딥 우탐찬다니는 데이터 제품 및 플랫폼을 구축하는 데 더해 데이터와 인공지능/머신 러닝 실무 현장을 전반적으로 이끈 20년 이상의 경력이 있습니다. 현재 그는 언래블 데이터 시스템스Unravel Data Systems의 최고 데이터 책임자이자 엔지니어링 VP이며 데이터옵스를 위해 인공지능을 사용하는 과제를 이끌고 있습니다. 이전에는 인튜이트에서 30억 달러 규모인 퀵북QuickBook 제품 포트폴리오에 대한 데이터 플랫폼과 제품, 분석/머신 러닝 이니셔티브를 이끌었습니다. 선딥은 오라일리에서 책을 낸 저자이고, 특허가 40개 있는 특허 보유자이며, 데이터 및 인공지능/머신 러닝 컨퍼런스에서 자주 발표하는 연사입니다. 일리노이 대학교 어배너-샘페인에서 박사 학위를 받았습니다.

데이터 엔지니어가 머신 러닝 프로젝트에 관여할 때 주의할 7가지 사항

스콧 하인즈

스콧 하인즈는 분산 시스템과 이벤트 기반 아키텍처에 열정적인 선임 수석 엔지니어입니다. 현재는 아파치 스파크 도입 추진을 돕고 스트리밍 파이프라인 및 새로운 데이터 기술에 맞는 모범 사례를 개발하는 데 도움을 주고 있으며, 트윌리오Twilio 에 재직 중입니다. 통신 서비스의 눈과 귀가 되어주는 보이스 인사이트Voice Insights의 인프라 구축을 도왔으며 다른 최신 인사이트/애널리틱스Insights/ Analytics 제품의 모범 사례에서 중요한 역할을 했습니다. 자유 시간이 생기면 그는 기사를 쓰거나 컨퍼런스에서 연설하거나 모임에서 가르치거나 다른 엔지니어의 멘토가 되어주곤 합니다.

파이프의 꿈
데이터 레이크가 지옥이 되지 않으려면

숀 냅

숀 냅은 데이터 엔지니어링 회사 Ascend.io의 창업자이자 CEO입니다. Ascend.io 창업 전에는 우얄라Ooyala에서 제품과 엔지니어링, 솔루션을 감독하는 공동 창업자이자 CTO, 최고 제품 책임자였습니다. 그는 우얄라를 직원 수 500명 이상의 규모로 키우는 데 중요한 역할을 했으며, 우얄라의 4억 1천만 달러 규모 인수 및 이어지는 비디오 플라자Videoplaza와 네이티브Nativ의 인수에도 마찬가지로 중요한 역할을 했습니다. 우얄라 창업 전에는 구글에서 전설로 여겨시는 웹 검색 프런트엔드 엔지니어링 팀의 테크 리더로 일했으며, 당시 구글의 수익을 10억 달러 이상 늘리는 데 기여했습니다.

데이터 반란을 방지하는 방법

쉐타 카트레

쉐타 카트레는 프로세스와 데이터, 기술의 조화가 성공적인 IT를 구현하는 핵심이라고 믿는 기술 애호가입니다. 비즈니스 및 프로세스 분석과 제품 평가, 데이터베이스 설계, 관리에 걸친 경험이 있습니다. 그녀는 전자 공학 학사 학위를 취득했으며 데이터 분석 및 블록체인 분야에서 전문성을 가지고 있습니다. 열광적으로 쓰는 작가로서 그녀는 지속적으로 개선하기 위해 개발 주기에 데이터옵스와 모델옵스ModelOps를 통합하는 방식으로 효율적인 데이터 과학 솔루션을 구축하기 위해 갓 나온 최신 기술을 탐구합니다.

주의: 데이터 과학 프로젝트가 벌거벗은 임금님 이야기가 되지 않으려면

소니아 메타

소니아 메타는 데이터 분석 및 데이터 엔지니어링 분야에서 10년 이상의 경험이 있습니다. 경력을 쌓는 동안 그녀는 비즈니스 요구에 맞추기 위해 데이터 파이프라인 및 분석 인프라를 현대화하는 노력에 앞장섰습니다. 그녀는 회사 목표에 맞춰 데이터 팀을 조정하고 지속적인 데이터 피드백 루프를 제공하는 일에 가장 열정적입니다. 그녀의 트위터 ID는 @ohiosonia입니다.

A/B 테스트, 어떻게 해야 할까?
QA에 대한 흥미로운 사실

스테판 베일리 박사

스테판 베일리는 현재 이뮤타Immuta의 그로스 분석 디렉터입니다. 이전에는 과학자와 엔지니어, 분석가, 관리인 등 여러 데이터 연관 역할을 수행했습니다. 그는 다른 이들과 지식을 배우고 공유하는 데 열정적이며, 특히 데이터 분야로 들어오려는 사람들과 함께하기를 즐깁니다. 인지 신경과학 박사 학위가 있으며 다른 사람들과 큰 그림에 대해 맞춰보는 순간을 즐깁니다.

개인 정보 보호 문제는 남의 일이 아니다

스티븐 핑켈스타인

스티븐 핑켈스타인은 기술이나 투자와 연관된 모든 것에 열정적인 숙련된 데이터 분석 전문가입니다. 그는 언제나 그의 관심을 끌 만한 소프트웨어나 주식을 찾고 있습니다. 2020년대 초에 스티븐은 thedatageneralist.com라는 웹 사이트를 열었고, 데이터 분석과 재무에 대한 생각과 가끔은 말장난을 올립니다. 그가 가진 '데이터 제너럴리스트'라는 인터넷 별명은 요구 사항 수집부터 엔지니어링 및 통계 모델링에 이르기까지 전반적인 분석 스펙트럼에 걸쳐 경험을 쌓은 데서 비롯했습니다. 직장 밖에서는 구내 스포츠와 라이브 음악을 즐기거나 해변에서 상당한 시간을 보냅니다. 그의 트위터 ID는 @datageneralist 입니다.

발언할 때와 경청할 때

토마스 닐드

토마스 닐드는 서던 캘리포니아 대학교University of Southern California의 강사이자 연구 컨설턴트입니다. 그는 기술 콘텐츠에 익숙하지 않거나 두려움을 느끼는 사람들이 공감할 수 있고 가치를 얻을 수 있는 콘텐츠를 만드는 것을 즐깁니다. 토마스는 두 권의 책 〈Getting Started with SQL〉(O'Reilly, 2016)과 〈Learning

RxJava〉(Packt, 2020)를 썼습니다. 정기적으로 분석이나 머신 러닝, 수학적 최적화에 대해 강의하며, 〈How It Feels to Learn Data Science in 2019〉나 〈Is Deep Learning Already Hitting Its Limitations?〉 등의 기사를 썼습니다. 문제 발견보다 문제 해결을 중시하는 토마스는 산업마다 고유하고 실용적인 솔루션을 사용하는 것이 중요하다고 여깁니다.

은탄환 신드롬을 경계하라
상당수의 데이터 문제는 빅데이터 없이 풀 수 있다
데이터 공유에 주의해야 하는 경우

토비아스 메이시

 토비아스 메이시는 데이터 엔지니어링에 대한 팟캐스트 채널 'Data Engineering Podcast'와 파이썬에 대한 팟캐스트 채널 'Podcast.__init__'를 운영하며 각 채널과 연관된 도구와 주제, 인물에 대해 폭넓게 다룹니다. 그는 인프라와 소프트웨어, 클라우드, 데이터 엔지니어링에 걸친 경력이 있기 때문에 정보에 근거해 질문하고 토론에 유용한 콘텐츠를 가져올 수 있습니다. 그가 자신의 경력에서 중요시하는 것은 교육에 도움을 주는 것입니다. 그는 온라인 학습의 동력이 되는 플랫폼을 설계하고 구축하는 것과, 기업 및 투자자와 의논하여 새로 부상하는 기술의 가능성을 알리고, 엔지니어링 팀을 이끌어 전문적으로 성장하도록 지원하는 방식으로 이를 실현하고 있습니다.

기계 동작 방식에 대한 공감력을 유지하라
데이터 엔지니어링에서 중요한 3R

톰 베이엔스

톰 베이엔스는 2018년에 마르텐 마스첼레인Maarten Masschelein과 함께 소다Soda를 공동으로 창업했습니다. 톰은 최고 기술 책임자로서 소다의 제품 개발과 소프트웨어 아키텍처, 기술 전략을 감독합니다. 그는 오픈 소스에 열정적이며 데이터 엔지니어가 소다 데이터 모니터링 플랫폼Soda Data Monitoring Platform을 사용하여 성공할 수 있도록 커뮤니티를 구축하는 데 전념하고 있습니다. 톰은 성공적인 오픈 소스 워크플로 커뮤니티를 다수 구축한 것으로 유명합니다. 널리 쓰이는 JBoss®의 일부분으로 레드햇Red Hat에 인수된 오픈 소스인 jBPM®과 현재는 알프레스코 소프트웨어Alfresco Software의 일부인 Activiti®를 만든 사람이기도 합니다. 또한, 클라우드 프로세스 자동화 회사인 Efektif를 공동 창업했습니다. 톰은 뢰번 가톨릭 대학교Katholieke Universiteit Leuven에서 컴퓨터 과학 석사 학위를 받았습니다.

데이터 품질 테스트에 오픈 소스를 사용하여 얻는 3가지 이점

톰 화이트

톰 화이트는 프리랜서로 일하는 소프트웨어 엔지니어입니다. 지속적으로 대규모 분산 스토리지 및 처리에 직업적 관심을 집중하고 있습니다. 20년 이상 소프트웨어 엔지니어로 일해왔으며 지난 10년 동안은 개발자와 커미터, 멘토 역할을 맡아 아파치 하둡 빅데이터 생태계의 수많은 프로젝트에서 일했습니다. 톰은 〈하둡 완벽 가이드〉(한빛미디어, 2017)의 저자이기도 합니다. 지난 6년간 그는 유전체학을 위한 빅데이터 인프라에 전적으로 집중했는데, 그 예로는

GATK와 Scanpy, 가장 최근에는 Sgkit이 있습니다. 가족과 함께 웨일스 Wales의 브레콘 비콘스Brecon Beacons에 살고 있습니다.

파이프라인 테스트를 자동화하라

비자이 키란

비자이 키란은 스칼라, 클로저Clojure, 애자일 방법론에 열 정적인 수석 소프트웨어 엔지니어이며, 빅데이터 엔지니어 링에 능숙합니다. 소다 데이터Soda Data의 데이터 엔지니어 링 책임자이자 오픈 소스 데이터 테스팅 및 모니터링 도구인 소다 SQLSoda SQL의 제품 리더입니다. 비자이는 배우자인 네하Neha와 반려견인 바워릭 와 우배거Bowerick Wowbagger와 함께 네덜란드에 살고 있습니다. 에라스무스 대 학교 로테르담 경영대학원Rotterdam School of Management, Erasmus University에서 경영학 석사를 취득했습니다.

데이터 엔지니어 경력 쌓기

비노트 찬다르

비노트 찬다르는 아파치 후디 프로젝트의 창시자이며 ASF 프로젝트 의장으로 활동하고 있습니다. 그는 콘플루언트 Confluent의 수석 엔지니어로, 아파치 카프카, ksqlDB, 커 넥트Connect 등 다양한 이벤트 스트리밍 시스템을 다룹니다. 비노트는 우버 에서 데이터 팀을 만들고 회사가 초고속으로 성장하는 동안 데이터 팀의 설계 및 아키텍처를 이끌었으며, 궁극적으로 차세대 데이터 레이크 스토리 지 아키텍처를 선도했습니다. 오늘날 우버는 지구상에서 규모가 가장 큰 트랜잭션 데이터 레이크 중 하나를 보유하고 있으며, 거기서는 아파치 후디에 저장된 150PB가 넘는 데이터를 제공합니다. 비노트는 다양한 대규모 데이터 시스템을 광범위하게 경험했습니다. 그는 오라클 데이터베이스 서버 및 골든게이트 팀, 링크드인 볼드모트_{LinkedIn Voldemort} 프로젝트에도 참여했습니다.

데이터 레이크 아키텍처를 받아들여라

찾아보기